本书是由国家汉办/孔子学院总部资助的研究成果。

Acknowledgement

This work was carried out with financial support from Hanban/Confucius Institute Headquarters.

Internationalization and Social Transition:

Education, Cultural Exchange and Social Governance in China

国际化与社会转型

中国的教育、文化交流与社会治理

宗力 刘宁 主编

Edited by Li Zong and Ning Liu

图书在版编目（CIP）数据

国际化与社会转型：中国的教育、文化交流与社会治理/宗力，刘宁主编．—北京：中国社会科学出版社，2019.12
ISBN 978－7－5203－5246－8

Ⅰ.①国…　Ⅱ.①宗…　②刘…　Ⅲ.①教育—国际化—国际学术会议—文集　②国际交流—文化交流—国际学术会议—文集　③社会转型—国际学术会议—文集　Ⅳ.①G51－53　②G115－53　③D616－53

中国版本图书馆 CIP 数据核字(2019)第 216291 号

出 版 人　赵剑英
责任编辑　侯苗苗
责任校对　周晓东
责任印制　王　超

出　　版　中国社会科学出版社
社　　址　北京鼓楼西大街甲 158 号
邮　　编　100720
网　　址　http：//www.csspw.cn
发 行 部　010－84083685
门 市 部　010－84029450
经　　销　新华书店及其他书店

印刷装订　北京市十月印刷有限公司
版　　次　2019 年 12 月第 1 版
印　　次　2019 年 12 月第 1 次印刷

开　　本　710×1000　1/16
印　　张　14
插　　页　2
字　　数　237 千字
定　　价　66.00 元

前　言

《国际化与社会转型：中国的教育、文化交流与社会治理》一书是加拿大萨斯喀彻温大学孔子学院科研成果之一，受到了国家汉办/孔子学院总部的大力支持和资助。2017 年 8 月 17—18 日，我们在加拿大萨斯喀彻温大学成功举办了关于“国际化、教育、社会发展”的国际研讨会，中加两国从事社会科学研究的 40 多位学者聚集在一起共同讨论了教育国际化、文化交流及社会发展的问题。在提交的会议论文中我们选取了 15 篇与中国发展直接相关的论文，经进一步修改编辑成此书。感谢中国社会科学出版社为编辑和出版此书所做的努力。

中国目前正处于社会转型期，随着经济的快速发展、利益的分化和社会的急剧变迁，各种社会矛盾和社会问题凸显，体制上长期形成的结构性矛盾尚未得到根本转变，存在社会发展与经济发展的不协调。从国际的大背景看，在经济全球化的带动下，一些非经济领域的全球化趋势也越来越明显，这主要表现在教育和文化交流的国际化、移民和人才的国际竞争和流动。本书以此作为研究问题的出发点，主要探讨以下几方面的问题：如何在国际化的背景下提升高等教育的管理与决策水平，培养国际化创新人才，引进海外人才？如何发挥孔子学院在海外文化传播和交流的积极作用？如何进一步深化行政体制改革，改善社会治理的方式？如何有效地化解社会矛盾，精准扶贫，解决城乡教育的不平等，消除对女性、农民工及其他弱势群体的歧视与不公平待遇？如何提升公民意识和国家的认同，处理好民族关系？作者是来自社会学、教育学、公共政策和行政管理、民族学、语言文化学的专家学者，他们主要围绕以上问题从不同的视角展开讨论。

本书共十五篇文章，分为四篇。

第一篇是“教育与国际化”，包括四篇文章。王战军的文章探讨如何建立大数据支撑下的国家高等教育质量保障与监测的评估体系，指出要提升高等教育外部质量保障的有效性，需要一个有力的国家层面的协调机构，要通过内外结合促进高校的多样化发展，使管、办、评相对分离，实现高校和行业的共同参与，建设成一个开放式、智库型、专业化的评估和咨询机构。冯佳娟和毛继泽的文章借鉴国外高校创业教育的先进经验，针对中国高校创新创业教育背景和问题提出国际化策略，例如：提升有战略性的教育理念；建设有中国特色的创新创业教育课程体系；拓展教师的国际化视野，突出创新创业师资的专业性和实践性教育导向；设置独立的管理机构，实现教育资源的有效整合；建立完善的创新创业教育评价体系。刘岩的文章探讨高等教育国际化背景下的创新人才培养模式，提出要加强课程体系国际化建设，通过各种方式不断开拓和加强与国际知名大学联合办学，实施以“双学位、联合学位”为主的联合培养目标，充分利用全球优质教育资源，促进国际化和本土化相互融合，努力培养一批既精通业务又具备跨文化交际能力的国际化人才。吴洋和王楚杰的文章以西安城乡地区基础教育不平等为例，探讨和分析教育发展不均衡的问题。作者指出，中国的基础教育存在严重的城乡不平等，主要表现在教育资源城乡分配严重失衡和教育水平上的地区差异。问卷调查结果显示，由于家庭背景、学校条件、师资力量、社会环境等方面因素的差异性，导致了城乡孩子在受教育起点、受教育过程及受教育结果方面产生的不平等性。作者指出，要解决城乡基础教育的不平等，要使政府、学校、教师、家长、社会等形成一种合力，树立一致的价值追求，共同参与解决，要采取有效措施，建构教育公平的保障体系。

第二篇包括四篇文章，研究重点是“人才流动与国际文化交流”。邢清清的文章探讨海外孔子学院本土化过程中的知识生产。作者认为，从知识生产的角度看，孔子学院作为海外一个教育国际化背景下诞生和发展起来的全新学术和文化传播机构，其新知识的创造过程，是通过不断生产并转换隐性及显性知识实现的，而孔子学院的本土化过程就是知识在海外社会和地域的、虚拟和心理的环境中被生产并传播的过程。刘宁的文章根据加拿大萨斯喀彻温大学孔子学院的发展和实际工作经验探讨了汉语教学、文化活动以及组织访学团在促进中国文化国际化与本土化中的作用。作者指出，孔子学院作为一个国际窗口，不仅向外推广中国文化，让中国文化“走出去”，促进中国文化的国际化，同时也帮助外国文化走进中国，向中国人民介绍优秀的外国文化。陆毅茜和宗力的文章探讨了在国际人才竞争市场上中国引进海外人才的战略举措。作者回顾了自2000年以来中国为引进海外人才出台的一系列政策和取得的成果，分析了从早期的“人才流失”模式向“人才获得”和“人才循环流动”模式的转变过程，从实际出发探讨海外人才所面临的结构性挑战，并提出应对的政策性建议。李康辉、周亚平和宗力合著的文章探讨出国留学与社会分层的问题，提出出国留学作为社会地位获得的一种制度化手段，对于个体的社会流动和社会分层具有重要作用。作者回顾分析了中国出国留学发展的历史与现状，指出海外留学在不同的历史时期具有差异性的作用；在全球化时代，面对竞争激烈的职场环境，出国留学能够提供更广阔的职业平台和更丰富的职业选择，从而确保个体社会地位的稳固和向上流动。

第三篇是关于“社会治理与社会政策”的讨论，共有三篇文章。李青和牟海珍的文章对加拿大联邦转移支付和中国一般性转移支付进行了评估和比较。他们的研究表明，作为国家治理工具，转移支付本身要实现法制化；应将性质或功能相似的转移支付项目作为一个整体进行研究和评估；虽然转移支付可以成为有效的政策工具，但不应将其过度工具化，而且转移支付分配的机制设计很难兼顾公平与效率，两者需要有所取舍。刘雨竺的文章研究中国的公私合作制度和解决土地财政困境的途径。作者认为，考虑到中国长期以来的地区间发展不均衡以及逐渐扩大的城乡间差距，期望通过单一的研究视角以及政策建议来分析和解释全国范围内的土地财政困局是不现实的，无论就土地财政还是政府融资平台而言，关键在于这些手段是否可以创造以市场为导向的经济繁荣和培育更高效的私营部门以确保可持续的未来税收源。Margot Hurlbert 的文章根据加拿大和其他发展中国家的经验研究分析应对气候变化的政策，探讨如何从旱涝的治理转变成气候变化的治理。作者认为，面对气候变化和旱涝灾害时，政府不能仅是被动地采用政策手段来处理紧急事件，还要从全局出发采取积极有效的方式减缓、适应与降低负面影响，实现变革性的、反思性的公众参与与政策变革。

第四篇是关于“少数群体研究与扶贫”，包括四篇文章。王奕轩和张顺的文章根据实地访谈调查材料从理论上分析女农民工双重身份的交叉互动模式。他们的研究发现，在不同求职场域情境的转化中，女农民工的“女性”和“农民工”的双重身份呈现场域依赖性的分离、竞争与合作三种互动模式，父权制度与户籍制度是造成女农民工边缘化求职结果的社会制度根源所在。作者认为，新一轮的户籍制度改革，要逐步取消农业和非农业户口性质的区分，打破传统的城乡二元体制以及在该体制下对农民工的不公平待遇，确保该弱势群体享有与城市人相同的权利与合法的市民地位，同时要在社会上提升男女平等和公平的意识，扭转人们对农民工和女性的歧视。赵煜的文章探讨云南边境地区跨境民族的国家认同和民族认同问题。作者介绍了云南边境地区和跨境民族的概况，分析了国家资本和族源文化资本对“两个认同”形成的双重影响。作者认为，在“两种资本”博弈的情况下，跨境民族边民会更倾向国家的利益；在边疆地区的建设中，要重视国家资本的投入，使跨境民族边民形成国家认同前提下的民族认同，这才有利于边境地区的稳定和发展。王俊芳的文章根据加拿大和新加坡处理民族关系的经验探讨如何在中国提升和强化公民意识的问题。作者认为，加拿大的多元文化的民族政策和新加坡的多元一体化的民族政策对中国有借鉴和启发意义，我们需要在培育和增强国家认同的同时，提升各民族的公民意识，通过民族成员公民化，实现从民族国家到公民国家的转型及国家的民主与和谐。罗峰和祝梦月的文章是关于农村精准扶贫的理论分析和路径探讨。作者认为，地理环境论、个体论及结构论，从不同侧面强调了致贫的原因，然而由于地区差异性、致贫多因性及复杂性特点，不同地方对贫困及致贫的理解和应对方式会有所区别。作者提倡农村社区视角下的农村精准扶贫，这样不仅可以从个体层面注重贫困人口的能力提升，而且可以从社会资本方面关注贫困人口社会支持网络的建构，在精准扶贫的持久性、有效性方面有所突破。

本书作为中加学者的最新合作研究成果，从教育管理与创新、城乡教育不平等、创新人才培养、人才流动和引进、海外孔子学院的发展、政府行政体制与决策机制、少数弱势群体与社会不平等、农村精准扶贫等方面探讨国际化背景下中国社会的转型与治理问题。这是关于中国教育、文化和社会发展的一本及时读物，对于关注和从事中国发展研究的学者以及政府决策部门具有参考价值。

中国社会科学出版社的侯苗苗作为本书的责任编辑，对本书的编辑修改提供了专业指导和技术上的支持。在此一并致谢。

主编

2019 年 3 月 17 日

目　录

第一篇　教育与国际化

大数据驱动的高等教育管理与决策：质量保障与
监测评估体系 …………………………………………………… 王战军（3）

中国高校创新创业教育国际化策略研究 ……… 冯佳娟　毛继泽（14）

高等教育国际化背景下国际化创新人才培养
模式研究 ……………………………………………………… 刘　岩（25）

城乡地区基础教育不平等：西安市的
案例研究 ……………………………………………… 吴　洋　王楚杰（37）

第二篇　人才流动与国际文化交流

孔子学院本土化过程中的知识生产 ………………………… 邢清清（55）

国际化与本土化：海外孔子学院的作用 …………………… 刘　宁（63）

从人才“外流”到人才“获得”：中国引进海外人才的
战略举措 ……………………………………………… 陆毅茜　宗　力（68）

出国留学与社会分层…………………… 李康辉　周亚平　宗　力（85）

第三篇　社会治理与社会政策

加拿大联邦转移支付和中国一般性转移支付的
评估及比较 ……………………………………… 李　青　牟海珍（105）

公私合作制度能否帮助地方政府走出土地
财政困境 …………………………………………………… 刘雨竺（125）

创造新的治理方式：从旱涝的治理转变成气候
变化的治理 ………………… Margot Hurlbert（著）霍继周（译）（140）

第四篇　少数群体研究与扶贫

女农民工双重身份的交叉互动模式分析 ……… 王奕轩　张　顺（155）

云南边境地区跨境民族的国家认同和
民族认同 …………………………………………………… 赵　煜（172）

公民意识的强化：加新两国处理民族关系的举措及
对中国的启示 ……………………………………………… 王俊芳（186）

农村精准扶贫：理论检视与路径探讨 ………… 罗　峰　祝梦月（199）

Contents

Part 1 Education and Internationalization

Big Data Based Higher Education Management and Decision Making: The Quality Assurance System and the Monitoring Evaluation System ······ (WANG Zhanjun) (3)

Internationalization Strategy of Innovative Education in Chinese Universities ······ (FENG Jiajuan and MAO Jize) (14)

Research on the Training Mode of International Talents in the Context of Higher Education Internationalization ······ (LIU Yan) (25)

Inequality of Basic Education between Urban and Rural Areas: A Case Study of Xi'an ······ (WU Yang and WANG Chujie) (37)

Part 2 Mobility of Talents and International Cultural Exchange

Localization of Confucius Institutes: Perspective of Knowledge Production ······ (XING Qingqing) (55)

Internationalization and Localization: The Role of Overseas Confucius Institutes ······ (LIU Ning) (63)

From "Brain Drain" to "Brain Gain": China's Strategic Measures to Import Overseas Talents ························ (LU Yixi and ZONG Li) (68)

Study Abroad and Social Stratification ············ (LI Kanghui, ZHOU Yaping and ZONG Li) (85)

Part 3 Social Governance and Social Policies

The Role of Federal Transfers in Fiscal Balance: Canadian Experience and Lessons to China ·················· (LI Qing and MOU Haizhen) (105)

Can the Public Private Partnership Help the Chinese Local Governments Out of the Difficulties of the Land - based Finance ············ (LIU Yuzhu) (125)

Innovating the Governance of Drought and Flood to Transform the Governance of Climate Change ························ (Margot Hurlbert) (140)

Part 4 Minority Groups and Poverty Alleviation

A New Approach to Ethnic Minority Women in China: An Intersectional Perspective ························ (WANG Yixuan and ZHANG Shun) (155)

National and Ethnic Identities of Cross - Border Ethnic Minority Groups in the Border Region of Yunnan ································ (ZHAO Yu) (172)

Citizen Consciousness Aggrandizement: Measures Taken by Canada and Singapore to Deal with Ethnic Relations and Their Enlightenment to China ································ (WANG Junfang) (186)

Precision Poverty Alleviation in Rural Area: Theoretical Review and Path Exploration ························ (LUO Feng and ZHU Mengyue) (199)

第一篇

教育与国际化

大数据驱动的高等教育管理与决策：质量保障与监测评估体系

王战军*

中国高等教育当前正处于从外延扩张到内涵发展的战略转型期，有效保障和全面提高质量成为新的建设目标。20世纪末以来，中国通过实施高校扩招政策，迅速扩大了高等教育规模。根据中国教育部公布的《2016年全国教育事业发展统计公报》，2016年，全国共有普通高等学校和成人高等学校2880所，其中，普通高等学校2596所（含独立学院266所），成人高等学校284所，普通高校中本科院校1237所，高职（专科）院校1359所，研究生招生66.71万人，比上一年增加了2.2万人，其中博士生招生7.73万人，硕士生招生58.98万人。此外，中国普通高等教育本专科共招生748.61万人。高等教育的总规模达到3699万人，中国高等教育毛入学率已达42.7%。预计到2019年，中国高等教育毛入学率将达到50%以上，中国将进入高等教育普及化阶段。短时间内的高等教育规模激增既为中国高等教育带来了空前的发展机遇，也带来了复杂的改革难题。中国高等教育近十年的快速增长，是世界高等教育史上绝无仅有的现象，无路径可循。学界普遍认为，以规模扩张为特征的高等教育外延式发展任务基本完成，全面提高质量、走内涵式发展道路是中国高等教育的核心议题。这是建设高等教育强国的客观要求，意味着中国高等教育发展的又一次重大战略转型。

实现高等教育的内涵式发展要求决策者和管理者必须具有战略思维和系统思维，这也是高等教育发展的现实需求。一方面，随着高等教育大众化、国际化、市场化的趋势日益明显，现代高等教育系统的内外部关系日趋复杂，知识生产、传播和应用活动与经济、社会的发展愈发密

* 王战军博士是北京理工大学研究生教育研究中心主任、教授。

不可分；另一方面，中国高等教育治理结构正在进行重大调整，高等教育体制逐渐从中央政府高度集权向省级统筹、院校自主和基层自治转换；来自高校学术组织、行业学会、专业组织学术权力也在不断增长。产生这种变化的政治基础是中国政府实施的现代公共行政改革，改革强调政府要合理定位、转变职能，既非无所不能，也非无所作为，最终目的是建立有限且有效的服务型政府。从发达国家的经验来看，高等教育治理能力提升的重要途径是建设现代大学制度。对于中国而言，建立现代大学制度的首要任务是通过权力的去中心化，实现管办评的相对分离，形成政府、大学、市场（社会）多元参与的高等教育治理格局。在这个过程中，建立和健全高等教育质量保障体系和高等教育管理监测体系，就成为高等教育机构化解危机、赢得竞争、抓住机遇、应对挑战的首要抓手。

研究一个国家的高等教育质量保障体系，不仅要重视对制度体系的研究，即组织、政策、标准、程序等方面，也要重视对高等教育质量文化的研究，包括评估理念、质量观等问题的研究。实施教育质量监控是学校进行教育质量管理的重要手段，对提高教育质量具有重要意义。教育质量监控就是对教育质量形成的相关因素进行观察和控制，通过分析教学观察获得的情况采取有效的干预措施，完善教学工作，提高教育教学质量。传统质量评估局限于具体的教育教学活动本身或高等教育系统内部的有关环节，对外部环境的变化不敏感，缺乏系统性。科学的监测评估应具有空间尺度多样性，既重视高等教育系统的宏观层面，也重视其微观层面，数据粒度不应局限于高等教育系统和机构的内部，而应涉及各个层次，且与国际、区域、行业需求等数据相结合，以期为具有洞察力的决策提供依据。要破解传统高等教育研究范式的碎片化、静态化、简单化，突破管理决策的局部性、线性化和静态性，就需要树立“用数据说话、用数据研究、用数据管理、用数据决策、用数据创新”的研究理念，构建以全样本、全周期、全过程、全透明为特征的新研究范式，实现科学、理性的高等教育管理和决策。

中国高等教育领域已经进入大数据时代，这一现实将改变中国教育研究和管理决策的方式。大数据为人类提供了新的思维模式和认识世界及自身的方式方法，也为大学治道变革、院系治理现代化的思维转换、制度创新、文化塑造提供了实践指南和方法论基础。高等教育领域的大数据除了高等教育状态监测数据库，还包括源动态的学校管理数据、教学活动数据、科学研究数据、MOOC 课程学习行为数据、大规模学业测验数据、大规模问卷调查数据、社交网络数据、新闻报道数据以及经济、科技、人口等相关的社会公开数据。信息技术、人工智能、虚拟现实、大数据、云计算、互联网+等新理念新思维新方法正逐渐被运用于教育研究，并将对教育研究的范式变革产生深远影响。《国家中长期教育改革和发展规划纲要（2010—2020 年）》（以下简称《教育规划纲要》）明确指出，要整合国家教育质量监测评估机构及资源，完善监测评估体系。“加强和改进教育统计，完善教育数据信息国家服务平台，建立学生基础数据库和终身电子学籍档案等各类教育基础数据库，破除信息壁垒，构建全国教育信息资源共享体系。完善教育现代化进程监测体系和教育科学决策服务系统建设。推动各级教育行政部门和学校开展深度数据挖掘和分析，运用互联网、大数据提升教育治理水平，更好地服务公众和政府决策。”2011 年发布的《教育部关于普通高等学校本科教学评估工作的意见》将状态数据常态监测作为高等教育评估体系的重要组成部分。建设动态监测评估体系、提高监测评估能力的政策选择，印证了中国的高等教育评估体系亟待变革，以适应高等教育系统变化与治理变革的现实需要。

本文主要阐述了大数据支撑下的中国高等教育质量保障体系，并通过国家高等教育质量监测平台案例对大数据视角的高等教育研究范式合理性加以解读，以期阐明大数据环境下高等教育研究范式变化的必然趋势。

一　中国高等教育质量保障体系

高等教育质量保障体系作为一种制度性安排，是对高等教育质量进行外部监督和自我规制的过程。以高等教育机构为边界，高等教育质量保障体系可以划分为内部质量保障体系和外部质量保障体系两部分，两个保障体系之间的理想模式是：以内为主，以外促内，内外结合，这已经是学界的共识。实现这个理想模式的过程不仅包括制度的建设和组织的完善，也包括观念的更新和价值的认同。制度建设或许有“一般模式”（General Model）或“共同要素”（Common Elements），价值选择方面则要复杂得多。由于高等教育质量保障和评估存在“目的频谱”（Purpose Spectrum），以问责为导向还是以改进为导向，不仅取决于内外部力量的对比，也取决于人们对教育质量内涵、质量保障功能的基本认知。

中国高等教育质量保障的新制度是在总结 30 年评估经验和借鉴国际高等教育质量保障的理念基础上逐渐形成的，包括研究生教育、本科教育和高等职业教育三个层次。详见图 1。

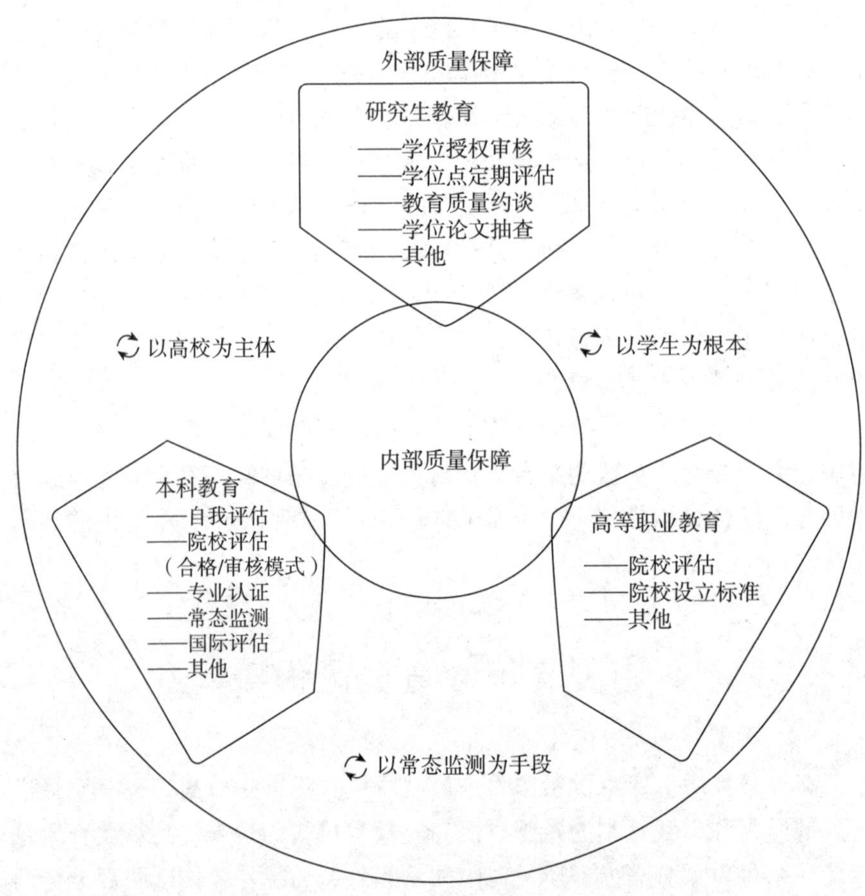

图 1　中国高等教育质量保障体系

受篇幅所限，本文仅以研究生教育质量保证和监督制度为例，分析高等教育质量保障体系的运作方式。研究生教育质量保证和监督制度主要包括四个方面，即学位授权审核、学位授权点定期评估、学位论文抽查和教育质量约谈。学位授权审核是对申请学位授予资格的单位及其学科、专业的基本办学条件进行审查的活动。中国实行三级学位管理体制，国家、省级和学位授予单位的学位委员会依据《学位条例》的规定行使职权，担负责任。申请单位及其学科、专业只有在通过国务院学位委员会或其委托机构的审核后才能获得学位授予权和研究生培养资格。学位授权点定期评估是对已获得学位授予权的学科点的发展状况进行周期性合格评估的活动。博士授权点定期评估工作由国务院学位委员会办公室组织进行，硕士授权点定期评估工作委托给各省级学位委员会负责组织。每个学位授权点的评估周期为六年一次。根据定期评估结果，国务院学位委员会对学位授权点做出三种结论：通过评估的，继续授权；存在较大质量问题的，限期整改并暂停招生；存在严重质量问题并难以保证培养质量的，撤销其授权。限期整改的授权点两年后要重新参加评估，并根据评估结果继续授权或撤销授权。学位点定期评估作为动态管理机制，对保障和改进研究生教育质量发挥了重要作用。在此基础上，2014 年国务院学位委员会和教育部发布的《学位授权点合格评估办法》以培养单位的自我评估为基础，结合教育行政部门随机抽评，以内外结合的方法保障研究生培养和学位授予质量。学位论文抽查是专项评估制度，是指对已经获得博士和硕士学位的作者的学位论文随机抽样，进行同行专家匿名评审的合格性质量评价活动。博士论文抽查由国务院学位委员会办公室组织，硕士论文抽查由省级学位委员会组织。专家匿名评审的要素主要包括学位论文的选题与综述、论文成果的创新性、论文体现的理论基础、专门知识及科学研究能力等方面，论文抽查结果向各高校公布。研究生教育质量约谈是一种较为正式的质量问题反馈与沟通机制。如果通过以上的评估与监测，发现学位授权点存在较大质量问题，教育主管部门按照相关规定对相关学位授予单位进行质量约谈。教育质量约谈具有问责的特点，对于被约谈的高校和学科发现和解决研究生培养中的突出问题，完善内部质量保障体系具有促进作用。以上研究生教育质量监管制度，包含了研究生教育的资格准入、动态过程管理和结果质量监督的关键内容，实践上也逐步走向规范化、专业化和常态化。

二　高等教育质量监测评估

高等教育监测评估是中国高等教育质量保障体系的一种新形式。该种评估基于高等教育的大数据动态监测评估教育教学质量，应用现代信息技术持续收集和深入分析有关信息，直观呈现高等教育状态，并为多元主体进行价值判断和科学决策提供客观依据。

高等教育监测评估对教育教学过程进行常态监测的主要内容分为两个方面。一方面是高等教育主管部门通过对高等学校的师资队伍、招生情况、在校生规模、生师比、教学经费、专业课程、教学管理、学生就业、学生社团、科学研究、学科建设等有关信息进行常规性、连续性、系统性与制度化的采集，直观呈现高等学校在师资队伍、办学条件、德育工作、教学管理、质量监控与改进等方面的基本状态，实现对高等学校教育教学状态监测的常态化。在常态化的监测过程中，通过采取对各项监测指标设定阈值等手段，对高等学校教育教学状态进行及时预警，一旦监测的某个单项指标或综合指标数值波动接近或达到阈值时，数据平台的预警系统就会及时发出不同程度的预警信息，提醒高等学校和各级教育主管部门及时启动针对异常波动的应急预案，查找和分析原因，并采取有效的干预措施，使高等学校在较短时间内修正活动目标偏差，遏制可能出现的质量问题，以此强化高等学校的风险规避能力。另一方面，按照高等学校教育教学的基本规律，充分运用现代信息技术手段，深度挖掘教育教学常态运行数据的相关性，帮助高等学校及时了解自身在教学、科研、人才培养、质量监控等方面的运行状态，对不足之处进行改进。同时，高等教育监测评估还充分利用现代数理统计方法对数据进行实时、动态的组织、查询、浏览，根据实际需要开展多维度、多层面、系统性的时序、聚类、关联分析等，并进行横向与纵向对比，以帮助高等学校实时了解全国、区域、行业内的高等学校教育教学现状，分析存在的问题，回应社会公众、教育主管部门对高等教育质量的关切。

高等教育监测评估以全国、省级教育主管部门和高等学校的教育教学数据库平台为依托，充分发挥大数据的规模性、多样性、高速性和价值性等特点，在广泛收集高等学校有关教育教学海量常态数据的基础上，利用数据库平台强大的统计、分析、研判和预测预警等功能，帮助高等学校及时、准确地“找状态”。国家、省级教育主管部门和高等学校可以根据自身的不同需求，利用系统先进的多层线性模型等统计模型，采用非关系数据管理与分析技术等手段进行全面、客观的横向与纵向比较。数据平台也可以根据主体的需求按不同字段进行最大值、最小值、平均值等数值的统计，还可以根据不同需求系统生成各种质量报告，以直观呈现高等学校所处的位置、状态、水平和走向。国家和省级教育主管部门可以利用有关数据库对高等教育评估进行在线可视化操作，以减少评估的人为干预，促进评估方法和评估过程的科学性和规范性，降低评估成本，提高评估成效，保证评估结果的公平性、客观性和准确性。

高等教育监测评估打破了政府作为单一主体的模式，评估的主体既包括政府部门、非政府部门、独立的第三方社会评估机构，也包括高等学校、教师、学生、用人单位等。提出高等教育监测评估的理念，既符合中国高等教育质量保障体系建设新趋势的内在需求，又适应社会经济发展新常态的外在需要。科学构建中国高等教育质量保障体系，全面实施高等教育监测评估，对推动高等教育向内涵式发展转变、全面提高高等教育质量具有直接的促进作用，对适应高等教育发展的新常态、推进高等教育治理体系和治理能力现代化，均具有重要意义。

三　大数据支撑下的国家高等教育质量监测平台

经过十余年的探索和调整，中国正在形成以高校为主体、以学生为根本、以常态监测为手段的高等教育质量保障新理念，正在完善高等教育质量保障制度体系。该体系覆盖研究生教育、本科生教育和高等职业教育三个层次，包含资格准入、自我保障和外部评价三个维度的大数据支撑下的国家高等教育质量监测平台，服务于学校自身对教学工作的常态监控，政府宏观监控高等教育质量，社会监督高等学校人才培养工作，以及专家开展评估工作。该平台是全世界规模最大、应用功能领先、技术支持完备的“国家高等教育质量监测平台”，为中国高等教育管理和决策提供支持和保障。

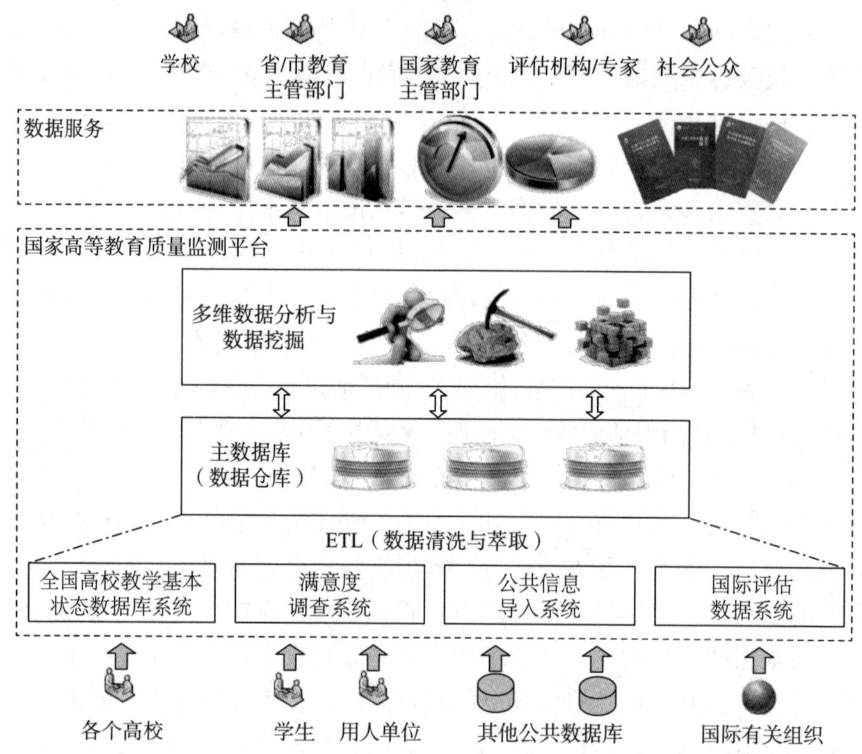

图 2　高等教育质量监测国家数据平台

高等教育质量监测国家数据平台（如图 2 所示，以下简称国家数据平台）的建设是推动高等教育内涵式发展，提高高等院校人才培养质量的重要举措，是实施高等院校教学质量常态监测的重要内容，是建立五位一体中国特色、世界水平高等教育质量保障体系①的重要工作。国家数据平台依据教学工作内在规律，利用信息和网络技术，用数据反映全国高等院校教学基本状态，以在线方式进行数据采集并提供服务。平台数据按学校和年度组织，内容上分为学校基本信息、学校基本条件、教职工信息、学科专业、人才培养、学生信息、教学管理与质量监控七大类，具有强大的数据分析、统计与生成功能，能够满足不同层次、类

① 这里主要指“五位一体”的高校本科教学评估制度，即以高校自我评估为基础，以教学基本状态数据常态监测、院校评估、专业认证及评估、国际评估为主要内容，政府、学校、专门机构和社会多元评价相结合的教学评估制度。

型用户的需求。国家数据平台服务高等学校建立本科质量常态监测机制，加快高校管理信息化建设，促进管理、决策的科学化；服务国家实现对高等教育质量的常态监控，提高政策制定的科学性、有效性；服务地方教育管理部门完善区域内高等教育质量保障制度，制定具有针对性的政策法规；服务社会公众了解高等教育客观信息的需求，对高等学校人才培养质量进行监督和评价。

在此基础上，中国教育部高等教育教学评估中心建设的本科教学状态数据库还定期向高校采集有关学校投入、过程、产出、教师投入、高校质量保障和地区面向等方面的大量数据。为了解高校各方面发展与现状，判断评价高校教学质量、办学条件等，以及创建动态高等教育监测评估体系，提供了客观坚实的数据支持。另外，数据库平台上还有针对教师的问卷工具，调查教师教学的过程、产出，如“高等教育学习成就评估”（AHELO）[①] 工具中的教师部分等；存放在高校内部或其管理部门的高校科研、国际化数据；外部统计部门的统计数据和逐渐流行的互联网大数据等，了解外部经济、产业、就业、社会、人口、教育等方面的数据来源；满意度调查可用于说明在各环节上各方的满意程度。

大数据强调用全样本数据对事物的全貌进行整体性关注，放弃对精确性和因果关系的过分关注，更多用全局思维、战略思维、相关思维来指导人们的思考、选择和行为。其启示是：大学领导要减少对院系微观层面事务的控制，适当忽略对微观细节精确性的关注，将更多注意力由院系微观事务转换到学校整体层面，以更好提升宏观层面的洞察力和掌控力。这是现代复杂巨型大学发展实现校、院、系关系重构的实际需求，也是确保大学协调性和效率的重要保障。院系治理现代化是大学治理现代化的关键，院系层面的治理需要更高的可运行性和可操作性。实现院系从传统“管理”向“治理现代化”的战略转型，需要理念和技术方法的指导。“大数据”支撑的管理和决策理念强调依据数据决策和判断，大学章程及所有配套制度和标准程序的确定，都建立在丰富客观的数据基础上。“大数据”的多样性、动态性、开放性、可持续性的独特优势，为推动多元主体参与的民主性、过程透明性、互动多维性、信

① OECD，AHELO Brochure，http：//www.oecd.org/dataoecd/37/49/45755875.pdf，2012-2-20.

息公开性提供了可行性基础。"大数据"强调"云计算"等技术对海量数据分析、挖掘和应用的重要作用，为学校职能转换提供了操作层面的技术支持。学校职能部门可以从纷繁复杂的日常事务中解放出来，不再纠结于院系教学运作、科研活动等的具体细节，可将更多精力放到数据的收集、整合、分析和应用处理上，依靠数据为领导决策提供依据，为院系人才培养、科学研究、社会服务提供支撑和保障，实现对院系的动态实时监控，并建立科学的院系评价体系。在这种情境下，学校职能部门不再是高高在上、居高临下对院系实施控制的管理者，而是院系背后默默关注、倾力支持、为院系发展保驾护航的支持者、保护者和合作者。职能部门不仅负担减轻了，也解决了过去行政控制模式下与学院之间的张力，从而实现校、院关系良性互动、协商合作，共同履行大学职能，实现大学目标，并推动院系大学学科组织模式和科研机制变革的创新。

高等教育的常态监测强调利用现代信息技术和数学方法，对高等教育系统和机构的客观状态和关键指标进行实时监测、系统分析和持续反馈。中国高等教育的周期性评估一般为5—8年一轮，其主要缺点是反馈的滞后性。监测评估不是为了取代周期性评估，而是弥补其不足。高等教育质量监测评估的目的是为高校持续改进教育教学质量提供及时的、有价值的反馈信息和专业建议。探索和实施高等教育的常态监测评估，表明中国高等教育评估的理念正在从过分倚重周期性评估向周期性评估与常态性评估相结合的方向转变。

四 结语

完善中国的高等教育质量保障体系的工作仍然面临诸多挑战，择其要者有二：一是如何提高外部质量保障的有效性，二是如何内外结合促进高校的多样化发展。要推动有效的外部质量保障，归根结底还是需要一个强有力的国家层面的协调机构。按照国外学者的观点，这个机构要独立于政府。中国高等教育的治理结构与欧美国家有很大差别，因此，在中国高等教育实践中，我们不能回避历史和体制的因素。中国国家层面的高等教育评估机构带有半官方性质，如果从协调有效性的角度来考虑，一种更为可行的改革路径是：积极推动管办评相对分离，努力实现各方的平等参与，特别是高校和行业的参与，将国家质量保障与评估的专门机构建设成开放式、智库型、专业化的评价和咨询机构。这个机构既需要服务于政府决策，又需要服务于高校和社会公众，但其实现服务的主要形式应为提供专业知识，而非实施行政权力。此外，也要为其他社会中介机构留出充分的发展空间，同时合理化地利用外部评估结果。此外，与大多数欧美国家的高等教育系统天然地具有多样化和低权力重心的特点不同的是，中国的高校具有较严重的同质化倾向。因此，在保证基本质量标准的同时，如何通过外部质量保障和评估活动引导不同类型和层次的高校遵循人才培养规律，实现多样化发展，将是一个长期而艰巨的任务。

参考文献

《2016 年全国教育事业发展统计公报》，2017 年，教育部网站，http：//www.moe.gov.cn/jyb_sjzl/sjzl_fztjgb/201707/t20170710_309042.html。

《国家中长期教育改革和发展规划纲要（2010—2020 年）》，2010 年，中央政府门户网站，http：//www.gov.cn/jrzg/2010-07/29/content_1667143.htm。

《教育部关于普通高等学校本科教学评估工作的意见》，教高〔2011〕号，教育部网站，http：//old.moe.gov.cn/publicfiles/business/htmlfiles/moe/s7168/201403/165450.html。

Frans A. Van Vught and Don F. Westerheijen，"Towards a General Model of Quality Assessment in Higher Education"，*Higher Education*，1994，28.

中国高校创新创业教育国际化策略研究

冯佳娟　毛继泽*

全球经济一体化，使高等教育国际化成为教育发展的必然趋势。“大众创业、万众创新”是当下时代发展的潮流，也是当前国家经济发展的重要推动力。在“大众创业、万众创新”的大环境下，大学生创业得到了全社会的高度重视，深入开展创新创业教育，积极鼓励大学生创新创业，是培养学生创新精神和实践能力的重要途径，也是落实以创业带动就业的重要措施。

在西方发达国家，大学生创业教育是一项提高国民素质、扩大就业渠道和激发青年创业热情的系统工程，是国家经济发展的直接驱动力。近年来，大学生创新创业教育迅速发展，已初步形成以创新创业课程为基础，创新基金和大学生创新创业训练计划为主要途径，创新教育和实训基地为阵地，各类创新创业竞赛为抓手的创新人才培养体系。但与国外的创业教育相比，从总体上来看，大学生创业教育的探索还不够系统和深入，大学生创业教育对我们还是一个比较新的课题，在当前的教育过程中还存在一些亟须解决的问题。

本文主要借鉴国外高校创业教育的先进经验，针对我国高校创新创业教育背景、重要性、现状及对策进行深入研究，推进高等学校创新创业教育国际化进程，与国际对接。

---

* 冯佳娟是哈尔滨工程大学本科生院助理研究员，主要从事学生实践、国际交流管理工作。毛继泽是哈尔滨工程大学本科生院副院长、教授，主要从事实践教学与对外交流事务管理工作。

一　引言

中国正处于“大众创业、万众创新”格局的建设时期，深化高校创新创业教育改革已经成为国家战略。创新是一个民族进步的灵魂，是国家兴旺发达的不竭动力，创业是推动经济社会发展、改善民生的重要途径。创新创业教育是一种拓宽创新能力、形成创新精神、提升创造性的素养和培养创造新事物能力的教育。早在 20 世纪 40 年代国外就形成了“创业教育”的理念①，学习和借鉴国外高校创业教育理念、课程设置、师资队伍、教学过程、资源整合等方面的成功经验，对于培养大批具有国际化视野、创新精神和创业能力的高素质人才，促进我国高等教育的现代化和国际化，推进人才强国战略的实施，构建具有中国特色创新创业教育模式具有重要现实意义。

在高等教育全球化背景下，高校创新创业教育基本要素国际化进程不断推进，创业本身离不开创业者的国际视野和创业教育的国际合作。探索国际视野下的高校创新创业教育，一方面要明晰全球化语境下高校创新创业教育的内涵和人才培养目标；另一方面要准确把握国际高校创新创业的趋势，明确建设具有中国特色的基于创新创业教育的模式，并进而提出有针对性的对策建议，推动我国高校创新创业教育的国际化水平，增强高校大学生创业的国际维度，提升我国高校创业教育的国际影响力。

二　国内高校创新创业教育现状及问题

我国的创业教育以 1997 年的“清华大学创业计划大赛”为开始，取得了一定的成就。1999 年，由团中央、教育部、中国科协、全国学

---

① 1947 年，美国哈佛商学院的 Myles Mace 教授就率先开设了一门创业课程“新创业管理”。彼得·德鲁克于 1953 年在纽约大学开设“创业与革新”课程，形成了“创业教育”理念。

联联合主办开展每两年一届的大学生“挑战杯”创业计划竞赛，为大学生开展创业实践活动提供了有效的载体，也是我国大学生创业教育的高层次活动。正式开展创业教育始于2002年。经过十几年的探索和实践，我国创业教育已经成为高等教育改革与发展的重要组成部分，同时也取得了一定成绩，但与国际成熟的创业教育相比，我国高校创业教育的进展还是比较滞后的。《国家中长期教育改革和发展规划纲要(2010—2020年)》在指出我国教育还不完全适应国家经济社会发展和人民群众接受良好教育的要求时就认为：“学生适应社会和就业创业能力不强，创新型、实用型、复合型人才紧缺。”① 2016年国务院组织开展了专项督查，发现目前大学生创新创业教育工作存在以下几方面问题②：

（一）创新创业教育的理念理解不够

我国大学生创业能力培养过程中暴露出的创业动机不正，存在“创业即为解决就业问题”的传统就业意识和固化思维。创“业”不仅是创办企业、解决就业问题，应为学业、创业、就业、事业“四业并举”。高校开展创新创业教育，没有强调创新的重要性，具有中国特色的创新创业教育应该是“大力引导基于创新的创业”，重点培养学生的创新意识、创新思维和创新能力。高校专职创业导师数量少且缺乏创业意识，目前有实践经验和实践经历的教师在高校并不是很多。高校创新创业教育还停留在“纸上谈兵”，没有实现“理论联系实践”的教育过程。

（二）创新创业教育课程体系不完善

与欧美发达国家相比，我国高等教育尽管在基础知识、基础理论覆盖面和扎实程度上具有一定优势，但在对学生创新意识、创新能力和创业能力的培养方面依然是短板。目前，我国高校的创业教育课程发展参差不齐，缺乏统一的目标规划和经典教材，创业教育课程主要是以选修课或公共课的形式开展；授课方式主要为说教式的灌输，实践课程比例小，即使有一些实践活动，与实际的创业活动脱轨、收益甚微；课程开

---

① 《国家中长期教育改革和发展规划纲要（2010—2020年）》的《序言》中提出。

② 《国务院办公厅关于深化高等学校创新创业教育改革的实施意见》（国办发〔2015〕36号）中提出。

设门类较少，如许多学校只开设了“创业学基础”或“创业学概论”等一门或几门公选课，教学内容单一，不能充分考虑到不同院系学生的差异。

（三）创新创业教育政策落实不到位

政策的支持首先是资金的支持。从创业教育的实施到创业活动的开展、参加创业竞赛、实施创业项目等都需要资金的支持。个别高校能够获得较多的校友资助或社会资金支持，如清华大学，但多数高校只是校内提供创业奖金或训练基金，对能够入选的条件也比较苛刻。另外即使学生有创业的想法、创业的初步计划，但要想成功实现难度也比较大。学生的创业计划通常是不太完善的，直接创业的可能性较小，需要有专业人士的指导、风险投资机构的引导、政府政策的资助等。

（四）创新创业教育培养目标不明确

教育国际化是经济社会发展下的一个趋势，中国已经在世界经济中扮演着十分重要的角色，大学毕业生无论在国内就业还是在国外就业，都无法脱离国际舞台这个大环境，缺乏国际意识与创新竞争力和跨文化交流能力，将无法适应社会的激烈竞争。创新是各种能力的核心，尽管在近几年创新创业教育改革的呼声不断，但都难以给出培养创新人才的实际途径，这需要打破原先的教学模式，改革传统的教学体系框架，给创新造就基础。高等学校应该在创新创业培养目标中明确创新创业教育的国际化理念、创业教育课程的国际化建设和创新创业教育引入国际企业实践中。

三　国外高校创新创业教育发展经验对比分析

欧美发达国家早在20世纪七八十年代，就开始了有关创业的培训和教育，创业教育一直深受重视，发展比较成熟，至今已经颇具规模。发达国家作为创业教育的先行者，国外高校在创业教育发展过程中独具特色，成为世界其他国家纷纷学习和效仿的对象。下面从多角度针对美国、英国、日本和新加坡等国的创新创业教育发展状况进行对比分析（见表1），可以发现其在创新创业教育成功经验的共同特点：

（一）创新创业教育理念与学校价值观一脉相承

继承了学校的历史、文化价值传统，价值取向以学生的成长为中心，面向社会经济未来挖掘学生潜质，促进学生的多元化发展。

（二）具备完善的创新创业教育体系

创业教育覆盖了从小学、初中、高中、大学本科直到研究生的教育，形成了一个完整的社会教育体系。大多数高校设立专门专职创业教育机构，校院级管理者也在创业教育体系中担任重要职务。创新创业课程系统化，涵盖了创新所需的新科技、新技能的理工科知识和创业所需的商科、管理及法律等相关知识。

（三）多元化的创业教育师资队伍

创新创业教育师资团队由两部分组成——校内师资和校外师资。校内师资主要由高校商科的教师组成，部分课程由理工学院的老师教授，为学生提供技术支持。校外师资则主要由成功企业家、律师、成功的职业经理人以及杰出校友组成。校内师资主要进行管理学、企业战略、市场营销等课程的讲授，旨在为学生未来的成功创业打下理论基础；校外师资则主要参与针对学生创业的讲座、讨论、创业计划制订，经验理念以及策略的研讨等活动，从实践角度为学生传授第一线的创业知识。

（四）政府对大学生创新创业教育工作的大力支持

各国创新创业教育开展得如此之成功，离不开政府对大学生创业教育的资金资助和政策鼓励。

（五）加强实践教学，提升学生创业能力

创业实践实习是创业教育的重要内容之一，参与创业实践实习能进一步巩固学生的知识，激发研究欲望。大学生参与创业实践实习是一举多得的好事。参与创业实践实习可以直接提高其对于实际创业问题的分析解决能力，激发学生将所学的知识技能转化为现实产品的欲望，从而刺激学生的研究欲望，使他们加强对所学知识的理解。不仅如此，参加创业实践可以帮助学生树立坚定的社会责任感，从而使学生的创业综合能力得到全面的提高。各类创业计划大赛的举办、多种形式的创业教育讲座的开展及企业观摩都为学生创业提供实践机会。

表 1　　发达国家的创新创业教育发展情况对比

内容	美国	英国	日本	新加坡
教育理念	学以致用，勇于创新	鼓励学生探索未知领域，创业教育是一项长远的教育方式，是一种创业精神和创业意识的培养	以“培养富有创业精神的创新型人才”为理念，注重培养学生发现问题、解决问题的能力	以“发展实用教育以配合工业化和经济发展的需要”为指导思想，以“教育必须配合经济发展”为教育方针
组织机构	美国高校大多设立创业教育机构，职能完善。如斯坦福大学设立的 STVP 和 CES 分别负责工学院和商学院的创业教育，兼具教学单位和孵化器双重职能	英国高校大多设立创业教育机构。如剑桥大学创业中心（CEC）。中心负责创业教育、咨询、创业者指导、最佳实践研究等	日本高校的大学院（相当于中国的研究生院）主要负责创业教育，并有创业援助机构提供创业咨询、指导、融资等服务	新加坡高校设有专门负责的组织机构。如新加坡国立大学企业中心，负责创业课程开设及创业活动实践等
课程体系	美国的创业教育涵盖了初高中、大学本科乃至研究生的一系列课程，形成了相当完备的社会教育体系。理论教学体系表现为基础教育与专业教育紧密结合，增加综合性跨学科课程，单独开设创业课程三个方面。具有完善的创业教育实践体系	以实践导向型课程为主，针对特殊需求开设相应课程。课堂教学与创业计划大赛、CMI 项目实习、就业指导、科技成果转化等相互整合，涵盖了在新企业创立、管理过程中各类显性知识以及在识别和把握机会、承担风险、迅速整合资源等方面的隐性知识	针对学生特点开发在实践中具有可操作性的创业课程。注重主渠道（课程、讲座）和辅渠道（实习、竞赛）之间的相互配合	为适应国际化的要求，新加坡大学对课程采用学分制，并开设了许多国际性的课程。推进与新加坡建设和发展密切相关的学科，凡是耗资大、周期长、见效慢的基础性学科，新加坡则实行“拿来主义”

续表

内容	美国	英国	日本	新加坡
教育模式	企业家、风险投资家等产业界人士通过担任客座讲师、课堂嘉宾来校演讲、参加论坛等方式参与创业教育	企业家和创业者共同参与教学，使学生获得第一手经验；通过案例研究、嘉宾演讲、小组项目、撰写商业计划、学生演讲等方式使学生获得“近似创业的经验”	企业家参与创业教育的教材编写、课程设定及师资合作项目。由学校和企业围绕产学合作中共同关心的具体问题，训练学生面对问题和解决问题的能力	“双师型”教育模式，即聘请具有扎实创业理论知识和高学历、高水平且企业工作经验丰富的教师进行课程教育
资金支持	主要来自成功校友的私人捐赠企业及基金会等的资助，以及国家创业教育基金资助	主要来自政府	主要来自政府	主要来自政府
政策支持	政府制定相关法律和政策为美国高校顺利开展创新创业教育提供强大的后盾支撑	英国小企业服务局（Small Business Industry，DTI）于2002年12月推出创业相关策略，主要政策包含补助大学、公共部门与非营利机构开展相关活动，推广创业教育以及培训师资	政府制定相关法律和政策为日本高校顺利开展创新创业教育提供保障	政府提供各种政策保障。如新成立公司的税务豁免计划，协助起步公司维持现金周转与盈利
国际合作	举办创业教育会议，并在欧洲、亚洲和拉丁美洲举办区域性会议	与麻省理工学院联合建立研究院	与世界知名高校建立合作关系，参加多种形式的国际创业教育活动	分别与印度科学研究院、斯坦福大学、宾夕法尼亚大学、复旦大学等建立海外联合学院

续表

内容	美国	英国	日本	新加坡
师资力量	除通过构建创业学科体系培养具有专业化创业知识和技能的教师，美国高校创业教育还通过多种渠道吸引创业师资。如美国高校采取休假政策，鼓励有创业兴趣和意向的教师可以在保留大学教师职位的前提下，离开高校一段时间进行创业	英国高校的创业课程几乎全是全职教师，绝大多数的教师具有商业管理经验或创业经历	日本高校的创业教育师资团队由两部分组成——校内师资和校外师资。校内师资由高校商科的教师组成，部分课程由理工学院的老师教授，为学生提供技术支持。校外师资则主要由成功企业家、律师、成功的职业经理人以及杰出校友组成	重视“双师型”师资队伍建设，看重教师的企业经验，80%的教师都曾是企业经理或业务骨干，从企业工作经验丰富的高学历、高水平的技术人才中选聘教师

四 国际化视野下我国高校的创新创业教育发展策略

在高等教育国际化背景下，高校创新创业教育的基本要素国际化进程不断推进，其内涵也扩展到包括注重培育具有人文关怀的企业家精神、培养具有国际对话与参与能力的师生、注重创业教育实践和研究的国际合作、注重国际商业文化的教育与熏陶等方面。结合丰富的国际创新创业经验，制定有利于我国高校的创新创业教育发展策略。

（一）制定具有战略性的教育理念，坚持基于创新的创业理念

创业教育的目的是培养学生形成创业所必需的领导力、全球化的眼光、敏锐的市场意识、务实踏实的作风、锲而不舍的精神、组织运作能力和为人处世的技巧，还包括商业谈判技巧、市场评估与预测方法、启动资金募集方式等，并使学生具备关于金融、财务、人事、市场、法规等方面的基本知识。创业教育要注意培养学生的创业技能与创业精神，在理念上造就一批具有革命性的创业一代，以适应经济全球化和知识经济时代的挑战。务必摆脱创业就是创立企业、创业教育就是快速培养企业家或训练大学生就业技能的狭隘认知和功利性认知。

（二）建设有中国特色的创新创业教育课程体系

开拓创新符合中国国情和时代特点的创新创业教育课程体系要切实提高中国创业教育水平，必须大力加强我们的创业研究，尤其是对中国的本土研究。首先，在课程目标的设置上，应着眼于学生创新精神、实践能力、企业家精神的培养，努力提高学生的创业知识和创业能力；其次，创业课程的设置应充分整合原有专业学科知识，将创业教育课程与高校学科专业相结合，努力开发出适合全校学生的创业教育通选课和专门针对创业学生的核心课程，形成相互支持、相互促进的有机结构；最后，创业教育课程的设置应具有全球性眼光，在课程学习中合理安排外国文化、国际经济环境、国际化经营管理等课程。

（三）拓展教师“国际化视野”，突出创新创业师资的“专业性”和“实践性”教育导向

中国的大学（包括一些名校）普遍缺乏既具有较高理论水平，又

有一定创业经验的师资。这是导致目前国内大学开展创业教育内在动力不足的重要原因。要想改变这种状况，国内大学必须进一步加强师资引进和培养。针对这种现实，高校应当采取“走出去”与“请进来”相结合的师资队伍培养构建模式，一是鼓励教授从事创业实践、企业管理等活动获取创业教育指导经验，鼓励教师参与企业咨询、研发和管理等工作，增强其实践经验。二是加大“引智”力度，外聘一些具备实际管理经验的企业家、咨询师和投资人等担任兼职教师，充实教师队伍，优化教师结构，提高教学水平。通过这一举措，有效弥补高校教师实践经验不足的缺陷，丰富创业教育的内容。

（四）设置独立的管理机构，实现创业教育资源有效整合

我国高校创新创业教育的机构挂靠不同的部门，其中挂靠学生工作处和校团委的占大多数，挂靠在本科生院、研究生院及相关院系占少部分，这种“挂靠部门”的创新创业管理机构，职责不清，往往难以有效协调相关部门而实现资源的有效融合，直接影响创新创业教育的效果。

（五）建立完善的创新创业教育评价体系

由于创业教育作用的机理非常复杂，无法对其进行测算，就需要借助于一套全方位的创业教育效能评价指标体系来完成。目前，我国高校还未建立一套完整的创新创业教育评价体系。美国大学的创业教育评价体系一般从基础性、发展性、个性化、教育收益等方面去评价。英国创业教育评价一方面拓展学生创业学习效果方面的评价模式，另一方面在国际视野下评价英国的大学创业教育，建立了多维的、完善的创业教育评价体系。所以，我们必须借鉴国内外创业教育评估的相关研究成果分析影响创业教育质量的主要因素，构建一套适合我国的适用性强的、多维的、完善的创业教育质量评价指标体系。有评价体系的保驾护航才能更好地评估我国高校的创新创业教育国际化发展程度，才能更好地推进创新创业教育的有序发展。

综上所述，加强国际合作与交流，学习并吸收其他国家先进的高校创新创业教育经验，尽快建立起合作交流的平台，通过各种形式充分交流国内外创新创业教育的成功实施方案，学习并推广创业教育的典型教学方法，开发创新创业教育合作项目，形成创新创业教育的开放式办学。培养大学生在国际文化交流中运用国际视野分析、判断事务的能力，进一步推动我国创新性人才培养。

参考文献

清华大学发布《全球创业观察 2015/2016 中国报告》，http：//news. tsinghua. edu. cn/publish/thunews/9650/2017/2017010409033653630516 5/ 20170104090336536305165. html。

谢峰、贾萍：《国际视野下我国高校创业教育发展策略》，《创新与创业教育》2016 年第 7 期。

黄兆信、刘丝雨、张中秋：《新加坡大学生创业教育的经验及启示》，《高等工程教育研究》2016 年第 4 期。

李志永：《日本高校创业教育》，浙江教育出版社 2010 年版。

胡松年：《国外大学生创业教育的发展与特点》，《高教发展与评估》2010 年第 4 期。

N. Ashton，*Technological and Vocational Education Bimonthly*，Oxford University Press，1997.

Katz，Jerome A.，"Fully Mature but Not Fully Legitimate：A Different Perspective on the State of Entrepreneurship Education"，*Journal of Small Business Management*，2008，46（4）.

高等教育国际化背景下国际化创新人才培养模式研究*

刘　岩**

伴随着经济全球化程度的快速发展，世界各国需要大量的国际化人才参与国际竞争和合作，国际化人才已成为新时代的核心竞争力。欧美、日本等发达国家领先发展，亚非等发展中国家学习借鉴，开启了新时期高等教育国际化的新征程。高等教育国际化是适应时代需求的新教育理念，是教育发展到一定阶段的应然趋势，通过全球化意识的教育体验，培养具有国际视野，能够参与国际竞争与国际事务的高素质人才。国际化交流与合作包含学生、教师、课程及科研四个维度，学生国际交流程度可谓高校国际化的重要标志，能够一定程度反映出国际化的规模、质量和效益。通过国际合作、联合项目等方式，培养新时代全面发展的高素质人才日益成为高校教育国际化的新尝试。

一　高等教育国际化

世界高等教育国际化是一个不断演进和嬗变的过程。中世纪大学被称为黑暗时代的"智慧之花"。中世纪大学的学生具有显著的国际性，学生通常在一所最近的大学开始学习，然后在另一个国家或另几个国家的大学完成学业，在一所大学的学生可能来自几个甚至十几个国家；在"普法战争"失败的阴影下，洪堡、费希特等一批新人文主义学者创建

* 科研基金项目：中国学位与研究生教育学会研究课题面上项目（B2－2015Y0507－122）。

** 刘岩是哈尔滨工程大学助理研究员。

了柏林大学。柏林大学开创了近代大学的模式，对欧洲乃至世界大学影响深远，它的创建为高等教育国际化的“继起”拉开了序幕。以柏林大学为代表的德国大学不仅对美国、法国、英国，还对日本、希腊、荷兰、比利时、俄国、丹麦、挪威、瑞典等国产生重要影响，世界各国赴德留学的学生络绎不绝。第二次世界大战以后，西方国家的发展步伐逐渐加快，带动了全球经济的一体化，进一步加速了大学国际化的步伐。西方的大学在经历了以教学为使命、本土化为目标、科研为支撑、社会服务为方向之后，国际化已经成为不可逆转的大势。在美国，华盛顿大学的培养目标增加了“国际理解和交流”，密西根大学提出了“为全世界服务”，宾夕法尼亚州立大学推出了“全球校园”，波士顿大学则将其使命定位为培养“世界公民”。1998 年 6 月，法国、德国、意大利和英国的教育部长在巴黎索邦大学举行会议，与会者在会议期间对促进教师和学生流动、建立相同的高等教育三级学位体制（学士、硕士、博士）、扫除学位和学历相互承认的障碍等问题达成共识。次年，欧洲 29 国教育部长，包括欧盟成员国和申请国，共同签署了波罗尼亚宣言。此后，为促进和落实“波罗尼亚进程”（Bologna Process），欧盟委员会于 2003 年提出一个称为“伊拉斯莫计划”（Erasmus Mundus）的高等教育项目。该项目要求欧盟各大学设立联合课程和联合学位，使教学和科研增加国际合作色彩。此项目为高等教育领域的一个合作性学生交流项目：支持高质量的欧洲研究生课程，每一课程都由欧洲若干所大学联合完成。此项目提供优厚的奖学金，以便来自全世界的学生都能全身心地投入研究生课程的学习中。此外，这个项目不仅面向欧洲学生，还面向欧洲以外的第三国留学生和访问学者。俄罗斯从教育市场化、法制化与建立共同愿景等高等教育国际化战略思维出发，积极推行一系列高等教育国际化改革，如办学主体多元化、重新定位大学及其分类方式、寻求区域合作伙伴关系、构建高等教育质量认证体系等。俄罗斯在坚持自身教育民族性的基础上，由国家主导推行了一系列高等教育国际化战略行动，促进了俄罗斯在欧洲与亚太地区的高等教育交流与合作，提升了其高等教育的国际竞争力。非盟于 2007 年提出了《非洲高等教育一体化战略》，对非洲高等教育产生了很大影响。“一体化战略”提出加快制定一个指导联合课程开发和人员流动计划的战略，整合现存资源，鼓励众多机构参与合作，大力拓展资金来源，希望到 2015 年至少开发成功

30 个区域合作项目，并逐步深化与各国高等教育的交流融合。澳大利亚八校联盟（G8）积极推行国际化战略，以“国际公认的、处于引领地位的精英大学”为目标，在提高知名度、拓展国际高等教育、吸引高质量留学生、开展世界知识前沿领域研究合作等诸多方面，成效卓著。20 世纪 70 年代以来，日本提出“高等教育国际化”，并将此作为发展高等教育的重要战略任务。经过几十年的发展，日本已成为世界上高等教育普及化和国际化程度最高的国家之一。日本高等学校不仅普遍重视教育理论、高等学校管理经验的交流，还积极推动与别国在图书资料、教学音像制品等方面的共享。日本高校还普遍与联合国教科文组织、国际“姊妹学校”保持经常性信息交流，积极参加和承办国际学术会议。另外，日本还大力发展网络大学，使国内外学术信息通过网络快捷自由流通。

20 世纪 90 年代以来，我国越来越多的大学把国际化作为办学理念和强校战略，把建设世界一流大学或世界知名大学作为发展方向和奋斗目标。近几年来，国家陆续出台多项政策。2010 年，教育部公布的《国家中长期教育改革和发展规划纲要（2010—2020 年）》第 48 条提出，“坚持以开放促改革、促发展。开展多层次、宽领域的教育交流与合作，提高我国教育国际化水平”“借鉴国际上先进的教育理念和教育经验，促进我国教育改革发展，提升我国教育的国际地位、影响力和竞争力”“要培养大批具有国际视野、通晓国际规则、能够参与国际事务和国际竞争的国际化人才”。2015 年，国务院印发的《统筹推进世界一流大学和一流学科建设总体方案》中明确提出：“到 2020 年，若干所大学和一批学科进入世界一流行列，若干学科进入世界一流学科前列。到 2030 年，更多的大学和学科进入世界一流行列，若干所大学进入世界一流大学前列，一批学科进入世界一流学科前列，高等教育整体实力显著提升。到本世纪中叶，一流大学和一流学科的数量和实力进入世界前列，基本建成高等教育强国。”

当前，世界范围内的综合国力竞争，归根到底是创新型人才竞争，一个国家只有培养、吸引、凝聚、用好人才特别是国际化创新型人才，才能在激烈的国际竞争中掌握战略主动权，才能抓住实现发展目标的第一资源。经济全球化需要大量既熟悉国际经济运作，又了解各国国情、法律、文化，而且能熟练掌握外语、科技的国际化优秀人才。在经济全球化背景下，为增强国际竞争力，国际化人才的培养已成为各国政府和高等院校的首要任务，培养适应经济社会发展需求的人才已成为彰显高等教育办学质量的重要标志。大学只有树立国际化办学理念，才能在人才培养、科学研究、社会服务以及文化传承创新等方面发挥好大学职能，才能适应经济社会快速发展的新形势。

高等教育国际化已成为影响一个国家高等教育发展的重要因素。如何在高等教育国际化的潮流中既关注世界高等教育的发展趋势，又保持自己国家高等教育的发展特色与优势，在比较借鉴基础上促进中国高等教育国际化和民族化的整合交融，培养更具国际竞争力和跨文化领导力的创新型人才，这是我国高等教育所面临的一大课题。

二 国际化创新人才培养模式

（一）以创新型、国际化为目标，确立人才培养标准

高校人才培养模式要以提高科研创新能力为核心，树立国际化创新人才培养目标，加强创新精神和创新能力方面的培养，培养更多具有国际视野、通晓国际规则，能够参与国际事务与竞争的拔尖创新人才。国际化人才既要具备完善的知识结构与专业能力，又要有国际理解精神、国际战略眼光和处理国际事务的能力。

（二）以综合化、国际化为标准，优化课程设置

构建以“国际主题新课程、区域研究课程、注入国际比较课程、实习实践国际化活动课程、英语授课课程、融入现代教育技术课程”为主体的国际化课程体系建设。设置跨人文与自然、人文与社科、新生交叉学科等综合性课程。

（三）国际联合培养，提高人才培养质量

实施以双学位、联合学位为主的联合培养项目，开展“联合研究生院、授权办学、海外分校、国际机构提供的国际教育资助”等形式的国际合作办学，促进全球高等教育优质资源的有效整合和交融，提高国际化人才培养质量。重点实施“联合博士学位项目”（Cotutelle），为每位学生制定有联合指导与考核详细条目的专门协议，联合颁发博士学位证书。

（四）以学分制为中心，完善人才培养制度

高校应按照国际高等教育惯例，借鉴国际先进的教育理念和培养模式，采取国际通行的教学运行制度，实施学分制，加强国际间课程成绩认定、学分互认以及学位互认，加快与高等教育国际化接轨。

三　学生交流国际合作模式

（一）国际合作项目分类

国际合作学位项目划分为单学位项目、双学位项目、联合学位项目以及连读性学位项目四种类型。项目分类如图 1 所示。

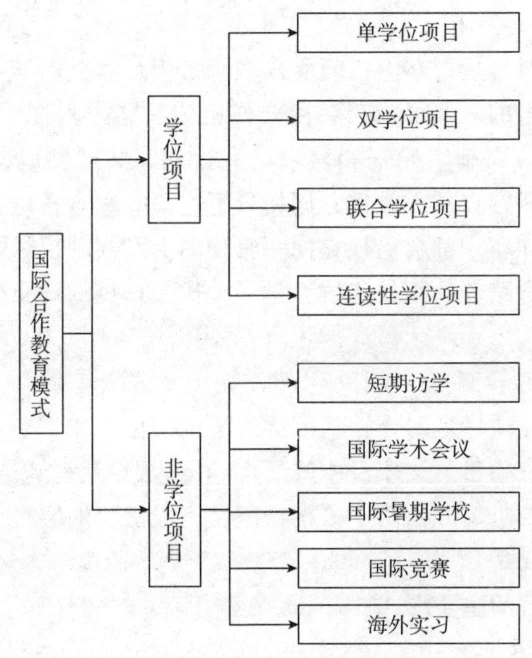

图 1　国际合作教育模式

1. 单学位项目

单学位项目是指仅由研究生教育国际合作机构中的一方授予学位的项目。合作项目中的学生在完成双方或多方合作机构共同制定的学习要求，达到合作一方学位授予标准之后，获得该方授予的学位。通常采用“一个学位+证书”的补充形式，获得所注册高校授予的法定学位外，共同为学生联合颁发自制的补充性写实证书，表明学生参与并完成了联合学位项目的学习。

2. 双学位项目

双学位项目是指学生在跨国（境）高等教育机构中学习，在满足两个合作机构同一层次的学业要求之后，由两所合作机构各自独立颁发学位的活动。双学位项目强调学生同时满足合作高校各自的学位授予要求，强调学位获得的同时性。由于各国法律制度、学科专业以及研究领域千差万别，在实践中，合作双方通常采用共同制定原则性要求、各方制定具体要求的变通办法。硕士双学位项目因学位论文要求低、课程学分认可和转换相对较易而发展较快。

3. 联合学位项目

联合学位项目是指学生在两所或多所跨境合作机构学习，在完成合作机构共同规定的学业要求后，由合作机构共同为其授予学位的活动。强调合作双方共同制定课程和科学研究计划，共同完成课程教学和考核，学位论文通常在双方教授共同指导下完成。联合学位意味着所有合作机构的名称和印章都会出现在同一张证书上。共同授予联合学位的方式最能反映联合培养的精神实质，是一种比较理想的研究生教育国际合作项目模式。

4. 连读性学位项目

连读性学位项目是两个相互衔接的学位项目。如学士—硕士学位或硕士—博士学位项目。该项目中的学生连贯达到跨境合作机构合作制定的两阶段学业要求后，由两个机构根据已完成学业的层级，各自授予相应层次的学位文凭。

非学位项目的主要形式：

1. 短期访学

收集论文资料，完成在国内暂时完成不了的实验以及增加一些跨文化接触的机会。

2. 国际学术会议

能使研究生开阔视野，了解到专业的前沿问题，使国际同行学者了解国内状况。

3. 国际暑期学校

以学术主题形式开展的国际间教学活动，邀请国内外知名学者、专家授课，访问学习，建立国内外学者、学生学习交流的平台。

4. 海外实习

海外实习是指研究生到国外的著名公司、研究机构、学校等进行短期的实习与考察。

（二）作用

国际合作使中国研究生教育改革有了国际参照系，借鉴国外先进的教育理念和培养模式、课程体系、课程内容、课程教材、教学方式方法、教学组织形式，引进优质教育资源，加强国际间高等教育资源的整合和交融，进而提高培养质量，实现高等教育内涵跨越式发展，提升中国高等教育在全球舞台上的国际竞争力。

（三）问题

1. 对双学位和联合学位项目的认识还有待深化。这其中既有对不同国家的学位制度和学位质量进行认可的问题，也有对同一个学位、同一类课程如何认可的问题。

2. 缺少专门针对研究生国际教育合作的法规和政策。既有法规政策对于双学位、联合学位等新形态合作方式缺乏明确规定，在学位授予标准、相关程序方面存在空白点，使合作办学实践活动的规范和指导作用无法凸显。

四 哈尔滨工程大学研究生教育国际化人才培养实践

（一）构建“参与磋商—搭建平台—联合项目—合作办学”国际合作培养机制

参与中美人文交流高层磋商。2016 年第七轮中美人文交流高层磋商在北京举行，在教育部副部长郝平和美国副国务卿理查德·斯坦格尔的见证下，哈尔滨工程大学和美国德州农工大学签署《在核安全、核能和平利用与船舶、海洋能源等领域开展联合科学研究与人才培养的谅解备忘录》，两校以中美两国优势资源共享互补为战略，旨在通过在核安全、核能和平利用与船舶、海洋能源等领域的合作促进培养国际社会急需人才，共同提高科学研究水平，为国际社会的发展做出贡献，从而探求世界一流学科的发展途径。哈尔滨工程大学与田纳西大学拟在核安全与核能和平利用领域联合开展科学研究和学术交流。

搭建“船舶与海洋工程创新与合作国际组织（ICNAME）”平台。2016年船舶与海洋工程创新与合作国际组织（ICNAME）第一届理事会第二次会议暨法国文化日在哈尔滨工程大学开幕，来自中、俄、法、英、美等12国的100余位海内外船舶与海洋工程领域众多国际知名高校、科研院所和企业的代表齐聚哈尔滨工程大学，围绕极地船舶与海洋工程领域的关键技术进行交流与研讨，推进“极地大科学”发展。哈尔滨工程大学作为ICNAME平台的牵头和依托单位，不断促进和加强国际船舶与海洋工程研究领域各单位之间在科学研究、人才培养与资源共享上的深度合作和共同发展。

国际顾问团助力核学科发展。2015年，哈尔滨工程大学成立“核科学与技术学科国际顾问委员会”，汇聚15位国际著名专家学者，为推进学校核学科建设、促进我国核科技工业发展提供智力支持。

实施以双学位、联合学位为主的联合培养项目，开展“联合研究生院、授权办学、海外分校、国际机构提供的国际教育资助”等形式的国际合作办学，促进全球高等教育优质资源的有效整合和交融，提高国际化人才培养质量。重点实施“联合博士学位项目”（Cotutelle），为每个学生制定有联合指导与考核详细条目的专门协议，联合颁发博士学位证书。哈尔滨工程大学出台《哈尔滨工程大学研究生院关于研究生国外学习课程的学分认定及成绩转换暂行办法》，建立学分互认机制，采取国际通行的“学分制”教学运行制度，开展国际间课程转换和成绩认定。国际联合研究生院合作办学。2015年12月，哈尔滨工程大学赴南开大学就南开大学—格拉斯哥大学联合研究生院合作办学调研。2016年10月，哈尔滨工程大学出访英国南安普顿大学，就哈尔滨工程大学青岛校区与英国南安普顿大学在船舶与海洋工程学科开展国际联合研究生院合作办学工作进行商谈，目前合作办学正处在筹划、推进中。国际联合与交流项目稳步推进。2016年1月，学校“船舶与海洋工程学科创新型人才国际联合培养项目（美国加州伯克利大学）”获批国家留学基金委国际创新型人才培养项目；2016年6月，与英国斯特拉斯克莱德大学在船舶与海洋工程领域签署全面教育合作；2016 年 6 月，首位参与国际联授项目（与加拿大卡尔加里大学）的兰海钰博士完成答辩，获得双方授予的博士学位；2016 年 8 月，与台湾清华大学原子科学院签署联合培养双硕士合作备忘录；2016 年 9 月，水声工程学科与法国缅因大学首次开展国际联合博士学位项目；2016 年度，获国家建设高水平大学公派研究生项目资助出国留学研究生 46 名，占博士年招生规模的 12. 1%；博导短期出国访学 8 名，推进联合培养博士生的学业进展并积极促进搭建国内外的学术交流平台；学校继续实施国（境）外联合培养博士研究生项目，11 名博士生获得资助；学校设立国际交流基金用于资助研究生参加高水平国际学术会议，275 名学生获资助；2017 年 1 月，“控制科学与工程创新型人才国际合作联合培养项目（德国慕尼黑工业大学）”获批国家留学基金委国际创新型人才培养项目。

（二）构建国际化课程体系

学校实施课程体系国际化建设、评估、机构实施为一体的体系建设工程。构建以“国际主题新课程、区域研究课程、注入国际比较课程、实习实践国际化活动课程、英语授课课程、融入现代教育技术课程”为主体的国际化课程体系建设；以“国际化评价因素”为主的课程体系国际化评估；以“国际顾问团、学校教育督导委员会、学校教学管理部门、专业学院”为主的课程体系国际化实施机构。

2013 年、2017 年学校分别有 2 门获批教育部来华留学英语授课品牌研究生课程。哈尔滨工程大学姜弢教授在 2016 年中国教育国际交流协会举办的“英文授课品牌课程规划建设经验交流会”作大会发言，介绍品牌课程建设的经验。学校确立 20 门研究生课程“与国际高水平学者共建研究生课程”，学习先进的教育理念，在现有课程内容中注入国际比较内容。2017 年船舶与海洋工程学科按照国务院学位委员会学科评议组要求完成《船舶与海洋工程一级学科研究生课程建设报告》。核能科学与工程学科参照国际原子能机构（IAEA）编写的“核工程教育标准”以及美国密西根大学、得克萨斯 A&M 大学等的核专业课程设置，修订核科学研究生培养方案。

（三）与卡尔加里大学联授博士学位项目

哈尔滨工程大学通过与加拿大卡尔加里大学沟通协商，实施“联授博士学位项目”。

1. 项目介绍

中、加联授博士学位项目旨在培养具有国际视野、通晓国际规则、能够参与国际事务与国际竞争的拔尖创新人才。本项目由哈尔滨工程大学（Harbin Engineering University，HEU）和加拿大卡尔加里大学（University of Calgary，UC）共同实施，每个学生拟有专门协议，协议由学生、UC、HEU 和导师共同签署。UC 是加拿大排名前七的研究性大学之一，卡尔加里大学有 16 个院系，提供 100 多个学士学位项目，硕士研究生专业有 70 个，博士生学位专业有 40 个。

该项目学制为 4—6 年，联合学位的学生需在 HEU 完成课程学习，在 UC 从事科学研究 2 年，然后回到 HEU 继续完成科学研究工作，论文用中文撰写，答辩在 HEU 举行，双方共同组成答辩委员会，且答辩委员会的组成需同时满足双方院校的要求，外方导师将被邀请参加其博士论文答辩。学生在双方学校都注册学籍，在哪方缴纳哪方学费，在 UC 期间的学费由 UC 导师负责，生活费由国家留学基金委 CSC 负责。双方均享有项目生在该项目期间成果的知识产权，即该生在联合培养期间所发表的学术论文署名单位为两所学校，第一单位为哈尔滨工程大学，第二单位为卡尔加里大学。

2. 项目优势和意义

联授学位模式以优秀博士生为载体，强调个别化培养特征，真正做到了国际优势资源的整合和交融。该项目学生在国家公派出国留学优秀学生中进行选拔，中方和加方共同为其制定课程和科学研究计划，其学位论文接受双方教授联合指导和监督，答辩程序需获双方认可，学生通过答辩后，获得一张联合颁发的博士学位证书。

参加本项目的学生将亲历两种不同的教育制度和文化，在 HEU 确定博士研究生课题，掌握基本理论，在 UC 学习前沿理论知识，享有双方优势教育资源。参加本项目的学生在外语能力、跨文化交流及沟通能力、学术创新能力方面有明显提升，具有独立从事科学研究的能力。通过这一项目的实施，探索了一种全新的人才培养模式，提高了学生的学术能力和在国际团队沟通交流能力，以适应经济全球化发展需要，培养具有国际视野的高素质创新人才。共同授予联合学位的方式最能反映联合培养的精神实质，是一种比较理想的研究生教育国际合作项目模式。

五　结语

经济全球化发展促进了教育国际化发展，高校紧跟时代发展需要，抓住历史机遇，突出自身的核心竞争力和优势，明确特色学科人才培养目标，以国际化的理念，加强课程体系国际化建设，通过“联合研究生院、授权办学、海外分校、国际机构提供的国际教育资助”等形式不断开拓和加强与国际知名大学联合办学，实施以双学位、联合学位为主的联合培养项目，充分利用全球优质教育资源，提高国际化人才培养质量。联合培养是高校培养国际化人才的重要途径。联合博士学位项目（Cotutelle）强调个性化培养特征，是联合学位中特有模式。高校应充分借鉴全球先进的教育理念，整合交融全球一流教育教学资源，促进国际化和本土化相互融合，培养出既精通业务又具备跨文化交际能力的国际化人才。

参考文献

刘颖：《高校国际化人才培养模式分析与探索》，《教育教学论坛》2016年第5期。

李海生：《研究生教育国际合作学位项目类型探析》，《学位与研究生教育》2013年第12期。

张大良：《研究型大学实施课程国际化的特点与策略》，《高等理科教育》2006年第2期。

徐明生等：《研究生高水平国际化课程建设质量评价探索与实践》，《研究生教育研究》2015年第2期。

曾满超等：《美国、英国、澳大利亚的高等教育国际化》，《北京大学教育评论》2009年第2期。

王玉峰：《高校国际化人才培养模式：西方名校的经验与启示》，《新疆大学学报》（哲学·人文社会科学版）2016年第4期。

初旭新等：《我国研究生教育国际化培养的现状与对策》，《研究生教育研究》2015年第5期。

倪瑛等：《加强高等教育国际化培养具有国际视野的创新型人才》，《吉林省教育学院学报》2014 年第 3 期。
王志强:《中国高等教育国际化十年回顾与现状分析》,《世界教育信息》2015 年第 17 期。
王玲:《全球视野下的国际化创新人才培养》,《北京教育》(高教)2014 年第 3 期。
魏炜等:《搭建国际化培养平台促进拔尖创新人才脱颖而出》,《教育教学论坛》2016 年第 36 期。
徐飞:《高等教育的深度国际化》,http://edu.people.com.cn/n1/2016/1130/c1006-28912955.html。

城乡地区基础教育不平等：西安市的案例研究

吴　洋　王楚杰*

教育的均衡发展不仅是教育本身的问题，也是一个社会问题，它关系到整个社会的和谐稳定与公平发展。合理的、公正的教育体系可以形成整个社会公平、公正的正能量；反之，非均衡的教育体系则会加剧整个社会的不平等与不和谐因素。教育的公平发展反映了我国和谐社会建设的重要方面，解决教育的平等问题是实现和谐社会的重要途径，只有实现了受教育机会的均等，做到受教育过程的公平，保证教育质量的同等性，城乡不同受教育者才能处于同一起跑线，社会上的弱势群体才能实现其通过知识改变命运的理想。

本文着眼于西安市城乡区域间基础教育的均衡发展问题，选取了两所城乡小学，以西安市的陕西师范大学附属小学和长安区郭杜镇的大居安村小学为例，进行实地调查研究，阐述了由于家庭背景、学校条件、师资力量、社会环境等各方面因素的差异性，导致了城乡孩子在受教育起点、受教育过程及受教育结果方面产生的不平等性，并提出解决问题的办法，即从政府、学校、教师、家长、社会等各方面形成合力，针对性地提出解决问题的有效途径。

一　西安市城乡基础教育之现状分析

改革开放以来，我国综合国力迅速提升，人民的生活水平质量发生

---

* 吴洋是陕西师范大学西北历史环境与经济社会发展研究院博士研究生。王楚杰是陕西师范大学哲学与政府管理学院 2017 级硕士研究生。

了巨大变化，然而，与此同时，经济的改革又给人们带来了诸多社会问题，例如社会不平等程度的严重恶化，人们对由贫富差距引发的诸如教育等问题的关注程度不断升级，教育的城乡不平等现状问题逐渐成为人们关注的热点。我国教育资源城乡分配严重失衡，教育水平的地区差异较大，无论是在政府的投入力度、学校的师资力量和基础设施建设还是家庭的文化资本拥有量等诸多方面，优越的城市地区比乡村都拥有更多的优势教育资源，在这种情况下，需要运用社会学、教育学等相关学科的学科理论，对此问题进行深入研究，并进行实地考察，从成因上进行深入分析，找到当前农村教育所面临的困境及相关解决途径，为当前城乡教育的均衡发展、推动地区的公平正义做出贡献。

本研究的调查对象在城市地区选择的是西安市雁塔区的陕西师范大学附属小学，在西安市周边农村地区选择的是长安区的大居安村小学，现将调查的基本情况概括如下：

陕西师大附小是陕西省一级一类重点小学，位于西安市文化教育环境相对优越的南郊雁塔区，从基础设施建设、师资力量、办学水平等综合条件来看，具有城市学校的典型性；大居安村小学位于长安区的大居安村，长安区在2002年以前还是西安周边的一个县，大居安村小学距离西安市区虽然不是很远，但周边环境仍然具有农村的典型性，学校综合条件也同城市的小学具有较大差距，在反映农村基础教育现状方面具有一定的代表性。

（一）对比分析之教育起点不平等——家庭因素

1. 家长受教育程度及对孩子教育行为的城乡差距

家庭为孩子的启蒙教育发挥着重要作用，父母是孩子的第一任老师，家长的教育方法直接影响到孩子道德品质的形成和良好学习生活习惯的养成。家长对子女的教育方法、提供的教育设备和文化环境和他们受教育程度有着直接的密切关系。良好的家庭环境和教育条件是学校取得良好育人效果的重要前提和保证，父母在孩子的成长过程中承担着重要角色，而不同家庭父母受教育程度的差异以及父母的不同职业角色都会对孩子的教育产生重要影响。社会学关于代际流动的研究就是考察父母的受教育程度、职业地位、社会关系等因素与子女学习成绩的相关性。城市绝大多数儿童在家庭中耳濡目染，家长的学历背景越高，使其得以间接或直接地参与指导、教育他们下一代的教育能力就越强；反之，农村家庭由于父母受教育程度较低，使这种家庭出身的儿童很少拥有同等的机会与权利。[①] 在我们的调查中发现，陕师大附小孩子父母的主要职业有教师、国家公务员、医生、律师、会计、公司职员等，大部分父母受教育程度中至少父母一方是受过高等教育的，而在农村学校的调查中我们看到，大居安村小学孩子的父母大部分的职业是洗碗工、建筑工人、保安、水电工、木工、保洁人员或是自己开小饭馆等，还有一些选择进城务工的父母，他们在城市的工作也基本是服务行业的体力工作者，而他们的受教育程度也普遍较低，对城乡父母的受教育程度，我们通过 SPSS13.0 统计软件做了以下对照图，从父亲受教育程度的对照图可以看出（见图 1），农村孩子的父亲约有 80% 为初中文化水平，占绝大部分，约有 20% 为小学及以下文化水平，只有 10% 左右为高中或中专文化水平，而城市孩子的父亲的受教育程度则与之形成了鲜明对比，其中约 90% 的父亲具有大专及以上文化水平，只有 10% 左右为高中或中专文化水平。

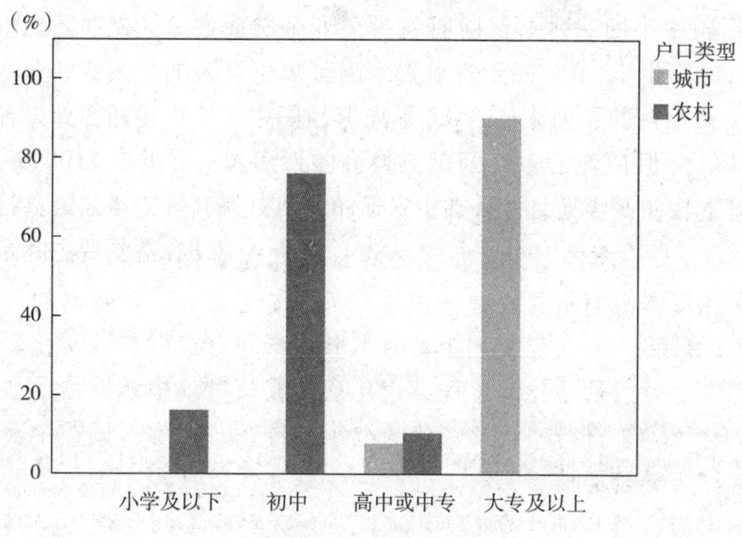

图 1　父亲的文化程度

而母亲的受教育程度我们也做了对比图（见图 2），可以看出：

① 刘汉霞：《城乡二元结构与农村教育》，《教育探索》2003 年第 4 期。

农村孩子的母亲只有不到5%具有高中或中专文化水平，40%左右为初中文化水平，50%以上只具有小学及以下文化水平，而城市孩子的母亲约有70%具有大专及以上文化水平，占大多数，其余30%以上具有高中或中专文化水平，城乡父母受教育程度的差距由此可见。

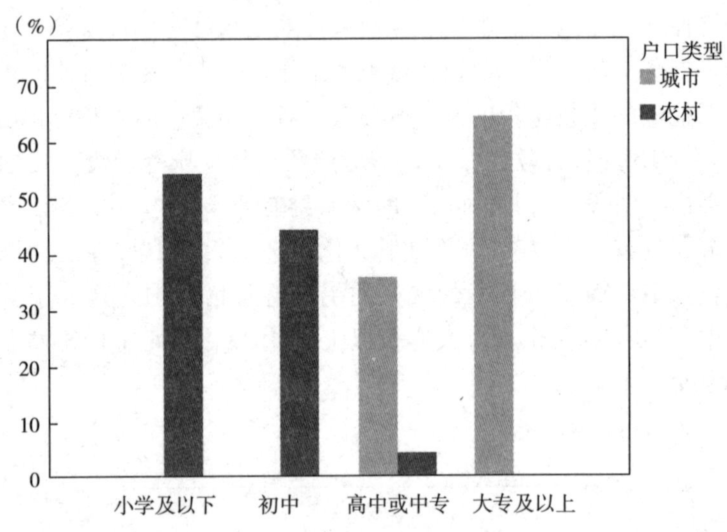

图2　母亲的文化程度

2. 家庭文化资本占有量的城乡差距

家庭文化资本的多少对儿童的成长教育起重要作用，城乡不同家庭的文化资本占有量存在显著差异性。“文化资本”在我们的日常生活中可以理解为一切与文化相关的无形资产和有形资产。文化资本的再生产就是通过社会化的过程，使儿童在成长过程中能够传承自身家庭的文化资本，进行一代又一代的继承与传送。在本次调查中我们就发现，城市学校的孩子家庭条件非常优越，父母在家中为孩子购置了大量的书籍、报刊、计算机、iPad、书画资料、不同乐器等丰富的文化资本。这些孩子家庭文化资本优越，平日里父母带他们去欣赏儿童剧表演、聆听国内外大师的音乐演出、参观博物馆和科技馆、外出旅游，无疑对培养孩子的文化素养、扩大他们的知识面、提升他们的道德情操、铸造他们的心智起到了重要作用，他们通过从小阅读家中的书籍、报刊来扩大自己的视野，扩充自身的知识结构，通过参加艺术特长班来掌握一技之长，锻炼自身的毅力和品格，这些都为他们今后的学习和生活打下了坚实基础；反之，农村孩子在文化资本的占有与传承上无疑处于弱势地位。

（二）对比分析之教育过程不平等——学校及社会因素

1. 城乡学校基础设施建设的资源不平衡

校园基础设施建设是保证教学条件和生活环境的重要指标，而城乡学校在基础设施建设方面还存在一定的差距。国家对教育的政策制定及财政支出都存在一定的城乡差距性，我国农村经济水平发展相对滞后，地方资金严重不足，这就使农村地区教育的基础设施建设发展缓慢。政府对城乡基础教育资金投入的不均等使城乡地区间基础教育水平差异加大，而投入的资金数量多少则决定了学校基础设施建设的优劣水平和配置标准。教育经费的不足使农村学校严重缺乏先进的教学实验仪器设备、体育设施、实验场地以及良好的学习场所。在我们的调查中发现，城乡学校所拥有的基础设施和教学设备存在很大差异，西安市的师大附小建有学生图书阅览室、多媒体教室、科学实验室、手工劳技室、音乐教室、绘画室、舞蹈排练室、绿地操场等，所有教室均按省市级Ⅰ类标准配备设施，教室均配备了65寸触控电视为主的多媒体教学系统设备，校园网络、网站信息系统功能完善，家校联系信息平台渠道多样，沟通顺畅，校园环境优美，教学、办公、生活用房齐全，完善的基础设施建设体系为学校的教育教学和综合管理提供了有力的保障，而长安区的大居安村小学在基础设施方面与师大附小形成了鲜明对比。

2. 师资队伍综合能力及教师待遇水平的城乡差距

在此次调查中，分别从以下几个方面对城乡学校教师做了问卷调查，并进行了统计分析：

（1）城乡教师的学历存在很大差异。学历是教师文化水平与专业知识的主要体现，学历较高的教师往往能够表现出知识面广、现代观念强的优势。从图3我们可以看出，师大附小的教师约有60%为大学本科学历，40%以上为硕士及以上学历，而大居安村小学的教师约有60%为大专学历，不到30%为本科学历，另外还有不到20%的教师为中专学历，无硕士及以上学历。在我们抽取的对象中，两校教师学历层次差别一目了然，城市小学教师学历明显较高。

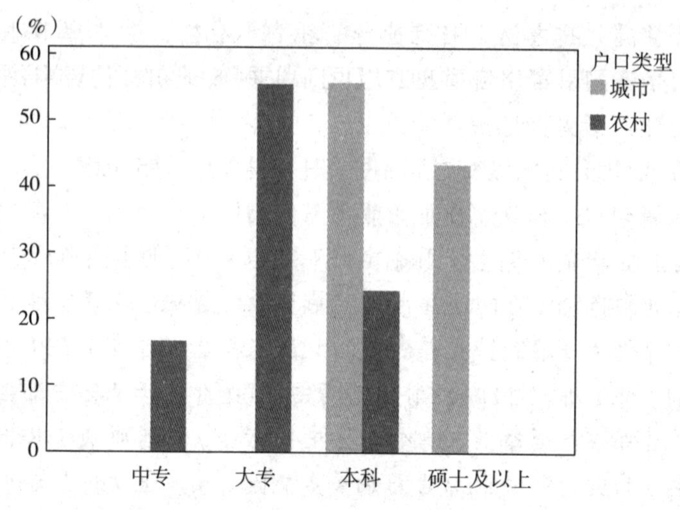

图 3　教师的学历

（2）业务培训存在差异。目前，我国基础教育“新课标”所提倡的是一种探究式教学、体验式教学、互动性教学、创新性教学的新模式。城市学校的教师由于有更多机会参加业务培训、观摩会和外出交流，同时自身也拥有良好的教育经历，他们大多掌握“新课标”的要求，教学方法灵活有趣，教具使用熟练，体态语言丰富，互动效果好，课堂氛围轻松活跃，重点知识点讲解细致，学生的授课反应良好；而农村学校的教师由于外出培训和观摩学习机会较少，在授课方式上方法较为传统老套，单一死板，知识结构老化，填鸭式教学使课堂气氛也较为僵化。针对教师参加相关业务培训的问题，我们专门对两校教师做了抽样调查，结果表明，陕西师大附小的教师经常参加学校组织的业务培训或经验观摩会，而大居安村小学的教师则很少参加这样的业务培训或经验观摩会，由此可以看出，城乡学校的教师在业务培训方面存在较大差异，从而导致了两校教师在教学综合能力方面的差异性。

（三）对比分析之教育结果不平等

考试是检验教育结果的重要途径，在全国范围内，城乡基础教育在升学率上存在很大差异。以 2000 年为例，当年全国小学生升入初中的比率为 94.9%，但农村小学生升入初中的比率为 80.8%。在此次调查中，城市学校的孩子在小学升初中或是各类竞赛和考试中成绩优异，通过我们对回收问卷的统计，师大附小几乎100%的孩子都进入到城市的中学就读，大部分考入省级重点中学，继续享受优质的教育资源；另外，他们在国家和省市级等各类比赛中也表现不凡，例如，师大附小的孩子们在“第二十一届中国儿童青少年威盛中国芯计算机表演赛全国总决赛”“全国青少年计算机比赛”“陕西省中小学电脑制作大赛”“西安市雁塔区现代教育技术成果评选活动暨中小学生电脑作品评选赛”等比赛中喜获佳绩，表现突出，这些都为他们今后的学习奠定了基础，也增强了他们的创新精神与实践动手能力。反之，大居安村小学的孩子在一些重要的统一考试中成绩平平，在问卷中看到几乎所有孩子都在当地的中学继续自己的学业，几乎没有学生到西安市区的重点中学就读，这些都与师大附小的情况形成鲜明对比。

二 城乡基础教育不平等现状之成因分析

（一）社会因素——城乡“二元”分割的社会经济结构

“农村教育”既是一个基于教育地域差异而形成的区域教育学概念，也是一个基于城乡二元经济所导致的社会结构差异而形成的社会学概念。[①] 从我国的现状实际出发，主要表现在中国现有的“城”与“乡”的差异，“城乡”的差异结构是处在同一国家中但表现出截然不同发展阶段的“两个社会”，即我们通常所说的“二元社会”。在计划经济时代，农村的主要功能是为城市和工业化积累资金，这种城乡分治的二元格局，成为扩大城乡教育差距的基本制度。[②] 城乡二元结构体制是我国经济和社会发展中存在的一个严重障碍，促进城乡二元经济结构向现代一元经济社会结构的转变，是我国所面临的一场深刻的社会变革。在教育中，主要传授的是城市地区所拥有的主流文化和精英文化，使农村地区所享有的边缘文化处于弱势地位，农村与城市形成了教育文

① 李锐等：《农村教育的社会学研究》，中国社会科学出版社2013年版，第310页。

② 郭彩琴：《马克思主义城乡融合思想与我国城乡教育一体化发展》，《马克思主义研究》2010年第3期。

化方面的“二元”地区差距。城乡二元结构这种现象导致农村教育一直积累了贫困，而城市却积累了先进。在城乡二元制的影响下，教育资源的配置出现重城轻农的现象，在教育经费、教育师资等方面差别尤其明显。[①] 农村教育的相对弱势（与城市社会相比）地位与农村社会的相对弱势（与城市教育相比）地位相互强化，使农村教育在农村社会的弱势阴影下更加难以与城市相比，农村社会在农村教育的弱势推动下更加滞后。[②]

（二）制度因素——政府的城市“倾斜”现象

城乡二元结构，形成了一种从城市人的需求和利益出发的“城市中心”的价值取向，作为一种制度文化，这一价值至今仍在影响着教育公共政策。[③] 城乡分治的问题在1978年十一届三中全会以后进一步扩大了影响，城乡基础教育差距开始出现并逐渐拉大，城乡分治制度对基础教育的负面影响日渐凸显。“城市倾斜现象”导致农村教育与城市相比总体落后，教育资源缺乏、信息不通畅等问题尤其严重。在基础教育资源的配置中，重城市轻农村的倾向没有缩小反而有增大的趋势，从一些文章中我们可以看出，二元结构下的“城市倾斜”现象使教育的供求关系发生扭曲，教育制度的倾斜、资源供给不足等问题导致了农村教育的整体落后。优秀教育资源迅速向城市集中，城市教育快速发展，而农村教育却在边缘化的过程中不断萎缩、衰退甚至崩溃，优秀教育资源的集中，并没有提高全社会的平均教育水平，同时也使原本教育落后的地区失去更多的发展活力。[④] 基础教育是培养人才的起点，是发展当地经济的重要力量，面临我国二元社会结构下的“城市倾斜”现象，城乡地区的教育如果不能得到均衡发展，就会导致城乡社会经济水平和人民生活质量的差距迅速扩大，城乡间的两极分化也会更加严重。因此，这种“城市倾斜”的制度体系在无形中已经影响到了教育资源的配置，诸如师资力量、经费投入、教育硬件设施建设以及教育质量水平及教师

---

① 张争选、史亚科、李连军：《城市化进程中农村教育问题探讨》，《新西部》2014年第5期。

② 秦玉友：《农村教育体系调整研究》，东北师范大学出版社2008年版，第45页。

③ 杨东平：《中国教育公平的理想与现实》，北京大学出版社2006年版，第13页。

④ 李锐、赵茂林：《中国西部农村“教育反贫困”战略报告》，中国社会科学出版社2006年版，第143页。

教学方法等各方面。我国对教育的支撑主要集中在城市，无论是基础设施建设、师资力量，还是财政拨款以及政策制度等方面都在向城市倾斜，农村地区教育水平原本落后，如果再得不到国家的扶持，现阶段薄弱的现状不仅得不到改善，反而进一步拉大城乡间的差距，导致农村地区教育状况雪上加霜。

（三）家庭环境因素

1. 家庭经济水平因素

除了政府与学校，孩子的学习过程也需要家庭的投资与支持，家庭的收入无疑起到了重要作用，孩子的受教育年限和教育过程的优劣在很大程度上与家庭的可支配收入密切相关。随着农村经济水平的不断提高，农户的家庭状况虽然逐渐转向良好，但教育的各类支出对一些农户依然是一个较大困难，例如，在我们的调查中，一些农村的父母还是没有经济实力为孩子购买电脑、钢琴或是丰富的课外书籍，更无法带着孩子出省、出国交流或是参加各类文化活动，少数家庭甚至连缴纳学费都是囊中羞涩，有的家庭为了供养子女继续上学，必须依靠几代人的共同努力才能保证孩子完成学业，这些都与城市孩子家庭的优越性产生了极大的不平等。当城市孩子的家长还在选择为孩子选报更多的兴趣班或为孩子投资更多优秀文化资源的时候，这些农村的家庭甚至还在为孩子的学费而发愁苦恼，20 世纪 90 年代初，河北省就对省内的城乡中小学学生的辍学现象进行了调研，发现家庭经济因素占据辍学原因的第二位。

2. 家长思想观念因素

不同家庭的教育观念对子女的培养起到了重要作用，城乡不同家庭对孩子的学习理念显现出较大差异。首先，在知识经济和信息时代，城镇中的企业在用人方面也有了新的要求，有学历、有知识、有技术才能获得好的职业和高额的报酬。[①] 城市的家庭会鼓励孩子在激烈的竞争中出人头地，最终迈向高等学府的大门，拥有美好的未来；在农村，人们从事的生产活动与城市人们的工作相差很大，因此许多人认为学那么多在生产生活中用不上，上大学的机会又很有限，所以受更多的教育也没有更多优势或者说更多优势显示不出来。[②] 还有一些家庭认为，即使孩

---

① 李锐等：《农村教育的社会学研究》，中国社会科学出版社 2013 年版，第 168 页。

② 秦玉友：《农村教育体系调整研究》，东北师范大学出版社 2008 年版，第 33 页。

子没有继续读书，而选择外出打工挣钱，依然可以获得经济地位和社会地位，将来依然可以通过打工、做生意等方式来积累财富，过上富裕的生活，这种“小富即安”的思想使他们缺乏危机感和使命感。可以说，在广大农村百姓看来，一旦孩子学习成绩不理想，升学无望，继续供孩子上学在他们眼中便不再具有任何意义，反而成为一种时间和金钱上的浪费。[①] 而面对城乡教育的种种差距，再加上孩子自身学习兴趣的降低，许多农户对子女的教育早已失去信心，而祖祖辈辈都是这样过来的，不读书还能为家庭减轻负担。

三　促进城乡基础教育平衡协调发展的建议

（一）强化政府责任，加大投入力度

1. 教育财政经费的投入

加强国家对农村地区基础教育的财政投入力度，是推动城乡基础教育均衡发展的一项重要举措。根据西方发达国家的经验，政府间义务教育转移财政支付制度是解决地区间不平衡的有效措施。这一制度有三种形式：一是通过一般性转移支付来平衡地方财力；二是中央政府直接承担地方占义务教育经费最大比例的教师工资；三是直接规定下级政府必须将该项资金用于义务教育。日本对全国公立教育实行一体化的财政体制，就农村义务教育而言，其财政体制由中央、都道府县、町村三级共同分担。[②]

近年来，我国基础教育的城乡和地区之间不平衡问题已经受到国家政府的高度重视。中央财政先后划拨百亿元专款实施我国有史以来力度较强的一项举措——“国家贫困地区义务教育工程”，有力地推动了贫困地区基础教育的发展。[③] 教育部和财政部在2003年已经落实50亿元

① 王述南、胡昌萍：《制度经济学视角下的农村贫困地区义务教育》，《南昌教育学院学报》2005年第4期。

② 高如峰：《农村义务教育财政体制比较：美国模式与日本模式》，《教育研究》2003年第2期。

③ 李锐、赵茂林：《中国西部农村“教育反贫困”战略报告》，中国社会科学出版社2006年版，第54页。

的新增教育经费，来实施二期“国家贫困地区义务教育工程”。[①]“政府投资”可以叫作“雪中送炭”制度，具体地说，先解决因贫困而不能完成义务教育的适龄人口的就学问题，这项制度包括三项内容：①建立起“阻止贫困生因贫困辍学”的财政转移制度，免除因贫困辍学儿童的杂费[②]；②继续实施“中小学危房改造工程”；③扩大农村农牧区“寄宿制学校”的范围，并免除贫困学生的住宿费。在国家对农村基础教育财政投入的政策背景下，大居安村小学应与当地教育局协调，争取经费，大力加强学校的基础设施建设，购置相应配套的教学仪器设备，改善学校的校园卫生环境，努力提高办学条件，提升办学优势，为学生创造一个良好的学习空间。

2. 国家政策的有效执行

（1）免费师范生回乡工作，促进当地基础教育的发展。我国政府于2007年制定了全国六所部属师范大学实行师范生免费教育政策，学生承诺毕业后从事中小学教育工作十年以上，国家实施的这一政策有力地推动了基础教育区域均衡发展。在国家层面，政府在不断组织实施大学生支援农村基础教育的计划，积极引导和鼓励具有教师资格的人员赴农村任教，政府报告中就指出，这项政策就是为了“让教育成为全社会最受尊重的事业”“鼓励更多优秀青年终身做教育工作者”。我们可以看到，这项政策极大地鼓励了师范生毕业后到农村地区进行教学，不仅使农村基础教育的工作者数量大幅提高，也进一步改善了当地相对落后的基础教育现状。

（2）开展志愿者下乡“支教”活动。我国于1993年年底，由共青团中央在全国发起实施了中国青年志愿者行动，志愿者已成为社会文明的一部分。2006年，国家出台“三支一扶”政策，鼓励大学生到农村基层从事支农、支教、支医和扶贫工作。[③]目前，我国许多高校都开展了大学生志愿者到农村落后地区开展“支教”的系列活动，他们为当地的基础教育带来了新鲜活力，注入了新的血液。由师范大学进行的支教实验大多运用大学的综合优势，把“在校学生实习、农村教师培训、

① 王文礼：《论西部贫困地区农村义务教育存在的问题及其解决途径》，《宁夏社会科学》2005年第3期。

② 同上。

③ 孙山：《浅析大学生支教状况》，《百科论坛》2011年第7期。

农村教改实验”有机地结合起来，既支援和服务了农村教育，又研究和发展了农村教育，从而实现了师范大学和农村学校的双赢发展。[①]

（二）提升农村学校教育水平，保证农村师资力量

1. 加大教师职业培训，提高教师教学方法

教师是学生思想道德的一面镜子，教师应该在自己的工作中不断提高自身的道德素质，提升人格品质，改进教学方法，把正确的价值观和先进的科技文化知识传授给学生。就教师而言，学校对学生的教育主要并且首先是通过教师在班级中所组织的各种活动实施的，教师的自身素质与教学效果决定了教育的发展水平与方向，从而影响着国家与教育的关系。[②] 如何培养教师在“道德、智慧、礼仪、学问、爱心、民主”等方面的自身修养对提高农村教育水平起到了至关重要的作用，因此，加大培训力度、改进教师传统的教学方法是提升教学质量的前提条件。近年来，国家执行的“中小学教师国家级培训计划”（“国培计划”）为中西部从事基础教育的农村教师提供了一个有力平台，农村地区的教师可以通过培训将先进的教育理念和科学的教学方法带回学校，促进当地基础教育的发展。

2. 提高教师福利待遇，防止教师队伍的流失

建立稳固的教师工资发放体系，优化教师福利待遇是提高教师工作积极性、保证教育教学质量的有效途径。目前，改善教师待遇、关心教师健康、维护教师权益、提高教师生活水平越来越受到国家的重视，与城市教师相比，农村教师在工资待遇、社会保障、住房条件等方面都处于劣势。“人往高处走，水往低处流”是一种自然规律，农村教师也是理性的个体，他们通过社会流动谋求更好的发展空间，这无可厚非，但这种“逆向流动”却加剧了农村教育的生存困境。[③] 农村地区的生活条件和社会环境本来就低于城市，如果再没有一定的特殊津贴和福利保障，怎么能吸引优秀人才去农村学校任教呢？因此，政府应保证教师工资按时、足额发放，至少由省统一管理发放，以专款专向形式，由银行

① 邬志辉：《中国农村教育评论：教师政策与教育公正》，北京师范大学出版社 2013 年版，第 18 页。

② 廖其发：《中国农村教育问题研究》，四川教育出版社 2006 年版，第 133 页。

③ 王保生：《教师队伍：农村义务教育发展待解之困——对加强农村中小学教师队伍建设的新思考》，《社科纵横》2009 年第 3 期。

系统统一发放到人，并且给农村教师必要的补贴，适当提高他们的福利待遇和住房水平，完善农村教师的社保制度。

3. 建立城乡互动体系，促进城乡教师的经验交流

加强城乡间学校的互动与交流，是实现城乡基础教育均衡发展的重要举措。城乡教育一体化作为我国教育改革发展战略，既是一种理论性制度体系架构，更是一种在科学理论指导下的伦理实践。[①] 有关教育部门应当着眼于所在区域公共教育服务均等化的层面，从教育力量均衡发展的角度对师资力量进行科学调配。[②] 目前，教育部、财政部、人社部已出台相关意见，要求推进县（区）域内义务教育学校校长和教师的交流轮岗制度，并且规定，从2016年起，特级教师的参评必须具备两所学校以上学校工作经历或是在农村（薄弱）地区学校工作六年以上。

（三）加强农村文化设施建设，建立良好的文化教育氛围

1. 完善当地的文化设施建设

在调查中发现，大居安村小学所在地区的文化设施较为简陋，村里文化发展水平不高。平日里，学校的许多孩子感受文化资源的途径就是看电视、听广播，与师大附小的孩子形成了强烈对比，这就需要当地政府部门组织协调，建立专项财政资金，汲取社会各方面的力量，加大对孩子们的“智力投资”，为他们开辟广阔的活动空间，弥补农村家庭文化资本的不足。在基础设施建设上，当地政府可以为儿童建立村阅览室、儿童活动中心、儿童少年宫、文化活动室、特长培训班、电影放映室等，充分利用文化基础设施的作用，营造良好的文化大环境，提高当地孩子的文化教育水平。

2. 开展文化下乡与科技扶贫活动

文化、科技、卫生“三下乡”是服务基层、服务当地社会发展的重要惠民活动，在促进农村经济文化教育发展、推动农村精神文明建设等方面发挥了积极作用。大居安村小学所在的农村很少开展文化科技活动，学校的师生对感知外界文化有着强烈的渴望。调查中，大居安村小学的何老师表示，由于学校离西安市区并不算远，班上的孩子希望有更

---

① 宋国英：《论城乡教育一体化的伦理诉求及其实现》，《云南行政学院学报》2013年第4期。

② 尹华、严明明：《实现我国城乡公共教育服务均等化的路径选择》，《农业经济》2012年第2期。

多机会去感受城市的文化氛围，老师们也希望能够开展形式多样的“文化下乡”活动来充实孩子们的课余生活。因此，政府部门或是一些文化教育集团可以在当地开展诸如书画展览、文化讲座、文艺表演、知识竞赛、科技发明展示会等形式的文化教育活动，不仅可以丰富孩子们的精神文化生活，还能让农村孩子在家门口就感受到先进的文化知识与现代科技文明，不让他们从小就“输在起跑线上”。

四　结语

基础教育不仅是保存文化和传递价值观念的一种手段，也是影响生活和经济发展的重要因素之一。城乡基础教育的公平发展不仅是教育学界关注的问题，它更是一个关乎全社会稳定与和谐发展的社会问题。中华人民共和国成立以来，“科学技术是第一生产力”、发展“先进文化”等思想已经体现出国家对发展教育、文化、科学技术的高度重视，随着构建社会主义和谐社会思想的深入人心，我国政府也十分关注教育的公平发展，教育的公平问题更是作为一个社会问题而受到社会各界的广泛关注，国家也明确提出了要坚持教育优先发展，使每个公民享有受教育的权利，促进教育在城乡地区间的均衡发展，缩小地区间教育水平的差距，通过教育对农村地区进行人才的综合培养，发展当地的经济文化建设，推动整个社会的文明进程。实现教育公平直接关系到社会正义的实现，直接关乎和谐社会建设的成败与否。支持农村教育发展，是统筹城乡教育发展的必然要求。① 义务教育发展对国家经济增长、民族素质提升和社会核心价值观形成具有奠基性作用，义务教育的社会公共品属性要求每一个国民都应享有均等的教育机会。② 而农村地区基础教育的落后面貌与现实困难，反映了我国教育公平性的诸多问题，农村地区的经济社会和教育发展与城市相比均缺乏竞争优势，农村孩子的基础教育现状与城市孩子相比明显处于弱势地位，而教育作为社会的公共福祉就必

---

① 张乐天：《新世纪以来我国城乡教育统筹发展政策之审思》，《南京师范大学学报》2014 年第 3 期。

② 雷万鹏：《中国农村教育焦点问题实证研究》，华中科技大学出版社 2007 年版，第 176 页。

须让城乡地区的所有受教者得到均等的机会与待遇，使教育资源合理、有效地进行配置。本文的研究总结出：由于家庭背景、学校条件、师资力量、社会环境等各方面因素的差异性，导致了城乡孩子在受教育起点、受教育过程及受教育结果方面产生了不平等性，要解决这个现实问题，必须要从政府、学校、教师、家长、社会等各方面形成合力，树立一致的价值追求，共同参与解决，积极采取有效措施，构建教育公平的保障体系，共同携手为孩子创造有利、公平的受教育条件，为他们营造一个积极向上的成长环境，促进儿童的全面健康发展，为农村地区的教育事业腾飞、国家的公平正义及整个社会经济的可持续发展做出积极贡献。

参考文献

郭彩琴：《马克思主义城乡融合思想与我国城乡教育一体化发展》，《马克思主义研究》2010 年第 3 期。

高如峰：《农村义务教育财政体制比较：美国模式与日本模式》，《教育研究》2003 年第 2 期。

刘汉霞：《城乡二元结构与农村教育》，《教育探索》2003 年第 4 期。

李锐等：《农村教育的社会学研究》，中国社会科学出版社 2013 年版。

李锐、赵茂林：《中国西部农村“教育反贫困”战略报告》，中国社会科学出版社 2006 年版。

廖其发：《中国农村教育问题研究》，四川教育出版社 2006 年版，第 133 页。

雷万鹏：《中国农村教育焦点问题实证研究》，华中科技大学出版社 2007 年版。

秦玉友：《农村教育体系调整研究》，东北师范大学出版社 2008 年版。

宋国英：《论城乡教育一体化的伦理诉求及其实现》，《云南行政学院学报》2013 年第 4 期。

孙山：《浅析大学生支教状况》，《百科论坛》2011 年第 7 期。

王保生：《教师队伍：农村义务教育发展待解之困——对加强农村中小学教师队伍建设的新思考》，《社科纵横》2009 年第 3 期。

王述南、胡昌萍：《制度经济学视角下的农村贫困地区义务教育》，《南昌教育学院学报》2005 年第 4 期。

王文礼：《论西部贫困地区农村义务教育存在的问题及其解决途径》，《宁夏社会科学》2005 年第 3 期。

邬志辉：《中国农村教育评论：教师政策与教育公正》，北京师范大学出版社 2013 年版。

杨东平：《中国教育公平的理想与现实》，北京大学出版社 2006 年版。

尹华、严明明：《实现我国城乡公共教育服务均等化的路径选择》，《农业经济》2012 年第 2 期。

张乐天：《新世纪以来我国城乡教育统筹发展政策之审思》，《南京师范大学学报》2014 年第 3 期。

张争选、史亚科、李连军：《城市化进程中农村教育问题探讨》，《新西部》2014 年第 5 期。

第二篇

人才流动与国际文化交流

孔子学院本土化过程中的知识生产

邢清清*

孔子学院是世界认识中国的一个重要平台。作为在全世界推广汉语和传播中国文化的非营利文化交流机构，自 2004 年在韩国建立第一所孔子学院开始截至 2017 年年末，中国已经在全球 138 个国家（地区）建立了 525 所孔子学院，注册学员达 220 万人。与歌德学院、英国文化协会等从事语言文化推广和国际文化合作的同类机构比较，孔子学院在十余年的时间里实现了跨越式发展，并已经成为人类历史上最大规模的国际教育合作项目。对孔子学院发展的研究主要涉及孔子学院的建设和发展，包括国际化效应评估、办学模式、课堂教学、文化传播模式、师资培训、人才培养等方面，也有学者探讨孔子学院存在的问题及对策，涉及孔子学院的自治性、办学理念、办学模式、资金投入、中外方合作、师资水平等因素；国际上关于孔子学院的研究关注其海外影响力、软实力、国际贸易、学术自由等问题，即关注孔子学院在政治、经济、文化上的影响。

孔子学院本土化（Localization of Confucius Institutes）是孔子学院内涵式发展的既定战略方向。“要探索建立融通中外的话语体系……与所在学校的定位契合；要与社区大众的实际需求相适应；要与所在国家的文化环境相交融。”孔子学院“本土化”的概念来自国家汉语国际推广领导小组办公室（以下简称“国家汉办”）暨孔子学院总部提出的关于孔子学院在区域社会文化适应性、类别化发展、中外方合作机制和汉语教育四个层面的可持续发展的理念。孔子学院要实现“因地制宜、特

* 邢清清博士是北京理工大学国际交流合作处副处长，外国语学院副教授，主要从事高等教育国际化和语言学研究。

色发展”的改革发展，必须走本土化路径。面向日益复杂的国际化教育管理实践，亟待根据国别和文化特点，根据教育规律探索科学的孔子学院本土化对话方式，从而避免孔子学院作为新生事物在国外的身份受质疑的现象。孔子学院的人才培养和教育方式不能千篇一律，其本土化模式和路径也不应一概而论。已经达成共识的是合格的本土化师资、本土化教材和本土化教学方式是决定孔子学院教学本土化水平的重要因素。目前各地孔子学院汉语教学的教材比较统一，缺乏类别变化，其重复性和关联性有大量不适合当地学生的现象，具有本土化特色的练习题少，缺乏适合不同国别学习者心理特征的复习手段，孔子学院文化项目缺乏国别和本土化特色等，如上问题已经对孔子学院的可持续发展造成了现实挑战。

受到话语掌控、资源支配、文化立场取向、权力结构等因素的影响，孔子学院的本土化过程有诸多方面需要探讨，如办学模式本土化、师资本土化、教材本土化、教学方法本土化、语言与文化的关系处理等。在国家汉办（孔子学院总部）的指导下，各地孔子学院已经进行了教材、HSK 考试和教法等方面的本土化尝试。例如，采取向外招标、中外合编的方式编写教材、进行 HSK 考试本土化改革等。已经翻译出版《汉语图解词典》《汉语 800 字》等工具书达 64 个语种，研发本土汉语教材累计达 2000 多册，开设网络孔子学院汉语文化课程 30 多万节，评审示范孔子学院 43 所等。但是，从实践和理论角度考量，孔子学院本土化的实践和理论研究仍有提升空间。作为科学问题，孔子学院本土化的概念体系、学科归属、研究问题、评价体系尚不完善。国外学界对孔子学院的可持续发展研究主要关注其对本地本国政治经济、文化的影响，孔子学院与中国国家形象之间的关系、孔子学院的自治性、在中国公共外交中的作用、孔子学院的管理和运行模式等，国内学者主要关注孔子学院的办学模式、国际化效应评估、文化传播模式、师资培训、人才培养、课内外教学等。海外汉语师资的本土化建设、教材本土化建设、教学本土化和文化活动本土化等几个角度，缺乏在不同国情和文化中的差异性发展战略和操作研究。

“孔子学院本土化”概念是指孔子学院在国际交流合作活动中在工具理性、价值理性和沟通理性三个维度上体现的本土化知识生产和传播过程，包括汉语知识的本土化、运营管理的本土化以及品牌说服力的本土化。这个概念框架包含两个领域的科学问题，一是从教育学和社会学视角出发，基于知识生产的理论和哈贝马斯的交往理性理论，界定孔子学院本土化在认识论和研究范式层面的意义；二是从汉语国际教育和教育评价视角出发，建立孔子学院本土化水平的评价体系。本文采用组织学习理论视角解决第一个问题中的孔子学院本土化知识生产的概念及其路径问题。

一　孔子学院本土化知识生产的概念

孔子学院作为大学的一个具有学术特征的附属机构，首先要回答的问题就是应该生产和传播什么样的本土化知识。国内已经有学者就孔子学院的传播问题进行论述，但是尚未有人从知识生产的角度研究孔子学院的本土化问题。本文认为，孔子学院的本土化知识生产和传播路径应与所在地区的社会实践需求紧密相关，服务于特定人群的学习目的，从其组织基础来说，已经具备生产和传播本土化知识的条件。

从组织基础来说，孔子学院是中国国家对外汉语教学领导小组办公室在世界各地设立的推广汉语和传播中国文化与国学教育的文化交流机构。负责孔子学院工作的孔子学院总部（国家汉办）属于非营利组织的公益机构。其总部在教育部统筹管理之下，建立在世界各地的孔子学院都得到中国政府以及各部门在财政和政策上的大力支持。这种组织机构性质与歌德学院等语言文化推广机构类似。在孔子学院传播行为中，信源包括孔子学院负责教学的教师、志愿者，参与孔子学院建设活动的国内高校，国家汉办的工作人员，相关机构工作人员等所有能够参与孔子学院文化传播活动的人。由此可以看出，孔子学院的传播行为，提供的是准公共产品。信息的接收者，即学习者，在传播行为中也起到重要作用。其接受的传播技术、学习态度、背景知识、所处的社会制度和文化，影响着传播效果。

孔子学院是中外高校之间通过国际交流进行外部学习的创新性举措。根据组织学习理论，超越组织边界的学习，即外部学习，是组织学习的重要方式，外部学习通过组织之间的知识流动实现。当一个组织受到其他组织的影响导致自身知识储备产生变化，就获得了外部知识，这个过程就是组织的外部学习。大量研究证明，受本地搜索能力（Local Search）所限，地域和技术因素相近的组织之间发生外部学习的可能性更大；反之，地域和技术差异较大的组织之间发生学习的可能性较小。如果将外方和中方合作高校均看作是学术组织，根据组织学习理论，地域差异较大的两个高校之间发生组织学习的可能性较小，但是从组织形式上讲，孔子学院由外方高校负责组织运行，国家汉办和中方合作高校从知识层面双重支持，孔子学院就成为学术机构（大学之间）进行外部学习的媒介，能够弥补传统意义上组织之间进行外部学习的缺陷。本文认为，孔子学院的知识生产和传播是外方高校和中方高校之间通过沟通协作产生的学习过程，而非一个在外方高校的环境中复制汉语教学的理论、概念、方法和教育标准的单向传播过程。因此，学习的有效性，即知识生产和传播的有效性受外方高校和中方学术组织和机构互动和沟通的效果影响。除此之外，作为一种国际合作形式，孔子学院独特的组织形式使其有利于组织之间的交流，有利于提升组织之间信任度和知识流动的效率。孔子学院本土化过程就是知识在物理、虚拟和心理的环境中被生产并传播的过程，而这种“本土化”知识的生产和传播需要通过研究者（researcher）和实践者（practitioner）基于对当地文化、社会和历史的了解，通过工作中的自我反思创造实证知识，用来解决在特定的文化环境中产生的特定汉语学习问题。

在孔子学院知识生产的概念框架里，“知识”是指在特定的社会经济和历史环境中形成的一系列的实践、规范和价值观。对当地文化和社会环境的高度敏感性是知识生产本土化的首要条件。孔子学院作为一个教育国际化背景下诞生的全新学术共同体，首要任务是建构“合法性”的知识（legitimate knowledge），也就是要解决什么样的知识可以被当地环境接受，什么样的知识是适切的问题。从这个意义上讲，要建构本土化的知识体系，首先要描述清楚这个知识体系将在何种情境下，由哪类社会范畴内人群使用，其意义为何，学习过程包含哪些社会关系等，接下来，才能经由直接参与孔子学院教学和管理的教师、管理人员和学习者之间在教室里和课堂之外的活动互动通过“协商”构建意义（negotiated meaning），从而建立“本土化”的知识体系。而“协商”的行为就是指孔子学院本土化过程中在孔子学院所在地的“实践理论”基础上创造适用于本地学习者特色的规范、方法和理论，即孔子学院的本土化知识生产是一个合作协商的过程。

任何知识都是情境化的产物，也是动态的，由人类行动和人与人之间的关系决定。孔子学院本土化不是将国内现有的知识转移到国外的过程，而是在一个由中方、外方教学、管理人员和国外当地语言学习者共同组成的学术共同体之内，由各个利益相关方共同创造的全新知识体系。这个知识体系包括事实、意见、思想、理论、原则、模型、经验、价值观、情境、专家洞察力和直觉，而且有隐性和显性两个维度。孔子学院的活动，体现了高等教育国际化活动中包括教学、科研、社会服务在内的多种类型的活动。孔子学院本土化知识，既包括生产和传播的显性中华文化知识，也包括孔子学院根据自身与环境之间互动关系产生的经验、观察、反思总结的信念和行为模式等内隐知识，例如，对当地市场的知识以及孔子学院的定位、办学理念、人才培养目标、发展模式等。孔子学院的知识生产和传播，包括能够明确表达和传递的显性知识，以及经验、思维以及特定的情感在内的内隐知识。

二　孔子学院本土化知识生产的路径

孔子学院本土化知识生产是指将教学设计、课程、教法和教学实践围绕着孔子学院所在地机构的结构和角色进行转换、调整、融合和分类，创造新的知识。换言之，孔子学院本土化知识生产必须在所在地已有的组织知识基础上实现。作为一个学术组织，高校的组织知识既包括通过规则或者口头表述可以理解的外显知识（explicit knowledge），也包括难以通过语言表述的、存在于组织成员内部的共享的心智模型或者工作经历的内隐知识（implicit knowledge）。如同提出这一对概念的波兰尼所说："我们知道的比我们能够表述得更多"，与外显知识不同的是，内隐知识无法通过文件、数据库、系统和过程规范等常规手段表述和共享，但内隐知识作为组织知识的重要内容，对孔子学院知识生产具有重要的意义。在孔子学院的汉语教学环境中，外显知识表现为教学文件、指导方案或者是课程计划、学习手册和考试指南等，这些知识目前在国家汉办指导下系统化方式传递给汉语教师和志愿者教师，之后传递给学习者。国家汉办也为派出的教师提供教学法和文化知识培训，使他们具有对所在国国情的基本了解。但可以想见的是，在孔子学院所在高校或者社区，由当地的学习者、管理者和教师群体形成的内隐知识，必须在实际的情境中才能学习，而这种学习和知识，目前在孔子学院研究中仍是空白状态。

从知识生产的角度看，孔子学院作为一个教育国际化背景下诞生的全新学术共同体，其新知识的创造过程，是通过不断生产并转化隐性及显性知识实现的。而孔子学院的本土化过程就是知识在物理、虚拟和心理的环境中被生产并传播的过程。知识是动态的，是由人类行动和人与人之间的关系决定的，知识生产的过程，不是将国内现有的知识转移到国外的过程，而是在一个由中方、外方教学、管理人员和国外当地语言学习者共同组成的学术共同体之内，由各个利益相关方共同创造的全新知识体系。这个知识体系包括事实、意见、思想、理论、原则、模型、经验、价值观、情境、专家洞察力和直觉，而且有隐性和显性两个维度。孔子学院既是一个学术机构，也是一个面向市场运作的教学和管理组织。其知识转化是人与人之间的社会行为，并不局限于单一的个体。由于任何知识都是情境化的产物，因而是“特定化而且不完整的”。孔子学院本土化研究者必须阐明并反思其主体位置，阐明基于差异的“处境知识”以及与此相伴生的“偏见”。本文的孔子学院本土化知识，既包括生产和传播的中华文化知识，也包括孔子学院根据自身与环境之间互动关系产生的经验、观察、反思总结的信念，例如，对当地市场的知识以及孔子学院的定位、办学理念、人才培养目标、发展模式等。孔子学院的知识生产和传播，包括能够明确表达和传递的显性知识，以及经验、思维以及特定的情感在内的内隐知识。

如图 1 所示，孔子学院本土化知识生产过程包括如下步骤：第一个阶段，是指孔子学院过去十余年的跨越式发展阶段。在这个过程中，知识的生产和传播方式是以显性知识的叠加为主；在这个阶段，孔子学院中心化的特征与当地文化之间会产生冲突和矛盾，从而产生孔子学院本土化的需求。这个阶段也是本土化知识生产系统受到扰动，产生停滞。这个阶段需要完成对内隐知识的定位和外化，包括定点知识盲区，探求内隐知识并与个人或者群体原有的知识比较之后，通过口头表达和沟通，形成中方和外方人员对两种类型知识差异的理解。第二个阶段，是本土化知识的协商阶段，在内隐知识被认知，并以隐喻、类比或者模型的方式外显之后，孔子学院知识生产的参与者根据知识结构的差异完成不同类型知识的对话和结合。第三个阶段是新知识的内化阶段，即属于组织的内隐知识转化为属于个人的内隐知识，即组织中的各个成员能够通过，或者是重新经历其他成员的体验，从而将组织的外显知识内化成个人的内隐知识的过程。“协商”一种中方和外方都接受的模式，并将其以内隐知识的形式固定；接下来是对新形成的组织知识的尝试，如果问题仍然存在，则重新寻找知识盲区，重复上述过程。在孔子学院的本土化即知识生产、传播和转化过程中，中方和外方教师、管理人员和相关机构构建一个学术共同体，通过对话和协商，将中华语言、文化等显性知识加以叠加，并处理其中蕴含的与本土文化、行为规则等内隐知识之间的矛盾。

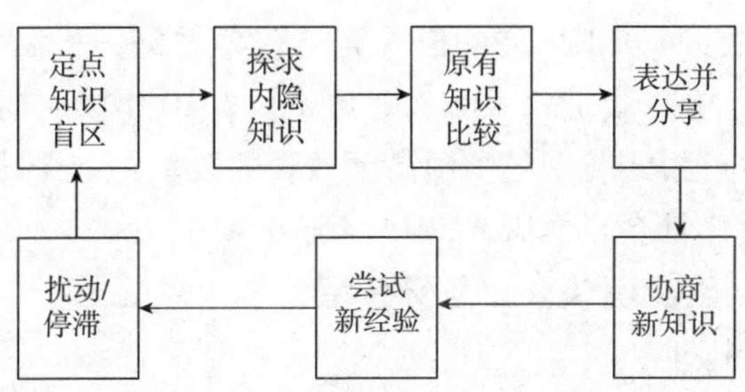

图 1　孔子学院本土化知识生产过程

三　结语

每一个伟大的文明都有其自身的文化价值，但是，强调自身文化的“自主性”和“主观性”可能会阻碍双向的学习和知识生产。中国的孔子学院必须向世界开放，并向其他文明学习，在这个过程中批判和反思原有的教学理念和方法，以便形成新的思想、理论和教学方法。知识的产生既不是“东方引领”，也不是“西方引领”。相反，知识生产需要包含来自本土化的知识，整合中国的传统，这也是中国在 21 世纪“全球化”背景下实行教育走出去的开放政策的初衷。

参考文献

习近平:《全英孔子学院和孔子课堂年会开幕式讲话》,2015 年。

李军、田小红:《中国大学国际化的一个全球试验——孔子学院十年之路的模式、经验与政策前瞻》,《中国高教研究》2015 年第 4 期。

刘延东:《开创新时代孔子学院发展新局面,为构建人类共同体作出贡献》,《在全国孔子学院工作座谈会上的讲话》,2017 年 12 月。

安然等:《海内外对孔子学院研究的现状分析》,《学术研究》2014 年第 11 期。

陈洪捷:《知识生产模式的转变与博士质量的危机》,《高等教育研究》2010 年第 1 期。

蒋逸民:《新的知识生产模式对大学教学和科研的影响》,《中国高教研究》2010 年第 2 期。

文东茅、沈文钦:《知识生产的模式Ⅱ与教育研究——北京大学教育学院的案例分析》,《北京大学教育评论》2010 年第 4 期。

曹珊:《知识生产模式转型与中国高等教育的改革》,《牡丹江师范学院学报》(哲学社会科学版)2014 年第 1 期。

韩益凤:《知识生产模式变迁与研究型大学改革之道》,《高教探索》2014 年第 4 期。

Argote L., Ingram P., Levine J. M., Moreland R. L., "Knowledge Transfer in Organizations: Learning from the Experience of Others", *Organizational Behavior and Human Decision Processes*, 2000, 82 (1).

Blasco Maribel, "Making the Tacit Explicit: Rethinking Culturally Inclusive Pedagogy in International Student Academic Adaptation", *Pedagogy, Culture & Society*, 2015, 23 (1).

Gray M. and Coates J., "Indigenization and Knowledge Development: Extending the Debate", *International Social Work*, 2010, 53 (5).

John Hudzik, "Comprehensive Internationalization: Institutional Pathways to Success", *Higher Education*, 2016, 72 (2).

国际化与本土化：海外孔子学院的作用

刘　宁*

随着全球工业化的不断深入以及各国间经贸往来越来越频繁，全球化已经成为历史发展的必然趋势。最明显的全球化体现在经济全球化方面，包括金融全球化、贸易全球化、投资全球化、技术全球化等。经济全球化的不断深入必然会引起文化的全球化，各民族的本土文化在交流、沟通、碰撞的过程中日渐贯通融合，使整个世界日益成为一个紧密联系的整体。在全球化的过程中，各民族文化也汲取其他民族文化的精华进而丰富、发展本民族的本土文化。孔子学院在文化全球化和本土化的过程中起着非常重要的作用。本文以加拿大萨斯喀彻温大学孔子学院为例，阐述海外孔子学院如何在文化的国际化和本土化过程中发挥自己应有的作用。

自第一所孔子学院于2004年在韩国首尔成立以来，到目前为止我国已经在全球140多个国家和地区建立起了500多所孔子学院和1000多所孔子课堂。“孔子学院致力于适应世界各国（地区）人民对汉语学习的需要，增进世界各国（地区）人民对中国语言文化的了解，加强中国与世界各国教育文化交流合作，发展中国与外国的友好关系，促进世界多元文化发展，构建和谐世界。”从孔子学院的章程就可以看出，其宗旨就是要向世界人民宣传、推广中国的本土文化，在促进全球多元文化发展的同时，使世界人民了解、认识、理解中国文化，进而使中国的本土文化能够更好地融入文化全球化过程中。本文以加拿大萨斯喀彻温大学孔子学院为例，阐述海外孔子学院在文化全球化和本土化的过程

---

* 刘宁博士是北京理工大学外国语学院副教授，加拿大萨斯喀彻温大学语言学与宗教研究系客座教授，孔子学院中方院长。

中所起的作用。

加拿大萨斯喀彻温大学孔子学院于2012年6月揭牌运行以来，其中一项重要使命就是向当地人推广中国文化，促进中国文化的全球化，并在这一过程中把加拿大的优秀文化介绍给中国，丰富中国的本土文化。具体途径主要来自三方面：一是向当地人教授汉语，二是积极组织、参与各种文化活动，三是组织学生团和高级管理人员团到中国访问、交流、学习。

一 汉语教学在促进中国文化国际化与本土化中的作用

语言作为文化的一个重要组成部分是促进中国文化全球化的重要工具，通过语言教学可以让当地人更好地了解中国文化。在许多外国人眼中汉语是世界上最难学会的语言之一，这也就是为什么英语中会有一个成语是“as difficult as the Chinese language”（如同汉语一样难），每一个汉字都有不同的笔画和书写方式，每一个发音又有四个不同的语调，每一个语调又是一个不同的汉字。比起英语之类的表音文字，在当地人的印象中汉语要难学得多。

针对这种想象，我们首先是细化级别分类，把原来的初级汉语、中级汉语和高级汉语三级教学重新划分级别，按照HSK（汉语水平考试）的级别把汉语教学分为六级，从汉语一级到汉语六级，这样使各级别的学生汉语水平更加接近，更便于教师因材施教。同时在教学大纲中明确规定，汉语一级主要是要引起学生的学习兴趣，所以主要精力放在汉语拼音的学习上，因为汉语拼音比较接近于英语字母的发音，更容易使他们产生联想，利用母语迁移帮助他们学习汉语，以此打消他们对于汉语学习的恐惧心理，提高他们的学习兴趣。汉语二级在拼音学习的基础上，强调四声的学习，并逐渐融入汉字识字环节。依据循序渐进、从易到难的原则，每一级别的教学重点都有所不同。

分级教学、细化分级之后，来孔子学院学习汉语的萨斯喀彻温大学师生和当地居民越来越多，从2012年、2013年的全年20—30人突增到2016年以来的每年几百人。因为萨斯喀彻温大学孔子学院的汉语课是非学分课程，所以孔子学院的学员学习汉语的目的各有不同，但绝大多数都是出于对于汉语语言和中国文化的喜爱，这无疑对于推动中国文化的国际化有着极大的帮助。

在汉语教学实践过程中，孔子学院教师不断借鉴、吸收当地的语言教学方法，融入自己的汉语教学中，使汉语教学更能够适应当地学生的需求和习惯，教学质量和水平稳步提高。为了使汉语教学更能够适应当地的学生，进一步提高教学质量，孔子学院于 2014 年启动了《原住民文化与汉语学习》系列丛书的编纂项目，并于 2015 年翻译出版了《加拿大太平洋海岸第一民族的历史与文化》一书。《原住民汉语教程》的前期调研工作已经完成，立项申报工作也已经启动，预计在 2019 年年底出版，2020 年开始使用。

二　文化活动在促进中国文化国际化与本土化中的作用

在组织参加文化活动方面，孔子学院每年都与当地华人社团联合组织几次大型的文艺演出活动，如春节联欢晚会、中秋节晚会、萨斯卡通市民俗节、山东大学艺术团加拿大巡演、兰州大学艺术团加拿大巡演等，组织参加的小型文化活动更是多达每年 60 次以上，孔子学院自己组建的中国民族舞蹈队、舞龙舞狮队、功夫熊猫表演队、太极拳太极扇表演队、民族乐器队在各种文化活动中的精彩表演不仅为当地居民带去了欢乐，更是传播中国文化的最佳途径。通过参加孔子学院的文化活动，越来越多的当地人有机会接触、了解中国文化，并进而开始喜欢中国文化，经常有观众参加完孔子学院的文化活动后询问孔子学院的文艺表演团体是否还招收新学员，表现出了对于中国文化的浓厚兴趣，这对于促进中国文化的国际化也是助力匪浅。

中国优秀文化展览也是使中国文化走向世界的重要途径。孔子学院自 2012 年开始运行至今，已经组织了多次优秀中国文化展览，在萨斯喀彻温大学和当地社区引起了巨大的反响，其中包括“三八国际劳动妇女节中国当代杰出女性人物图片展”（2013 年 3 月）、“道法自然”加拿大华裔画家郑书成国画展（2016 年 7 月）、“自然而然的艺术”湖北美术学院张嵩焘教授中国雕塑展（2017 年 10 月）、“如是我闻”湖北美术学院版画系系主任张广慧教授中国版画展（2017 年 10 月）等。

孔子学院不仅是向外推广中国文化，让中国文化“走出去”，促进中国文化的国际化，同时也帮助外国文化走进中国，向中国人民介绍优秀的外国文化。如萨斯喀彻温大学孔子学院邀请萨斯喀彻温大学著名历史学教授 Keith Carlson 到北京理工大学外国语学院作“加拿大原住民和移民殖民史”的讲座等。

三　中国访学团在促进中国文化国际化与本土化中的作用

了解一个国家的独特文化最好的方式就是实地考察、亲身体验。萨斯喀彻温大学孔子学院充分利用国家汉办提供的组织外国人去中国访学的计划，每年都会组织一个大学生中国访学团和一个大学高级管理人员访华团。为了充分利用好中国访学机会，从 2016 年开始，孔子学院联系萨斯喀彻温大学有关部门协助解决学生的部分国际旅费，由有关部分协助从众多申请人中遴选德学兼备的学生组织“主题式中国访学团”，让学生的中国访学更有针对性。到目前为止，已经成功举办了“2016 原住民大学生中国访学团”和“2017 体育学院大学生中国访学团”，分别以中国少数民族文化与习俗和中国体育教育与体育人才培养作为访学的主题，起到了非常好的效果。访学团的大部分学生在两周的访学结束后，继续在孔子学院学习更高级别的汉语，并决定今后有机会一定再去中国，或访学、或深造、或旅游、或工作。

每年的萨斯喀彻温大学学生中国访学团在华期间，都会同多所中国大学的学生和社区居民交流互动，互相介绍和展示各自的优秀文化，这对于中国人民了解、借鉴、吸收优秀的加拿大文化起到了一定的促进作用。

每年孔子学院组织的萨斯喀彻温大学高级管理人员访华团对于传播中国文化、推动中国文化的国际化更是起到了非常巨大的影响，截至目前，已经有半数以上单位的高级管理人员到中国亲身体验博大精深的中国文化，与中国大学同行交流，并建立起了越来越多的合作项目。中加高校间高级管理人员之间不断深入的交流以及学者间越来越多的合作，势必会加速中国文化的国际化及本土化的进程。

四 结语

通过组织汉语教学、举办中国文化展示和文化活动以及组织中国访学团等形式，孔子学院在中国文化的国际化和本土化进程中扮演着不可替代的角色，为中国优秀文化的国际化和本土化做出了突出贡献。孔子学院在中国文化国际化和本土化的进程中所起到的作用不仅仅限于以上三种形式，可以说孔子学院所做的每一件事情对于中国文化的国际化和本土化的进程都会产生一定的促进作用。

参考文献

王勇：《文化全球化与本土化关系之辨》，《西藏民族学院学报》（哲学社会科学版）2005 年第 3 期。

李庆霞：《论全球化与本土化的文化冲突》，《求是学刊》2003 年第 6 期。

庞中英：《全球化、反全球化与中国——理解全球化的复杂性与多样性》，上海人民出版社 2002 年版。

梁漱溟：《东西文化及其哲学》，商务印书馆 2003 年版。

塞缪尔·亨廷顿：《文明的冲突与世界秩序的重建》，新华出版社 2002 年版。

约翰·汤姆林森：《全球化与文化》，南京大学出版社 2002 年版。

沃尔夫冈·查普夫：《现代化与社会转型》，社会科学文献出版社 2000 年版。

从人才“外流”到人才“获得”：中国引进海外人才的战略举措

陆毅茜　宗　力*

一　中国引进海外人才战略的时代背景

对人才竞争的重视可以追溯到美国麦肯锡顾问公司在1997年所做的一项“人才之战”（The War for Talent）的调查研究报告。这一说法一经提出就引起了各个地区、国家和企业对人才的关注，更唤起了各界对人才短缺现状和人才战略的重视。随着全球化的深层次发展和知识密集型经济的飞速发展，吸引知识技术型人才的能力已经成为国家和机构的竞争力的重要衡量标准之一。①近年来，在国际层面的人才竞争日趋激烈和重要，一些学者开始提出“全球人才之战”的说法。②

人才流动正在成为提升国家活力、创新力和竞争力的要素之一，因此跨国人才流动与人才竞争正在紧密结合。正如2016年1月欧洲管理学院发布的《全球人才竞争指数报告》指出，人才的跨国流动性正在成为很多国家和地区进行战略性考量的核心维度之一，因为它决定着国家、地区乃至城市在全球化链条中的价值，并关系着其实现可持续增长

---

* 陆毅茜博士是西南财经大学发展研究学院副教授，加拿大萨斯喀彻温大学社会学系客座教授。宗力博士是天津师范大学客座教授，加拿大萨斯喀彻温大学社会学教授，博士生导师。

① Grant R.，“Toward a Knowledge - based Theory of the Firm”，*Strategic Management Journal*，1996，17：109 - 122.

②Beechler S. and Woodward I. C.，“The Global War for Talent”，*Journal of International Management*，2009，15（3）：273 - 285.

战略的成败。当前中国正处于经济结构调整时期，加之自 2012 年起中国劳动年龄人口连续五年下降，中国的发展方式正在从劳动密集型经济向知识技术密集型经济转变，对知识型专业人才的需求日益增大。但是，据 2014 年联合国国际移民报告指出，中国已成为世界第四大移民输出国。图 1 显示，根据教育部提供的数据，进入 21 世纪以来，中国历年的留学人数增长了 14 倍，从 2000 年的 38989 人增长到 2016 年的 544500 人。根据 HSBC 的报告，在全球 450 万的留学生中，六位中就有一位来自中国①，中国已成为全球最大的留学生输出国，这些现象都说明中国的“人才外流”现象严重。

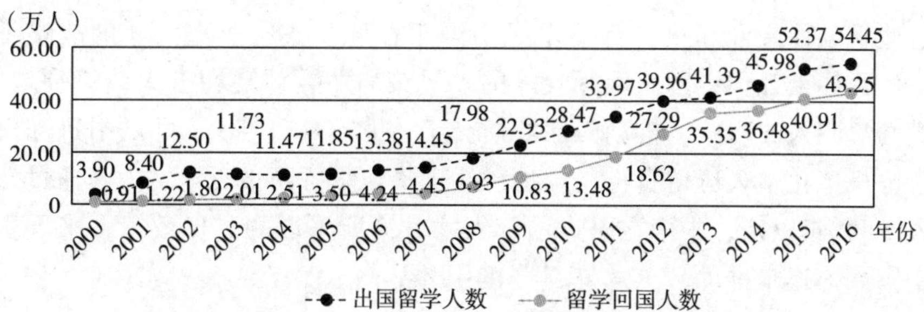

图 1　中国大陆 2000—2016 年出国留学人数和留学回国人数

资料来源：教育部《教育统计年鉴》，以及教育部历年发布统计数字。

尽管如此，另一种人才流动现象也正在凸显出来。近年来，随着传统吸引技术移民的西方发达国家的经济放缓甚至停滞，而中国经济保持高速平稳的发展，各级政府、企业和教育机构不断出台吸引国际人才的政策，很多留学人员以及定居海外的专业人士通过种种途径回国服务，有些专业人士虽然不是永久性回国，但会成为跨国移民群体来往于中国与移居国之间，从而出现了人才回归和人才循环流动的现象。图 1 显示，中国留学回国人数已从 2000 年的 9121 人增长到了 2016 年的 432500 人，历年留学回国人数与出国留学人数之比也从 2000 年的 23%

① The Top Choce for Vniversity Abroad，2016，http：//www. hsbc. com/news – andinsight/media – resources/media – releases/2016/usathe – top – choice – for – university – abroad，检索时间：2017 年 3 月 1 日。

增长到2016年的近80%。同时，越来越多的海外专业人才也来到中国工作。自2008年起推行的“千人计划”以来，中国已吸引了7000多名海外高级专家以及约53900名高层次海归科学家与专业人才。① 这说明单纯的“人才外流”现象正在缓解，出归“赤字”在缩小，逐渐形成了“人才外流”与“人才回归”的二元结构，中国开始了“人才获得”的进程。

中国共产党的十八大报告开始强调构建具有全球竞争力的人才制度体系。之后，中国政府又在2016年颁布了《国家中长期人才发展规划纲要（2010—2020年）》，从而确立了中国人才发展的总体战略布局。2017年中国共产党的十九大报告又一次强调加强和推进人才强国战略。这些纲领性文件和报告都显示了中国正在逐步实施引进人才的战略举措。具体来说，中国对国际人才的引进策略主要体现在五大政策领域：鼓励海归人才回归，推动人才短期交流，推动对高层次人才的引进和融合，规范化永久居留身份，维持和改进华人华侨网络。本文内容通过回顾2000年以来，中国在引进国际人才方面所采取的具体政策，来展示中国如何逐步推动“人才获得”的引才战略。

二　鼓励海外华人人才回归

在世纪之交，中国领导人发表了一系列演讲，认定了“海归”对中国发展所起的作用是“不可替代的”和具有“杰出的历史价值”，并且认识到进一步提高对国际人才经验的重视，同时向他们提供有利实际的引才条件，是影响海外人才归国的重要因素。② 在教育部和人力资源和社会保障部（以下简称人社部）的设置下，一些相关组织和计划逐步建立，主要职能就是鼓励海外的中国学者和学生回国。③ 例如，为支持留学人员回国服务，教育部在1997年全面实施“春晖计划”，由国

① 全球化智库：“China Sees Biggest Wave of Overseas Returnees”，2017，http：//en. ccg. org. cn/china - sees - biggest - wave - of - overseas - returnees/。

② 人民网：《中共中央国务院召开全国人才工作会议　胡锦涛温家宝曾庆红讲话》，http：//www. people. com. cn/GB/shizheng/1024/2256582. html。

③ 王辉耀、苗绿：《中国留学发展报告2015》，社会科学文献出版社2015年版。

家教育部拨出专项经费资助在外留学人员短期回国工作。人社部于2006年决定实施“中国留学人员回国创业启动支持计划”，即每年遴选一批创新能力强、发展潜力大、市场前景好的留学回国人员创办企业，在创办初始阶段予以重点支持，以加快其科技成果转化，实现企业的快速发展。2009年，人社部还提出一项智力报国计划，全称为“海外赤子为国服务行动计划”。这一计划旨在通过为留学人员组织各种活动、提供资助和人才项目交流鼓励海外学子为国服务。总体来说，这些项目和组织侧重于调动、协调和整合各种官方资源，为“海归”人才提供支持物质和信息支持，不断改善中国与海外华人学者之间的沟通和交流，并帮助“海归”在中国寻找就业或投资的机会。①

除吸引海归人才回国担任重要职位并管理研究项目外，政府还积极吸引海归企业家投资高新技术产业。高新技术产业开发区的规划始于20世纪80年代末。很多专门的高新科技园区已经建立起来，为海归投资者，尤其是带回新技术和新知识的海归人才，提供各种税收、资金和土地方面的政策支持和服务。② 根据21世纪初期进行的调查，投资高新技术园区的绝大多数海归企业家将各种创新技术带回了中国。③高新技术产业开发区（园区）可以是国家级或省级的。在21世纪初，在中央和省级政府的努力下，中国已建成了53个国家认可的科学或工业园区④，到2013年年底，国家级的高科技园区数量已增加到了114个⑤。这些科技园区不仅是高科技产业的研发中心，而且成为新的引才政策的试验区和主要受益者。

---

① Zweig D.，“Learning to Compete：China's Efforts to Encourage a Reverse Brain Drain”，in C. Kuptsch and E. F. Pang（eds.），*Competing for Global Talent*，Geneva：International Institute for Labour Studies，2006：187－213.

② Cao C.，“China's Efforts at Turning ‘Brain Drain’ into ‘Brain Gain’”，EAI Background Briefs，East Asian Institute，National University of Singapore，Singapore，2006.

③ Zweig D.，“Returnees，Technology Transfer，and China's Economic Development”，Working Paper No. 28，Center on China's Transnational Relations，2009.

④ Walcott S.，“Chinese Industrial and Science Parks：Bridging the Gap”，*The Professional Geographers*，2002，54（3）：349－364.

⑤ 科学技术部：《国家重点园区创新监测之一：高新区发展概况》，http：//www.most.gov.cn/kjtj/201510/t20151010_121943.htm。

三　推动人才短期来华交流

除了鼓励海外中国留学生归国，中国政府还开始有计划地资助海外（华人和非华人）学者到中国来进行短期访问。这些访问通常涉及短时间的参与合作项目或讲学。例如，2000 年，教育部制订了一项计划，鼓励海外学者和科学家利用暑期到中国工作，并支付高达他们工资 5 倍的薪酬。[①] 中国政府希望通过这些访问使海外学者能够感受到中国经济的飞速发展，以及中国对海外人才的重视，从而促进他们考虑长期甚至永久来中国工作，或从事更加频繁的跨国知识交流。

虽然这些计划成功招募了大量的海外学者，但他们中的许多人仍然在海外担任全职工作，于是类似计划也遭到了一些批评。例如，这些计划的原本宗旨是通过推动频繁的短期交流，来促进海外学者最终决定长期甚至永久地留在中国工作；但是有人担心，这些科学家大部分的时间依然是在海外，他们仅仅是利用这些短期交流的机会，却很难为在中国的项目研究和人才培养做出实质性的贡献。此外，单纯建立在高薪或高资助基础上的短期交流可能会使这些海外学者更倾向于短期交流而非长期居留和工作。

四　推动对国际性人才的引进和融合

自 2008 年起，中国政府制定了更加具体也更加举世瞩目的引进海外高层次人才的计划和措施。2008 年年底，中国政府启动了著名的“千人计划”，旨在从海外招募精英人才服务于中国亟须的科研领域。多年来，“千人计划”已成为一个中国引进海外高层次人才的品牌性政策，并以最初的“千人计划”为基础，扩展出了分项计划，其中包括

---

① Zweig D.，“Learning to Compete：China's Efforts to Encourage a Reverse Brain Drain”，in C. Kuptsch and E. F. Pang（eds.），*Competing for Global Talent*，” Geneva：International Institute for Labour Studies，2006：187 – 213.

“青年千人计划”和“千人外籍专家计划”等。所有这些计划都提供了非常有吸引力的薪酬、研究经费和生活待遇。截至2016年，“千人计划”已分12批引进了6000余名高层次创新创业人才，仅2015年就有1028名高层次人才通过此计划来到中国。[①] 除了国家级的引才计划，各地方政府也在积极制定政策引进海外人才。截至2012年，中国共有35个行业和31个省市启动了人才计划，吸引了20000多名高层次海外人才。[②]“千人计划”吸引海外高层次人才的力度以其提供的福利和待遇而闻名，其中包括税收优惠、医疗保健，前景可瞻的发展机会，根据海外人才的个人喜好来选择居住地点，同时为他们的配偶和子女提供各种支持，包括进入公立学校系统或国际学校的便捷手续，为其配偶寻找合适的工作，提供住房补贴等。[③] 此外，所有这些计划都要求招聘机构与其所聘用的海外人才签订协议，从而明确他们在中国居住时间的长短以及在此期间需要负责的具体工作或项目。这些政策都大大地提升了海外人才在中国工作和生活的适应度和融合度。

除了针对海外高层次人才的福利待遇，为了进一步促进外籍人才在中国的社会融合，并改善他们整体的工作和生活条件，人力资源和社会保障部于2011年10月启动了一项新政策，允许所有在中国合法工作的外国人与中国公民同样享有加入社会保险的权利，其中包括国家养老金计划、医疗保险、工伤保险、失业保险和生育保险。

同时，中国政府也在采取策略进一步吸纳融合潜在的国际性人才，例如在中国的外国留学生已经开始被视为国际人才库的一部分。长期以来，在华的留学生在其学习期间是无法工作的，而且即使毕业后也很难获得工作签证留在中国工作，除非他们毕业后在中国境外有至少两年的工作经验。这项政策使在华留学生在接受了中国教育后却无法将其所学在中国施展应用。随着中国不断寻求和拓展其国际留学市场，一些关于在华留学生的试点政策开始实施，从而提升中国在国际留学市场中的吸

① 国务院侨务办公室：《中国“千人计划”已引进5208名海外高层次人才》，http：//www. gqb. gov. cn/news/2016/0107/37723. shtml；千人计划网：http：//www. 1000plan. org/。

② 王辉耀：“China's Return Migration and Its Impacts on Home Development”，http：//unchronicle. un. org/article/chinas－return－migration－and－its－impact－homedevelopment/。

③ Jonkers K.，“Comparative Study of Return Migration Policies：Targeting the Highly Skilled in Four Major Sending Countries”，MIREM Analytical Report，European University Institute，Florence，2008.

引力。例如2015年，上海开始允许毕业于中国大学的留学生毕业后申请长达两年的居留许可，以便他们可以在上海自由贸易区实习、工作或投资。① 北京中关村地区作为试点，也推行了类似的政策，如允许在境外大学的在读学生进入中关村科技园进行短期实习；在地处北京的大学留学的外国学生也可以在园区内从事兼职或创业活动。② 尽管这些政策在地理上受到了限制，但在更广泛地实施政策之前，作为试点地区，北京和上海一直为这些政策的全国推广提供实践基础。根据政策试点的结果，2017年1月中国政府推广了相关政策，允许学习成绩优异的在华留学生毕业后留在中国工作。③ 留在中国工作的机会和事业长期发展的前景都将大大提升中国大学对留学生的吸引力，而这一政策也在为招揽潜在的优秀国际人才，建立国际人才库打下基础。

以上这些举措都表明了中国的决策者已充分认识到中国对各种层次的国际性人才的需求。这些举措试图涵盖多方面多样化的人才，包括了专业型人才、创业型人才和特定领域的专家；具备国际经验和技术水平的海归人员和外籍人士；世界知名的专家和有才华的年轻人；以及具有很大潜能的国际性人才，如在华留学生群体。同时，除了提供物质上的激励和支持外，这些举措也开始关注海外人才其他方面的需求，尤其是提升他们在中国长期工作和生活的适应性和融合度。通过更具体的计划和要求，中国政府希望在其最需要的领域吸引到大量人才，并为他们提供充分发挥能力的平台，从而充分恰当地使用他们的人力资本和经济资本，同时期待他们在中国的成功能够吸引他们长期留在中国。

五　规范化外籍人才的永久居留身份

国际人才迁移和定居安置的一个关键就是获得合法居民身份的便利

---

① 人民网：《解读上海12项出入境新政："中国绿卡"降门槛、人才认定市场化》，http：//sh. people. com. cn/n/2015/0702/c134768－25442779. html/。

② 新华网：《公安部支持北京创新发展20项出入境政策措施3月1日启动》，http：//www. xinhuanet. com/legal/2016－02/25/c_ 128751450. htm/。

③ 中国新闻网：《优秀外籍高校毕业生可在华就业　专家赞提升人才国际化》，http：//www. chinanews. com/sh/2017/01－16/8125979. shtml/。

性。中国法律不允许双重国籍。为了促进更多的外籍人才来到中国工作，中国政府开始简化居留许可申请程序以及外籍人才的入境签证程序。最初，中国政府主要向外籍人才提供长期工作和居留签证。在2004年，情况有所改变，第一部针对在华外籍公民的合法化永久居民身份的规定开始在全国范围内实施。根据这一规定，主要有四大类在华的外籍人员有资格申请永久居留权，即所谓的中国“绿卡”。这四类人主要包括在中国直接投资200万元以上、连续三年投资情况稳定且纳税记录良好的外籍投资者；在中国担任副总经理、副厂长等职务以上或者具有副教授、副研究员等副高级职称以上以及享受同等待遇的外籍人才；对中国有重大、突出贡献以及国家特别需要的外籍人才；以及有直系亲属为中国公民或中国永久居民的外籍人员。在中国永久居留政策实施初期，这张中国“绿卡”主要被视为长期合法入境和居留的签证。

该政策主要针对那些已经为中国做出突出贡献的高层次外籍人才，并为那些可能决定移民中国或短期访问的人提供了一个长期居留的前景。但是，在这个初期阶段，该政策有一些明显的缺点。首先，一些关键术语的定义模糊。例如，在“对国家发展的特殊和重大贡献”这一要求中，并没有提供“特殊”和“主要”贡献的标准。除定义模糊之外，过高的要求也限制了这些政策的成效。例如，为了在不依赖直系亲属的情况下获得永久居留权，申请人必须是在企业或教育机构担任高级职位或在中国有大量直接投资的外籍人员。这项政策显然是针对具有高素质的国际人才，但它设置的门槛太高，因此排除了非常多中国亟须却又未能获得高级职位的外籍人才。因此，截至2005年9月，中国约有26万外国人在中国长期居住和工作，但只有649人获得了绿卡。[①] 2004—2008年，也只有不到2500名外国人获得了中国绿卡。[②] 这显然与政策的吸引国际人才的目标有偏差。

在中国实施永久居民许可八年之后，这一政策开始出现一些重大改革。这些改革的主要目标之一就是通过提升绿卡的功能来加强外籍人才在中国的社会融合。2012年，关于永久居留的新措施发布，对中国

---

① 中国青年网：《谁才能得到中国“绿卡”》，http://news.youth.cn/sdbd/201106/t20110616_1617174.htm/。

② 王辉耀、刘国福：《中国国际移民报告（2014）》，社会科学文献出版社2014年版。

"绿卡"的功能和特点有了更全面的规定。新的措施显示出两项重大变化。首先，25 个不同部委批准了永久居民身份持有者的一系列权利和利益。这一变化试图将中国"绿卡"从一个"长期签证"转变为具有全面特征的身份证。除了中国公民特有的政治责任和权利外，中国"绿卡"持有者将享有与中国公民类似的社会和经济权益。其次，经中央政府批准，开始允许省级政府根据自身对外籍人才的需求降低绿卡申请门槛，使一些省内项目所需的中级技术人才也可以获得永久居留权。

2016 年，公安部为中国"绿卡"持有人提出了更加具体可操作的规章制度和服务。根据提案的规定，绿卡的功能包括身份识别、出入境、就业、教育、住房、融资、税务、保险、投资和物业登记等，这些都与外籍人才在中国的定居生活息息相关。2017 年 4 月，中央政府正式公布了"外国人永久居留证件便利化改革方案"。该方案将永久居民卡的名称改为永久居民身份证，这意味着该卡正式运作的方式与中国公民的身份证相同，外籍永久居民的管理也已被纳入国家身份认证系统。

可以说，中国不断改善的外国人永久居留政策为吸引全球人才进入中国做出了重要贡献。2004—2014 年，共有 7356 名外国人获得中国"绿卡"，年发行数量从 500—600 张增加到 1200—1400 张。① 截至 2016 年，获得中国"绿卡"的人数已经过万，2016 年授予的绿卡数量达到 1576 张。②

六 积极维持和促进与海外华人的关系网络

进入 21 世纪以来，中国政府进一步认识到与海外华人华侨保持积极良好联系的重要之处，尤其是在鼓励潜在的海归人才和吸引海外投资方面。在一份相关部委联合出版的文件中，中国政府开始鼓励海外华人

① 王辉耀、刘国福：《中国国际移民报告（2014）》，社会科学文献出版社 2014 年版。

② 人民网：《中国绿卡从"传说"到"标配"》，http：//world. people. com. cn/n1/2017/0717/c1002－29408384. html/。

华侨在不归国的情况下，也可以以各种方式参与中国的发展。[①] 许多政府机构在与侨民社区的交流中发挥了积极的作用。2002 年，中国侨务办公室制订了一项旨在促进海外华人社区与新移民之间互动的计划。[②] 自 21 世纪初以来，侨务办公室、中国驻外使领馆以及各级相关领导都一直在与西方国家的华人专业协会以及华人社区开展交流与合作，并与中国留学生群体、华人科学家和华人企业家积极接触和联系。[③] 通过这些活动，中国政府的目标就是促进高技术华人移民与中国内地之间建立更加紧密的关系。

这种关系在近年来则更加实际和紧密。除了通过官方和非官方组织保持与海外华人社区和组织的联系之外，中国政府还决定为曾经是中国公民的海外华人提供更直接的福利，即所谓的“华裔卡”。2015 年以来，“华裔卡”已经在北京中关村、上海和广东进行政策试点工作，在这些试点地区的前中国公民可以申请为期 5 年的居留许可。如果他们在中国工作，对他们申请永久居留的要求可以低于 2004 年开始实行的永久居民政策的要求，也就是说如果他们拥有博士学位或在专业领域工作了 4 年，并且每年在中国居住不少于 6 个月，就可以获得在中国的永久居留权。[④] 根据试点的结果，自 2018 年 2 月 1 日起，所有前中国公民都有资格获得这项为期 5 年的访问和居留签证，无论其目前的国籍或居住地在哪里。通过推广普及这一政策，中国政府表现出了进一步加强与华人华侨的关系，并广泛吸引海外人才回国的强烈意愿。

---

① 人事部、教育部、科技部等：“A Number of Opinions on Encouraging Overseas Students to Provide China with Many Different Forms of Service”, *Chinese Education & Society*, 2003, 36（2）: 6 – 11。

② Jonkers K. , “Comparative Study of Return Migration Policies: Targeting the Highly Skilled in Four Major Sending Countries”, MIREM Analytical Report, European University Institute, Florence, 2008.

③ 王辉耀、苗绿：《海外华侨华人专业人士报告（2014）》，社会科学文献出版社 2014 年版。

④ 王辉耀：《留学归国人员创新创业服务全面升级，“揽天下英才”进入快轨道》，http: //www. chisa. edu. cn/news1/guandian/201709/t20170901_ 756172. html/。

七 海外人才所面临的结构性挑战

尽管根据近年来的报告，来到中国工作的海外人才特别是海归人士普遍看好他们在中国的发展①，但他们也面临着挑战和障碍。综合已有的文献研究，我们可指出关于中国人才“获得”的另一个方面。

对于海外科学家和学者来说，争取研究经费以及需要快速晋升的高压迫使他们需要尽可能快地适应当地的环境。然而，官僚体制和等级结构、组织内部的各种权力关系，以及不健康成熟的学术文化氛围成为主要障碍。一些研究发现，一些中国高校和研究机构的行政管理人员在大学里拥有实质性的学术权威并控制着重要的学术资源，而大学教师，特别是新聘任的教授或青年教师，他们的自主权和影响力有限，因而获得的学术资源也非常有限。② 此外，中国社会长期存在的等级观念以及对权威和资历的盲目尊重也大大地限制了海外人才在学术发展过程中的有效参与。③ 从本质上讲，官僚体制的行政结构已经塑造了学术资源的分配机制，这使中国大学更像一个政府机构而不是一个学术组织。④

海归学者除了受到结构制度上的限制之外，不少研究还发现，他们在适应当地组织文化方面也面临挑战。例如，中国社会强调人际关系，学术上的成功可能在很大程度上取决于“你是谁，你认识谁”，而不是“你知道什么”。这使很多海归人才处于不利的境地，因为他们在海外待

---

① 全球化智库：《2017 中国海归就业创业调查报告》，http：//www. ccg. org. cn/Event/View. aspx? Id = 7243/；启德国际教育研究院：《2012 海归就业力调查报告》，http：//www. china. com. cn/education/zhichang/2012 - 10/22/content_ 26867739. htm/。

② Jiang K.，“De - bureaucratization within China's Universities Inside Higher Education：Inside Higher ED”，http：//www. insidehighered. com/blogs/the_ world_ view/de_ bureaucratization_ within _ china_ s_ universities/.

③ Welch A. and Hao，J.，“‘Hai gui’ and ‘Hai dai’：The Job - seeking Experiences of High - skilled Returnees to China”，in Ka - Ho Mok and Kar（eds.），*Internationalization of Higher Education in East Asia：Trends of Student Mobility and Impact on Education Governance*，New York：Routledge，2013：90 - 114.

④ Jiang K.，“De - bureaucratization within China's Universities Inside Higher Education：Inside Higher ED”，http：//www. insidehighered. com/blogs/the_ world_ view/de_ bureaucratization_ within_ china_ s_ universities/.

了很长一段时间后，尤其是在他们归国的初期，很难在中国建立起有效的学术关系网络资源。① 其他挑战还包括国内高校教师之间缺乏学术沟通氛围②，由于高校为海外博士提供比国内博士更加优厚的待遇，使海归教师与本土教师之间的关系比较紧张③；基金申请的审评机制缺乏透明度④；以及过分强调发表成果和研究基金的数量，却忽视了研究的质量，特别是忽视了很多优秀有价值的研究成果需要长期的积累，很难通过短期量化指标衡量，这种对数量的需求也可能会导致研究中的不端行为。⑤

对于在学术领域以外工作的海外人才来说，挑战和障碍也是相当大的。例如，对于海归企业家来说，金融资本的短缺是一个重大挑战。⑥虽然他们在创业之初获得了政府的启动资金，但他们的主要资本仍然来自自身的海外积累以及家人和朋友的资助。由于他们的企业属于外资私有，很难从国有银行获得贷款。⑦ 此外，与当地民营企业相比，他们的业务仍然处于不利地位，主要是由于他们对本地市场不熟悉以及商业关系网络的短缺。此外，海归人才的就业机会也局限于非政治领域，特别是那些自费出国留学的海归。虽然他们可能曾就读于政治相关学科，并打算通过从政来学有所用，但他们可能不得不面对在短时间内难以克服的障碍，比如缺乏强大的政治网络，以及没有中国共产党党员身份。⑧

---

① Cao C.，“China's Brain Drain at the High End：Why Government Policies Have Failed to Attract First－rate Academics to Return”，*Asian Population Studies*，2008，4（3）：331－344.

② Yi L.，“Auditing Chinese Higher Education? The Perspectives of Returnee Scholars in an Elite University”，*International Journal of Educational Development*，2011，31（5）：505－514.

③ Zweig D.，Fung D. S.，Han D.，“Redefining the Brain Drain：China's ‘Diaspora Option’”，*Science*，*Technology & Society*，2008，13（1）：1－33.

④ Cao C.，“China's Brain Drain at the High end：Why Government Policies Have Failed to Attract First－rate Academics to Return”，*Asian Population Studies*，2008，4（3）：331－344.

⑤ Mohrman K.，Geng Y.，Wang Y.，“Faculty Life in China”，*The NEA 2011* Almanac of Higher Education，*2011*：*83－99.*

⑥ Ma Y. and Pan S.，“Chinese Returnees from Overseas Study：An Understanding of Brian Gain and Brian Circulation in the Age of Globalization”，*Frontiers of Education in China*，2015，10（2）：306－329.

⑦ Zweig D. and Wang H.，“Can China Bring Back the Best? The Communist Party Organizes China's Search for Talent”，*The China Quarterly*，2013，215：590－615.

⑧ Ma Y. and Pan S.，“Chinese Returnees from Overseas Study：An Understanding of Brian Gain and Brian Circulation in the Age of Globalization”，*Frontiers of Education in China*，2015，10（2）：306－329.

八 结论与政策性建议

自21世纪以来，中国经济保持稳定高速发展，并进入产业结构从劳动力密集型向科技知识密集型转变，因而不断推出吸引国际人才的政策。自2000年以来，中国的国际人才的流入量大幅增长，已经开始从早期的“人才流失”模式向“人才获得”和“人才循环流动”模式发展。自2000年以来，中国留学人员从海外回归的人数已在16年间增长了近14倍。此外，自中国启动“千人计划”以来，已有7000多名专家通过此计划到中国工作，53900名中国高级科学家和专业人员从海外回国。①

通过对2000年以来中国引进海外人才的战略举措的回顾与分析，我们发现了这些政策的发展变化趋势。首先，政策的目标群体始于中国海归人才，尤其是华人科学家和企业家，随后逐步扩大，目前开始覆盖了具有不同背景和经验的国际人才，包括顶尖专家、海外专业技术人才、留学回国人员、所有前中国公民，以及在华留学生。其次，在政策涉及领域方面，早期政策涉及的领域虽然广泛，但缺乏政策系统性、协调性和具体的可操作性。在后期，制定相关政策的各个部门通过互相协调合作，共同推出相关举措，从而使中国的引进海外人才政策逐渐形成一个体系。同时，当前的引进海外人才政策更加具体化到不同层次的国际人才，考虑到人才的多样性，并且更加全面，不仅提供物质方面的支持，更开始强调如何增强他们对中国社会和文化的融入。最后，在政策实施层面，长期以来，人才引进政策采取自上而下的方式，由中央政府宣布并在全国范围内实施，但是近年来，这一模式有所改变，部分城市或省份被选为政策的试验场，在展示政策效果和实用性后，经过改良推广到全国实施，这种模式在对外国人永久居留以及留学生工作许可等政策实施和推广方面初见成效。

尽管中国的海外引才举措成效显著，但这些举措对中国来说还属于

① 全球化智库：“China Sees Biggest Wave of Overseas Returnees，2017”，http：//en. ccg. org. cn/china－sees－biggest－wave－of－overseas－returnees/。

新发展，很多政策还有一定的局限性，因此本文提出了一些政策性建议。首先，我们建议建立国家移民局和移民法，从而提高治理效率。这不是一个新的想法，据媒体报道，2018 年 3 月 13 日，第十三届全国人大一次会议已经提出组建国家移民管理局的方案，移民局由公安部管理，负责外国人停留居留和永久居留管理、难民管理、国籍管理等。① 其次，为了提供一个相对可持续的机制，可以根据其他国家的经验和教训以及中国国情，制定一个以积分制为基础的永久居民身份证申请和审核制度，积分系统不仅限于评估外籍科技人才，还可以有效地评估其他中国所需的技能型人才。目前，在北京中关村地区已经开始积分制试点，如果外籍人才在该系统中获得了 70 分以上，就可以在中国申请永久居留。② 再次，政策试点成效以及各地区政府推出的引才政策都为政策的实施和推广提供了重要信息，但这些信息依然十分分散，因此可建议一个有效的信息数据库来分享相关政策实施的经验和教训。最后，文章还建议通过制度性改革进一步改善海外人才的工作和发展环境。例如，用人单位应为海外人才适应新的学术和文化环境提供更多的帮助；对人才的评价体系应更多强调具备长期收益的研究成果质量，而不是一味追求数量；促进学术研究环境的不断完善，达到国际标准；为促进中国经济社会的国际化发展进程，应鼓励国际人才在更多元化的领域就业和发展。这些制度性的改善不仅有利于海外人才在中国的长期发展，同时也可以提升国内工作环境的专业化和国际化。

随着中国与世界各个地区的联系越来越紧密，人力资本的国际化对于提高中国的全球竞争力以及保持经济增长具有极其重要的意义，然而在中国关于技术移民和海外人才引进的相关研究却十分薄弱，因此，中国需要越来越多的研究者关注并深入探讨这一问题，逐步建立起符合中国国情的国际移民和引才相关的理论体系和实证研究基础。

参考文献

国务院侨务办公室：《中国“千人计划”已引进 5208 名海外高层次人

① 中新网：《中国拟组建国家移民管理局》，http：//finance. chinanews. com/gn/2018/03 - 13/8466548. shtml/。

② 王辉耀、苗绿：《“中国绿卡”制度的突破性改革》，FT 中文网，http：//www. ftchinese. com/story/001072305？page = 1/。

才》，http：//www. gqb. gov. cn/news/2016/0107/37723. shtml，检索时间：2017 年 3 月 2 日。

科学技术部：《国家重点园区创新监测之一：高新区发展概况》，http：//www. most. gov. cn/kjtj/201510/t20151010 _ 121943. htm，检索时间：2017 年 3 月 2 日。

启德国际教育研究院：《2012 海归就业力调查报告》，http：//www. china. com. cn/education/zhichang/2012 - 10/22/content_ 26867739. htm，检索时间：2017 年 3 月 2 日。

全球化智库："China Sees Biggest Wave of Overseas Returnees，2017"，http：//en. ccg. org. cn/china - sees - biggest - wave - of - overseas - returnees，检索时间：2017 年 3 月 2 日。

全球化智库：《2017 中国海归就业创业调查报告》，http：//www. ccg. org. cn/Event/View. aspx？Id = 7243，检索时间：2017 年 3 月 3 日。

人民网：《中共中央国务院召开全国人才工作会议　胡锦涛温家宝曾庆红讲话》，http：//www. people. com. cn/GB/shizheng/1024/2256582. html，检索时间：2017 年 3 月 2 日。

人民网：《解读上海 12 项出入境新政："中国绿卡"降门槛、人才认定市场化》，http：//sh. people. com. cn/n/2015/0702/c134768 - 25442779. html，检索时间：2017 年 3 月 2 日。

人民网：《中国绿卡从"传说"到"标配"》，http：//world. people. com. cn/n1/2017/0717/c1002 - 29408384. html，检索时间：2017 年 9 月 2 日。

人事部、教育部、科技部等"A Number of Opinions on Encouraging Overseas Students to Provide China with Many Different Forms of Service"，*Chinese Education & Society*，2003，36（2）.

王辉耀："China's Return Migration and Its Impacts on Home Development"，http：//unchronicle. un. org/article/chinas - return - migration - and - its - impact - homedevelopment，检索时间：2017 年 9 月 2 日。

王辉耀：《留学归国人员创新创业服务全面升级，"揽天下英才"进入快轨道》，http：//www. chisa. edu. cn/news1/guandian/201709/t20170 901_756172. html，检索时间：2017 年 9 月 2 日。

王辉耀、刘国福：《中国国际移民报告（2014）》，社会科学文献出版社

2014 年版。

王辉耀、苗绿：《中国留学发展报告 2015》，社会科学文献出版社2015年版。

王辉耀、苗绿：《海外华侨华人专业人士报告（2014）》，社会科学文献出版社 2014 年版。

新华网：《公安部支持北京创新发展 20 项出入境政策措施 3 月 1 日启动》，http：//www. xinhuanet. com/legal/2016 – 02/25/c_ 128751450. htm，检索时间，2017 年 9 月 2 日。

The Top Choice for University Abroad，2016，http：//www. hsbc. com/news – andinsight/media – resources/media – releases/2016/usathe – top – choice – for – university – abroad，检索时间：2017 年 3 月 1 日。

中国新闻网：《优秀外籍高校毕业生可在华就业　专家赞提升人才国际化》，http：//www. chinanews. com/sh/2017/01 – 16/8125979. shtml，检索时间：2017 年 9 月 2 日。

中国青年网：《谁才能得到中国“绿卡”》，http：//news. youth. cn/sdbd/201106/t20110616_ 1617174. htm，检索时间：2017 年 9 月 2 日。

中新网：《中国拟组建国家移民管理局》，http：//finance. chinanews. com/gn/2018/03 – 13/8466548. shtml，检索时间：2018 年 5 月 2 日。

王辉耀、苗绿：《“中国绿卡”制度的突破性改革》，FT 中文网，http：//www. ftchinese. com/story/001072305？page = 1，检索时间：2018 年 5 月 2 日。

Beechler S. and Woodward I. C.，“The Global War for Talent”，*Journal of International Management*，2009，15（3）.

Cao C.，“China's Efforts at Turning，Brain Drain，into Brain Gain，”，EAI Background Briefs，East Asian Institute，National University of Singapore，Singapore.

Cao C.，“China's Brain Drain at the High End：Why Government Policies Have Failed to Attract First – rate Academics to Return”，*Asian Population Studies*，2008，4（3）.

Grant R.，“Toward a Knowledge – based Theory of the Firm”，*Strategic Management Journal*，1996，17.

Jiang K.，“De – bureaucratization within China's Universities Inside Higher Education: Inside Higher ED", http: //www.insidehighered. com/blogs/the_ world_ view/de_ bureaucratization_ within_ china_ s_ universities/ accessed on March 4, 2017.

Jonkers K., "Comparative Study of Return Migration Policies: Targeting the Highly Skilled in Four Major Sending Countries", MIREM Analytical Report, European University Institute, Florence, 2008.

Ma Y. and Pan S., "Chinese Returnees from Overseas Study: An Understanding of Brian Gain and Brian Circulation in the Age of Globalization", *Frontiers of Education in China*, 2015, 10 (2).

Mohrman K., Geng Y., Wang Y., "Faculty Life in China", *The NEA 2011 Almanac of Higher Education*, 2011.

Walcott S., "Chinese Industrial and Science Parks: Bridging the Gap", *The Professional Geographers*, 2002, 54 (3).

Welch A. and Hao J., "'Hai gui' and 'Hai dai': The Job - seeking Experiences of High - skilled Returnees to China", in Ka - Ho Mok and Kar (eds.), *Internationalization of Higher Education in East Asia: Trends of Student Mobility and Impact on Education Governance*, New York: Routledge.

Yi L., "Auditing Chinese Higher Education? The Perspectives of Returnee Scholars in an Elite University", *International Journal of Educational Development*, 2011, 31 (5).

Zweig D., "Learning to Compete: China's Efforts to Encourage a Reverse Brain Drain", in C. Kuptsch and E. F. Pang (eds.), *Competing for Global Talent*, Geneva: International Institute for Labour Studies, 2006.

Zweig D., "Returnees, Technology Transfer, and China's Economic Development", Working Paper No. 28, Center on China's Transnational Relations, 2009.

Zweig D., Fung D. S., Han D., "Redefining the Brain Drain: China's 'Diaspora Option'", *Science, Technology & Society*, 2008, 13 (1).

Zweig D. and Wang H., "Can China Bring Back the Best? The Communist Party Organizes China's Search for Talent", *The China Quarterly*, 2013, 215.

出国留学与社会分层

李康辉　周亚平　宗　力*

中国的留学事业已发展了近一个半世纪，出国留学作为一种社会分层的教育机制，对于留学生群体的社会流动具有很重要的影响。本文结合社会分层研究理论和当下中国的社会分层现状，以职业—社会分层的指示器，作为考察出国留学对留学生群体的社会分层作用。研究发现，新中国70年的出国留学政策、留学人数和时代环境都存在显著的差异，2000年以前是“精英化”和“小众化”留学时代，出国留学对留学生群体而言，具有很强的社会流动功能，而21世纪是“大众化留学时代”，社会流动的功能则有所下降和弱化。但是，出国留学作为社会地位获得的一种制度化手段，对于个体的社会流动和社会分层仍具有不可忽视的作用。

一　问题的提出

留学指的是一个人到自己祖籍国以外的国家或地区接受各类正式教育。留学时间有长期和短期之分，一般从几周到几年不等。[①]从广义上来讲，以提升知识或启发思想的海外经历也可以包括在留学之内。当然，随着国际交流和合作的密切发展，又出现了新的留学模式——“大学本土留学”，是指一国公民不用出国在自己本国接受来自其他国家大

---

* 李康辉是兰州大学哲学社会学院硕士研究生。周亚平博士是兰州大学哲学社会学院副教授。宗力博士是天津师范大学客座教授，加拿大萨斯喀彻温大学社会学教授、博士生导师。

① 王辉耀：《中国留学发展报告》，社会科学文献出版社2012年版。

学提供的本科专业教育，并获得国外大学提供的学位和毕业证书。① 而本文所涉及的留学，是狭义上的出国留学，只包含出国接受正式的长期或短期的国外大学教育。

留学不仅是个人深造学习的一种理性选择，而且是一种复杂的经济社会现象。留学与一定经济社会发展现实相联系，改革开放以前，中国致力于社会主义建设的探索和尝试，社会处于比较低速平稳的发展期，留学事业也在国家主导下发展，出国留学主要致力于培养具有国际视野和科技前沿的科学技术人才。改革开放以来，中国发展进入高速的增长期，政治稳定、经济增长、社会繁荣，为出国留学和回国创业提供了良好的平台和环境。② 因此，中国出国留学出现了高速的增长期。据统计，从 1978—2016 年年底，中国各类出国留学人员累计达 458. 66 万人。其中 136. 25 万人正在国外进行相关阶段的学习和研究，322. 41 万人已完成学业，265. 11 万人在完成学业后选择回国发展。③

从个人层面来讲，出国留学无疑是学习知识、增加见识的一条重要途径，出国留学为自身的教育背景增加了几分光环，是实现个人理想和人生跨越的极佳通道。从社会层面来说，出国留学为社会发展提供了充足和前沿的人才，有助于社会的繁荣和发展。而本文将出国留学现象放置在社会分层的框架内进行讨论，社会分层是现代西方社会学的一个重要研究领域，起源于社会学家对社会差异和社会不平等的关注。④ 近些年来，中国许多社会学家对中国的社会分层和不平等问题也进行了研究，对中国社会的整体性的社会分层有了较为代表性的研究结论，如“十大阶层论”和“倒丁字型”社会结构。⑤⑥ 教育作为一个重要的社会分层机制，对于个人的社会流动和社会分层中位置的形成具有举足轻重的作用。本文所要探讨的是，出国留学作为接受高等教育和国际教育

---

① 柯佑祥、张紫薇：《大学本土留学非经济收益与风险的调查分析》，《高等教育研究》2015 年第 5 期。

② 柳学智：《中国学生出国留学和留学回国发展趋势分析》，《中国行政管理》2016 年第 1 期。

③ 《2016 年度中国逾 54 万人出国留学 44 万人来华留学》，中国新闻网，http：//www. chinanews. com/gn/2017/03 - 01/8162951. shtml。

④ ［美］乔治·瑞泽尔：《现代社会学理论》，北京大学出版社 2004 年版。

⑤ 陆学艺：《当代中国社会阶层研究报告》，社会科学文献出版社 2002 年版。

⑥ 李强：《“丁字型”社会结构与“结构紧张”》，《社会学研究》2005 年第 2 期。

的形式，是否对个人的社会流动产生重要的影响作用？在中国不同的历史阶段，出国留学对留学者社会分层的作用有何不同？而造成的这种不同分层功能的动力因素为何？这些问题正是本文所要解析和回答的。

二　中国出国留学发展的历史与现状

（一）中国留学历史概述

自清政府1872年选派幼童到美国留学开始，中国的出国留学事业在国家社会的动荡发展变幻下起伏发展，至今已有近150年的历史。[①] 就整个百余年的留学史，不同的学者对其进行了阶段性的划分。历史学家戴逸和原国家科委主任宋健院士认为从晚清到20世纪末至少已有十代留学生。他们以时间为主线，以重大历史事件、留学地域、资金来源等为分期标志，将留学生划分为十代。这十代留学生分别是1872—1875年分四批留美的120名幼童为第一代，光绪初年派出留欧的近百名海军留学生为第二代，20世纪初留日学生为第三代，庚款留美学生为第四代，留法勤工俭学学生是第五代，20世纪20年代留苏学生为第六代，1927—1937年，国民政府向美欧派遣的官费留学生为第七代，1938—1948年留学欧美的学生为第八代，20世纪50年代中华人民共和国向苏联和东欧派遣的留学生为第九代，1978年改革开放之后所形成的公费和自费留学为第十代。[②][③] 而王辉耀根据不同历史时期学习内容和留学人员所负使命的不同，将百余年留学史留学生主体划分为五代，分别是富国强兵梦想的第一代、革命救国志向的第二代、科技救国的第三代、建设祖国的第四代、富有创业热情的第五代。[④] 无论是“留学十代”的划分，还是“留学五代”的划分，都为我们认识百余年留学潮的发展提供了一个可以参照的知识图景，也有助于我们厘清留学事业在不同阶段的发展状况和特点。

---

① 苏一凡、胡庆亮、张晓冰：《中国出国留学研究述评：现状、问题与发展趋势》，《高教探索》2011年第3期。

② 戴逸：《近代留学教育的光辉道路》，《中国高教研究》1992年第5期。

③ 宋健：《十代留学生接力百年留学潮》，《光明日报》2003年4月15日。

④ 王辉耀：《中国留学发展报告》，社会科学文献出版社2012年版。

（二）当下出国留学的现状与趋势

中国留学事业经过不同阶段的发展，尤其是改革开放以来，出国留学在人数、形式、目的地等方面都出现了巨大的变化。当下，中国留学已从过去的“精英化留学时代”进入到了今天的“大众化留学时代”，自 1979 年自费留学实现“零”的突破之后，自费留学群体从无到有迅速壮大。① 从表 1 中的数据可以看出，近 11 年来，我国出国留学人数呈稳定的增长态势，从 2007—2017 年留学人数增加了 3 倍有余。从自费和公费的比例结构上来看，自费留学在出国留学中占有主导性的位置，自费留学目前是我国最主要的留学形式，自费的比例一直稳定在 90% 左右。

表 1　　近 11 年我国出国留学人数基本状况

年份	出国总人数（人）	自费人数（人）	公费人数（人）	自费比例（%）
2007	143995	130200	13795	90.41
2008	179795	161600	18195	89.88
2009	229000	210000	19000	91.7
2010	284700	260000	24700	91.32
2011	339700	314800	24900	92.67
2012	399600	374500	25100	93.72
2013	413900	384300	29600	92.84
2014	459800	423000	36800	92.00
2015	523700	481800	41900	92.00
2016	544500	498200	46300	91.50
2017	608400	577200	31200	94.87

注：由国家教育部网站公布数据整理而成。

当下，中国出国留学呈现出以下几个特点：①留学大众化。在自费留学政策开放以前，出国留学只属于少部分人，国家只需安排少部分在学业方面表现优秀的学生出国深造，学习他国的科学技术，致力于祖国科技事业的发展。而当下，随着我国居民收入水平的提高和政策的进一

① 苗丹国：《我国自费出国留学政策的持续性发展与趋势研究》，《江苏师范大学学报》（哲学社会科学版）2013 年第 6 期。

步开放，我国自费留学生的比例和来自普通工薪家庭留学生的比例在不断上升，留学逐渐出现大众化趋势。[①] ②留学低龄化。根据《2017 中国留学发展报告》数据显示，我国的中学生留学数量在世界上主要留学目的国中占比较高。2016 年留美的中国中学生达到 33275 人，占美国国际中学生总量的 41%，较 2012—2013 学年增长了 48%。中国中学留学生在加拿大、英国和澳大利亚的国际中学生中的占比分别为 55%、23% 和 54%。[②] 当下中国出国留学学生结构早已不是以研究生为主要力量，从以上数据可以看出，我国出国留学低龄化趋势非常明显。③回国潮明显，从表 2 可以很清晰地看出，近 11 年我国出国留学人员学成归国的人数和比例基本一致处于稳定的攀升状态。回国总人数从 2007 年的 4.4 万人增长到 2017 年的 48.09 万人，回国人数增加了将近 10 倍。而留学回国率也从 2007 年的 30.56% 增长到 2017 年的 79.04%。短短十年时间，留学归国率增长一倍有余。虽然 2013 年之后，回国率略有下降，但也基本稳定在 80% 左右。

表 2　近十一年我国出国留学学生回国基本状况

年份	出国总人数（人）	回国总人数（人）	回国比例（%）
2007	143995	44000	30.56
2008	179795	69300	38.54
2009	229000	108300	47.29
2010	284700	134800	47.35
2011	339700	186200	54.81
2012	399600	272900	68.29
2013	413900	353500	85.41
2014	459800	364800	79.34
2015	523700	409100	78.12
2016	544500	432500	79.43
2017	608400	480900	79.04

注：由国家教育部网站公布数据整理而成。

① 杨平：《留学政策与青年发展》，《中国青年研究》2015 年第 2 期。

② 《2017 中国留学发展报告：海归就业进入“青铜时代”》，澎湃新闻网，https://www.thepaper.cn/newsDetail_forward_1912157。

三 社会分层的理论视角与中国社会分层

社会分层是社会结构中最重要的现象，也是社会学理论研究的重要领域之一。[①] 社会分层所要研究的是人们的利益差别、地位差别和不均等、不公平、不公正现象，本质是讲社会中的各种资源（如收入、声誉、权力、教育机会等）在整个社会中的各群体之间是如何分布的。[②] 而社会分层研究主要致力于回答："你得到了什么，以及为什么得到?"又是怎样的一种社会制度安排使处于社会背景中的个人被"分配"在社会中的不同位置。[③]

在社会分层领域的研究中，最具指导性的经典理论当属卡尔·马克思和马克斯·韦伯（Max Weber）所开创的阶级理论和多元标准的社会分层理论。他们提供了不同的但却是最基本的分析框架和理论范式，对社会分层的本质、决定要素、分层形式做出了不同的理论阐释，代表了两种在本质上不同的理论取向。[④] 阶级理论采取了一种整体论的视角，社会不平等根源于社会的物质生产方式之中，主要以财产关系为核心。在生产资料占有的不同基础上形成了最基本的社会地位和社会不平等，将阶级视为存在于社会中不同地位的群体——有产阶级和无产阶级或统治阶级和被统治阶级，从一个社会的经济结构方面来揭示阶级的性质，并以对立的阶级模式来把握阶级结构。[⑤] 与马克思不同，韦伯的社会分层理论则是多元属性的，主要从个人所拥有的财富、权力和声誉三个方面来判断个体在社会中所处的位置和拥有的地位，且强调这三者之间对社会分层的相对独立性作用。

后来的学者都在这两个理论的框架下对社会分层现象进行了研究，并丰富和进一步发展了社会分层理论，如布劳—邓肯模型、市场转型理

① 李路路:《社会分层研究》,《社会学研究》1999 年第 1 期。

② 李强:《试析社会分层的十种标准》,《学海》2006 年第 4 期。

③ 仇立平:《职业地位: 社会分层的指示器——上海社会结构与社会分层研究》,《社会学研究》2001 年第 3 期。

④ 李路路:《论社会分层研究》,《社会学研究》1999 年第 1 期。

⑤ 李金:《马克思的阶级理论与韦伯的社会分层理论》,《社会学研究》1993 年第 2 期。

论等。中国学者对中华人民共和国成立以来的社会分层和社会结构进行了有益的探索，对于1949年以来的中国社会，学界有这样一种分析：改革前的中国社会属于总体性社会，改革之后至20世纪90年代后期属于市场性社会，而21世纪初则进入行政社会。[①] 在改革前的总体性社会中，国家掌握国内的一切资源的分配权力和各种生活机会，从而影响和决定个人的社会地位和生活水平，社会分层是通过国家自上而下的权力过程被建构的。[②] 在这种国家社会主义的集权体制下，整个社会的分层结构变化是微弱的，个人的社会流动主要取决于国家制度和自身的先赋因素。

对改革开放之后的中国社会分层，学术界展开了多角度的研究，并得出了许多经典的结论。面对国家社会主义向市场经济的过渡与转型，倪志伟提出了著名的“市场转型论”。[③] 其核心观点是，随着市场机制逐渐取代国家主导的再分配体制成为占主导地位的资源再分配机制，原来体制内干部所拥有的再分配特权将被削弱，而处于市场中的生产者和直接劳动者将可能拥有更多的基于市场产生的权力，最终会导致“干部群体”的社会经济地位的下降和“直接生产者”的社会经济地位的上升。关于这一理论在收入方面的推论是：随着市场化过程的推进，人力资本的收入回报率也会逐渐上升，政治资本的收入回报率会下降。[④] 关于市场转型论的观点，后来许多学者都提出了争议，并从实证角度进行了大量的经验性研究。魏昂德对干部在市场转型中社会经济地位的下降提出了质疑，他认为，“干部群体”完全可以在市场化过程中挖掘新的权力来源和形式，以此来扩大和提高自身的收入和社会地位。[⑤] 谢宇和韩怡梅在研究中国经济改革过程中居民的收入时，认为考虑中国的区域差异是很重要的，这不仅是因为中国各区域自身的自然资源和人力资

---

① 王春光：《从县域实践看中国社会现代化轨迹——基于对太仓的考察》，《探索与争鸣》2012年第12期。

② 李路路：《论社会分层研究》，《社会学研究》1999年第1期。

③ Nee V.，“A Theory of Market Transition：From Redistribution to Markets in State Socialism”，*American Sociological Review*，1989，54（5）：663－681.

④ 郝大海、李路路：《区域差异改革中的国家垄断与收入不平等——基于2003年全国综合社会调查资料》，《中国社会科学》2006年第2期。

⑤ Walder A. G.，“Markets and Inequality in Transitional Economies：Toward Testable Theories”，*American Journal of Sociology*，1996，101（4）：1060－1073.

源差异的限制，而且更重要的是，中国的市场化和工业化改革一直存在着一个区域的维度。[①] 以上研究为我们认识中国的社会结构提供了一个总体性、动态性和区域性的认识视角。

陆学艺提出了中国社会具有“十大阶层”的划分，主要以职业分类为基础，从组织资源、经济资源、文化资源占有状况的差别为划分社会阶层的标准，把中国社会群体分为十个阶层，并对每一个阶层的地位、数量和特征进行了界定和描述。[②] 孙立平则提出了“断裂社会”的概念，认为中国社会有着20世纪80年代资源配置扩散向90年代资源重新聚集的转变趋势，我国居民收入的不平等进一步加深，社会各阶层、各区域的隔阂进一步拉大。[③] 李强等利用国际社会经济地位指数的方法分析了“五普”数据，发现中国社会是“倒丁字型”社会分层结构，造成该结构的原因是中国的城乡分隔制度。[④]

仇立平认为，改革开放以后社会阶层发生了重大变化，用原来的阶级分析框架，如“工人阶级”“农民阶级”等早已不适合中国的社会现实状况，也不能反映多元化、正在迅速崛起的新的各种社会阶层状况。[⑤] 研究社会分层的学者通常认为，职业可以很好地反映和决定个体的社会地位，是一个非常好的综合性指标[⑥]，因为职业是联系社会深层结构和表层结构的结合点，它一方面与社会中的财产所有权相关，另一方面又与社会分层的表层结构相关联。[⑦] 不同的职业可以代表不同的收入、社会声誉、教育水平、生活品位、价值观念等，因此，许多研究者都用个体的“职业”来代替其个人的社会经济地位。这种分析方法得到了广泛的应用和验证。

中国改革开放已经经历了40年的历程，目前还处于改革攻坚的深

---

① Xie Y. and Hannum E.，“Regional Variation in Earnings Inequality in Reform - Era Urban China”，*American Journal of Sociology*，1996，101（4）：950 - 992.

② 陆学艺：《当代中国社会阶层研究报告》，社会科学文献出版社2002年版。

③ 孙立平：《断裂：20世纪90年代以来的中国社会》，社会科学文献出版社2003年版。

④ 李强、王昊：《中国社会分层结构的四个世界》，《社会科学战线》2014年第9期。

⑤ 仇立平：《职业地位：社会分层的指示器——上海社会结构与社会分层研究》，《社会学研究》2001年第3期。

⑥ 边燕杰、李路路、李煜等：《结构壁垒、体制转型与地位资源含量》，《中国社会科学》2006年第5期。

⑦ 庞树奇、仇立平：《我国社会现阶段阶级阶层结构研究初探》，《社会学研究》1989年第3期。

水区和关键期。中国社会结构发生了巨大的变化，区域流动更加便捷频繁、城市化迅速推进、新兴产业发展等诸多因素都使个体在社会中处于不停的变动之中。以上不同学者对于中国社会分层的研究，对于我们认识和把握当下的中国社会分层现状具有重要的指导意义。尤其是以“职业”作为社会分层的指示器，对于我们认识复杂的社会结构具有重要作用。中国学生出国留学，获得国外文凭，是一种教育获得的途径和社会流动的有力保障。出国留学是否真的有助于个体向上流动和实现阶层逆袭？留学生所从事的职业以及获得理想职业的难易程度可以给我们提供一个透视留学生社会分层的有力视角。

四　中国出国留学社会分层功能的阶段性演化与动力

自人类进入工业化社会以来，教育在社会中的功能越来越明显，工作求职、社会交往都需要更好的教育程度。教育对于现代国家的经济增长和社会发展有极大作用，并且改变人类的生活方式和品质。同时，教育也能促进社会分化和社会分层，而且越来越成为社会分层的一个重要因素和机制。实证研究证明，教育确实能够促使受教育者进行向上的社会流动，但它的作用是有一定条件的，并非每一个人都可以通过接受教育实现社会流动。[①] 这是因为，教育获得能否取得好的职业成就，还取决于自身的家庭背景、文凭价值、职业环境和社会发展等外在条件的约束。下文将分析中华人民共和国成立 70 年来，出国留学教育对于个体社会流动的作用，并将其置于不同的时代背景下分析出国留学的不同社会分层作用，并探讨其动力机制。

（一）精英化留学时代

中华人民共和国成立初期至改革开放之前，中国处于社会主义的探索建设时期，社会主义建设取得了一定成绩，但也经历许多挫折。国际社会处于冷战时期，西方国家对中国进行全面封锁。因此，当时中国只

① 钱民辉：《教育真的有助于向上社会流动吗——关于教育与社会分层的关系分析》，《社会科学战线》2004 年第 4 期。

能向苏联和东欧的社会主义国家派遣留学生和进修生。① 且出国留学基本全部为国家公派留学，自费留学当时几乎为零。出国留学政策大概经历了以下发展过程，20 世纪 50 年代的公派留学政策的要点是“严格选拔，宁少勿滥”（1950—1953 年），1954—1956 年是“严格审核，争取多派，理科为主，兼顾全面”，1957—1959 年则是“多派研究生，一般不派大学生”。60 年代公派留学政策的核心是“减少数量，提高质量”（1961 年），1964 年“试行向西方国家派遣留学生”，1966 年则“停派留学生”。70 年代公派留学政策的要点为：“恢复派遣语言类进修生”（1972 年）。②

据有关统计数据显示，1872—1978 年百余年间中国出国留学人员总数为 13 万。③ 苗丹国等还根据国家出国留学事务主管部门提供的历年统计数据，对出国留学人员的数据有了一个全面的了解和掌握。1950—1965 年的 16 年间，我国公费派出的公费留学生主要派向苏联和东欧等国，共计派出留学生、进修生等 10698 人，同期回国 8013 人，回国率达到 75%，而年均派遣留学人员则不足 700 人。其中派出的人员中本科生为 6834 人，占比为 63. 88%；研究生为 2526 人，占比为 23. 61%；进修生为 1116 人，占比为 10. 43%；教学实习生和翻译人员为 222 人，占比为 2. 08%。如果将 1959 年前后因与苏联援建工业项目而派出的约 6000 多名技术实习生、派往苏联各军事院校的 800 余名军事留学生都计算在内的话，中国内地则总计派出各类留学人员约为 1. 6 万余人。④

从 1966 年至 1972 年 9 月，我国出国留学派遣工作进入停滞阶段。而 1972—1978 年，中国共计派出 1977 名公费留学人员，年均 282 人。主要学习各种外国语言，科技专业只占少数，同期学成回国人员为 963 人，主要为我国培养了一批外语教学、翻译人员和从事外事管理事务的

---

① 《〈出国留学六十年〉详述中国留学政策》，https：//www. liuxue86. com/a/183888. html。

② 苗丹国、程希：《1949—2009：中国留学政策的发展、现状与趋势（上）》，《江苏师范大学学报》（哲学社会科学版）2010 年第 2 期。

③ 《中国历年出国回国留学人数统计（2008—2013）》，http：//www. 360doc. com/document/17/0601/20/43751189_ 659098652. shtml。

④ 苗丹国、程希：《1949—2009：中国留学政策的发展、现状与趋势（上）》，《江苏师范大学学报》（哲学社会科学版）2010 年第 2 期。

干部人才。①

从留学政策来看，改革开放之前的30年，出国留学要由国家主导和选派，选拔程序严格，出国留学名额极少，学习专业多为科学技术类和语言类。与此同时，我国的留学政策和事业也在曲折和探索中发展，受国际环境的影响较大。从留学人数上来看，从1949—1978年共计30年的时间，中国总计派出留学生1.9万余人，年均仅为600余人。可见，这一时期的出国留学是属于极少数人的，国家选派的都是最精英的人才，学习的专业都是国家发展所迫切需要的。因此，这一时期可以称为“精英化留学时代”。处于这一时期的留学人员可谓是“天之骄子”，他们出国留学学成归来之后，理所当然地成为我国各领域的先驱和开拓者。他们所从事的职业一般为教学科研、外交军事等。出国留学无疑促进了个体的社会流动，有利于他们在社会分层体系中处于优越位置。所以，这一时期出国留学对于个体的社会流动和分层具有强烈的正向促进作用。造成这种强社会流动的动力主要来源于：①国家发展人才需求远大于供给，当时国家刚成立，急需确立自身的国际地位，需要大力发展科技、国防、教育和外交等事业，而中国自身的以及出国留学所培养的人才远远满足不了国家需求。②当时，出国留学全部为公费，且定向培养，回国之后的工作基本由国家安排。因此，出国留学人员的职业稳定，收入和其他待遇均有保障。所以，在这种国情下，出国留学人员能拥有很好的社会经济地位。

（二）小众化留学时代

之所以把改革开放之后的40年以1999年为分界点划分两个阶段，主要是出于以下考虑：①1999年，中国大学开始扩招，之后接受高等教育的人才呈现爆发式增长，留学生竞争对手增多，竞争压力增大。②2000年年初，出国留学人数出现第一次的井喷式增长。而1979—1999年出国留学总人数为30余万人，增长平稳缓慢。② 因此，1979—1999年的留学状况具有一定的同质性，出国留学总量较小，职业竞争力强，这一时期可以称为“小众化留学时代”。

---

① 苗丹国、程希：《1949—2009：中国留学政策的发展、现状与趋势（上）》，《江苏师范大学学报》（哲学社会科学版）2010年第2期。

② 《中国历年出国回国留学人数统计（2008—2013）》，http://www.360doc.com/document/17/0601/20/43751189_659098652.shtml。

这一时期的出国留学政策大致经历了以下阶段：1979 年为“抓紧时机，积极选拔，广开渠道，力争多派，科技为主，兼顾其他”；1980—1981年“公派——积极主动，择优选拔，保证质量，广开渠道，力争多派，突出重点，统筹兼顾”“自费——对自费留学人员在政治待遇上与公费留学人员一视同仁，但在申请条件上有一定限制”；1982 年“公派——探索扩大选拔派遣博士留学生的数量和途径”；1984 年“自费——申请自费留学如手续合法则不受任何限制”；1986 年“公派按需派遣，保证质量，学用一致，加强管理”；1988 年“回国——提供各种服务，创造好的工作环境和生活条件，拓宽就业范围并实行人才流动”“在外——采取适当灵活的政策和通情达理的做法，并给予合情合理的解决”。①

20 世纪 90 年代出国留学政策为：1990 年“自费——收取高等教育培养费，以限制自费出国留学”“公派——博采各国之长，按我之需，取人之长，精选精派，定向定人，力争保质保回”；1992 年教育部确定了“支持留学，鼓励回国，来去自由”。20 世纪 90 年代中期以后，出国留学工作进行了重大改革，政策有了较大转变，1996 年“公派——个人申请、专家评审、平等竞争、择优录取、签约派出、违约赔偿”；1999 年“自费——开辟自费留学中介市场，并实施预警和监管”。同时，鼓励留学人员回国的政策体系也处于不断地完善之中。②

综观这一时期的留学政策，有以下几个突出特点：一是仍以国家主导，注重公派，兼顾自费；二是严格选拔，定向选派，保质保量；三是留学政策较为完善，政策涉及公派、自费、回国、在外等各方面。可见，这一时期国家对出国留学工作特别重视，对留学人才重视重用，提供了完善的工作途径和平台。据有关统计数据显示，1978—2000 年，中国出国留学人数约 34 万人，其中 2000 年出国留学的人员约为 38989 人。③ 那么减去 1978 年和 2000 年的留学人数，1979—1999 年共计 21 年出国留学的各类人员也只有 30 余万人，年均留学人员仅为 1.4 万余

---

① 苗丹国、程希：《1949—2009：中国留学政策的发展、现状与趋势（上）》，《江苏师范大学学报》（哲学社会科学版）2010 年第 2 期。

② 同上。

③ 《中国历年出国回国留学人数统计（2008—2013）》，http://www.360doc.com/document/17/0601/20/43751189_659098652.shtml。

人。这对一个当时拥有近10亿人口的国家来说，这些人才对于国家的需求也是远远不够的。这些留学归国人员在各领域都发挥着中坚作用，有统计数据显示，改革开放以来77.7%的部属高校校长、84%的中国科学院院士、75%的中国工程院院士和62%的博士生导师都有留学经历。[①] 可见，这一时期出国留学的人力资本回报是极高的，出国留学对于个人的社会流动具有很大的推动作用，有利于个体向社会上层流动。因此，这一时期的出国留学对个体的社会分层具有正向的强作用。

这一时期出国留学提升个人社会地位的动力在于：①这一时期，我国实现改革开放，社会处于活跃的高速发展期，人才需求量大，国内人才市场是稀缺性质的。②人才供应不足，国内的大学教育是精英化教育，国际方面的出国留学人员很少。国内和国外培养的人才较少，满足不了国家和社会发展的需求，接受过高等教育的人才，尤其是海归人才则显得千金难求。所以，从人才供需和人才的稀缺性两方面来讲，这一时期的出国留学教育具有很高的社会回报，可以较为容易地提升个体的社会经济地位。

（三）大众化留学时代

进入21世纪，我国的出国留学事业迎来了大发展时代。这主要得益于我国社会经济的发展和出国留学政策进一步完善，2000年我国建立了留学人员创业园区；2003年自费出国留学的“资格审查政策”废除，并设立了国家优秀自费留学生奖学金制度，提出并实施国家公派“三个一流”方针；2005年发布了留学人才引进工作中界定海外高层次人才指导意见；2007年提出和发布了“国家建设高水平大学公派留学生项目的设立与进一步加强国家重点领域紧缺人才培养工作意见”；2008年实施海外高层次人才引进计划（“千人计划”）。近些年来的留学政策也在以上的政策框架内执行和完善发展。这些政策助推了我国留学事业的高速发展，尤其是对自费出国留学人员资格审查制度的取消，使我国留学人员实现了爆发式增长。

根据教育部公布的历年出国留学人员数据，2000—2016年17年间我国各类出国人员达到425万人。因此，这一时期可以称为“大众化留

---

① 《我国教育对外开放规模不断增大》，学信网，http：//www.chsi.com.cn/jyzx/200903/20090327/20180827.html。

学时代”。出国留学人数急剧攀升，是改革开放前30年人数的223倍，是“小众化留学时代”的14倍。可见，中国出国留学已经变得越来越平民化和大众化。出国留学成为一种潮流，许多学生抱着“外面的世界真精彩”和“物以稀为贵”的心理选择自费留学。[①]

与此同时，国内大学扩招也使国内大学招生人数逐年攀升。据官方数据显示，从2000年开始，中国普通高校毕业生一路飙升，2001年，全国高校毕业生只有114万人，而到2017年这一数字已升至795万人，短短16年间，高校毕业生人数增长了将近7倍。根据历年高校毕业生统计数据，可以估计出从2000—2017年中国内地高校共毕业大学生总计可以达到9000余万人（这一数据根据教育部公布的普通高等学校历年毕业生统计数据相加而得）。再加上出国留学的400余万人，我国的高等教育人才在不到20年的时间达到了9400余万人。这也意味着我国平均每15个人中，就有一个人接受过高等教育。

在这样一个人才充沛的时代背景下，出国留学已经不能像以前一样，可以很容易地带来一份体面的职业和较高的经济收入。当下，对于大部分人来说，留学只能是实现人生许多目标中的一个过程和阶段，其实现社会流动的功能则日渐弱化。有研究者指出，留学社会分层功能的弱化主要表现在以下方面：海归就业形势严峻、就业力不足、教育成本回收较慢和社会对海归的认同感回归理性。[②]这四个方面都体现出“海归”早已不是曾经的天之骄子，而是要在竞争激烈的人才市场面对各种竞争和压力。但是，我们也要看到，出国留学也分为公派留学和自费留学。公派留学每年只选派几千人，而自费留学则占出国留学总人数的90%以上。公派留学由国家支持，一般去往发达国家顶尖名校学习，而自费留学相对而言则显得参差不齐。所以，出国留学中公费留学依然具有较好的职业前景和教育回报，而自费留学则相对较低。因此，大众化留学时代出国留学的社会流动功能较2000年以前已经出现了明显的弱化和下降，出国留学作为个体社会地位提升机的功能也大不如前。

出现社会分层功能弱化的因素主要有：①国内大学扩招和留学井喷

---

① 冯文全、范潆引：《留学教育社会分层功能的弱化与反思——基于海归的就业现状分析》，《现代教育科学》2017年第8期。

② 同上。

式发展并存，人才数量快速增长。②留学大众化，自费留学占据90%以上的留学市场，加剧了海外文凭的贬值。③就业环境恶化，职场竞争激烈。这些因素都推动了留学对社会流动作用的下降。

五 讨论与结语

本文探讨了中华人民共和国70年来出国留学对出国留学群体社会流动的作用，主要回答出国留学作为一种教育手段，是否有助于个体在社会分层体系中向上流动。分析结果表明，1949年以来的中国社会经历不同的发展阶段，每一阶段出国留学对于个体的社会流动作用都有显著差异。本文根据留学生所从事的职业和所面对的职业环境，将出国留学和社会分层分为三个阶段，在精英化留学时代，留学对于留学者具有很强的社会流动功能；在小众化留学时代，留学依然对留学者的社会分层较为有利；而在当下的大众化留学时代，出国留学的社会流动功能则不如之前，有所弱化和下降。

所以，本文认为，出国留学作为社会分层的一种制度性机制，在不同的历史时期具有差异性的作用。虽然，当下出国留学社会分层功能弱化，但本文并不否认出国留学是个体实现向上流动的一种有效途径。在全球化时代，面对竞争激烈的职场环境，出国留学仍然具有较本土高等教育更强的优势，因为出国留学能提供更广阔的职业平台和更丰富的职业选择。出国留学如果不能促进个体社会地位的向上流动，也至少能确保个体社会地位的稳固。

参考文献

《中国历年出国回国留学人数统计（2008—2013）》，http：//www.360doc.com/document/17/0601/20/43751189_659098652.shtml。

边燕杰、李路路、李煜等：《结构壁垒、体制转型与地位资源含量》，《中国社会科学》2006年第5期。

仇立平：《职业地位：社会分层的指示器——上海社会结构与社会分层研究》，《社会学研究》2001年第3期。

出国留学网论坛：《〈出国留学六十年〉详述中国留学政策》，https：//

www. liuxue86. com/a/183888. html。
戴逸:《近代留学教育的光辉道路》,《中国高教研究》1992 年第 5 期。
冯文全、范潆引:《留学教育社会分层功能的弱化与反思——基于海归的就业现状分析》,《现代教育科学》2017 年第 8 期。
郝大海、李路路:《区域差异改革中的国家垄断与收入不平等——基于 2003 年全国综合社会调查资料》,《中国社会科学》2006 年第 2 期。
柯佑祥、张紫薇:《大学本土留学非经济收益与风险的调查分析》,《高等教育研究》2015 年第 5 期。
李金:《马克思的阶级理论与韦伯的社会分层理论》,《社会学研究》1993 年第 2 期。
李路路:《社会分层研究》,《社会学研究》1999 年第 1 期。
李强、王昊:《中国社会分层结构的四个世界》,《社会科学战线》2014 年第 9 期。
李强:《“丁字型”社会结构与“结构紧张”》,《社会学研究》2005 年第 2 期。
李强:《试析社会分层的十种标准》,《学海》2006 年第 4 期。
柳学智:《中国学生出国留学和留学回国发展趋势分析》,《中国行政管理》2016 年第 1 期。
陆学艺:《当代中国社会阶层研究报告》,社会科学文献出版社 2002 年版。
苗丹国、程希:《1949—2009:中国留学政策的发展、现状与趋势(上)》,《江苏师范大学学报》(哲学社会科学版)2010 年第 2 期。
苗丹国:《我国自费出国留学政策的持续性发展与趋势研究》,《江苏师范大学学报》(哲学社会科学版)2013 年第 6 期。
庞树奇、仇立平:《我国社会现阶段阶级阶层结构研究初探》,《社会学研究》1989 年第 3 期。
《2017 中国留学发展报告:海归就业进入“青铜时代”》,澎湃新闻网,https://www. thepaper. cn/newsDetail_ forward_ 1912157。
钱民辉:《教育真的有助于向上社会流动吗——关于教育与社会分层的关系分析》,《社会科学战线》2004 年第 4 期。
[美] 乔治·瑞泽尔:《现代社会学理论》,北京大学出版社 2004 年版。

宋健：《十代留学生接力百年留学潮》，《光明日报》2003 年4 月15 日。

苏一凡、胡庆亮、张晓冰：《中国出国留学研究述评：现状、问题与发展趋势》，《高教探索》2011 年第3 期。

孙立平：《断裂：20 世纪90 年代以来的中国社会》，社会科学文献出版社 2003 年版。

王春光：《从县域实践看中国社会现代化轨迹——基于对太仓的考察》，《探索与争鸣》2012 年第12 期。

王辉耀：《中国留学发展报告》，社会科学文献出版社2012 年版。

《我国教育对外开放规模不断增大》，学信网，http：//www. chsi. com. cn/jyzx/200903/20090327/20180827. html。

杨平：《留学政策与青年发展》，《中国青年研究》2015 年第2 期。

《2016 年度中国逾54 万人出国留学44 万人来华留学》，中国新闻网，http：//www. chinanews. com/gn/2017/03 -01/8162951. shtml。

Nee V.，“A Theory of Market Transition：From Redistribution to Markets in State Socialism”，*American Sociological Review*，1989，54（5）.

Walder A. G.，“Markets and Inequality in Transitional Economies：Toward Testable Theories”，*American Journal of Sociology*，1996，101（4）.

Xie Y. and Hannum，E.，“Regional Variation in Earnings Inequality in Reform -Era Urban China”，*American Journal of Sociology*，1996，101（4）.

第三篇

社会治理与社会政策

加拿大联邦转移支付和中国一般性转移支付的评估及比较

李　青　牟海珍*

财政转移支付是联系中央和地方政府的纽带，也是保证国家稳定和平衡发展的重要机制。本文介绍了由财政平衡基金、医疗专项基金和教育社会保障专项基金三大基金组成的加拿大联邦转移支付体系的设计和沿革，并且评估了这个基金体系在纵向和横向财政平衡方面的效果。转移支付制度改革是当前中国深化财税体制改革的重要任务，一般性转移支付是中国转移支付体系的主体，其作用类似于加拿大联邦转移支付基金体系。两国转移支付制度的沿革和其效果评估所体现的理论和设计原则，在转移支付的法治化、效果评估、功能定位、分配机制等方面，对于两国相互借鉴并完善本国的转移支付制度都具有重要的启示。

一　引言

作为联系中央政府和地方政府的重要纽带，政府间转移支付是一个非常重要的国家治理工具。财政学理论表明，政府间转移支付具有促进上下级政府之间的财政平衡、促进地方政府之间的财政平衡，以及激励地方政府提供具有外部性的公共产品的三大主要功能。转移支付制度的设计非常重要，需要在尊重各地区自主权的基础上，实现地区间的财政公平和公共服务的提供效率。在实践中，政府间转移支付分为无条件拨

* 李青博士是中国人民大学公共管理学院副教授。牟海珍（Haizhen Mou）是加拿大萨斯喀彻温大学约翰逊—小山公共政策研究院（Johnson Shoyama Graduate School of Public Policy，University of Saskatchewan）副教授。

款和有条件拨款，或一般性转移支付和专项支付等不同的类型。有的侧重于促进政府间的纵向与横向财政平衡，实现公平；有的着眼于效率目标，对地方提供有益的公共产品形成有效激励。不同类型的转型支付相互搭配，旨在维护国家统一，实现政府间的财政平衡，并促进公共产品的有效供给。

加拿大与中国同属于地区间经济社会发展差异大，并具有多民族或族裔文化的国家，在这样的背景下，转移支付制度的设计对国家治理意义重大。联邦转移支付在加拿大具有较为久远的历史，自 1867 年加拿大联邦成立至今，随着经济发展，政治格局和福利体系经历的巨大变化，其转移支付制度也经历了长期的演变，逐渐形成了由财政平衡基金、医疗专项基金、教育社保专项基金三大类基金构成的转移支付体系。中国自 1994 年建立正式的转移支付制度以来，通过 20 多年的不断改革和调整，目前已经形成了以一般性转移支付为主、加上专项转移支付及税收返还组成的体系。从两国转移支付制度沿革、制度设计、效果评估的比较中发现有益的启示是我们撰写本文的目的。我们先介绍加拿大联邦政府转移支付体系的历史沿革和制度设计，再对其整体效果进行评估，并在分析中国一般性转移支付制度现状及进行简要的效果评估之后，归纳总结出两国可以从对方学习到的经验，提出对两国完善转移支付制度设计的共同启示。

二 加拿大联邦政府三大转移支付基金的设计和沿革

（一）清晰的政府事权划分

1867 年，英属加拿大省（包括安大略省和魁北克省）和新苏格兰省、新不伦瑞克省四个省协商成立了加拿大联邦。从 1867 年起，加拿大其余的省和保留地陆续通过谈判加入加拿大联邦。1949 年，纽芬兰省最后一个加入联邦。从此加拿大联邦完全形成并延续至今，包括了共十个省和三个保留地。

加拿大联邦从成立之时就明确界定了联邦政府（中央政府）和省政府的事权划分。1867 年签订的“英属北美法”成为加拿大宪法的核心部分。这个法案规定国防、外交、原住民、保留地和刑法属于联邦政府事权，而财产权、人权和教育的事权属于省政府。两级政府分享养老金、农业和移民的事权。由于当时大部分的征税权都集中在联邦政府，“英属北美法”还建立起了联邦政府提供转移支付用来帮助省政府提供公共服务的传统。这个转移支付传统的深远意义是，虽然各省在提供公共服务方面有事权，但联邦政府可以通过转移支付和其附加条件来间接地影响各地区公共服务的数量和质量。

加拿大联邦政府设计了四类对省和保留地政府的转移支付，分别是财政平衡基金、医疗专项基金、教育社保专项基金、保留地专项基金，其中前三类构成联邦转移支付的主体。所有的十个省和三个保留地都有权收到医疗和教育两个专项基金，且十个省中相对人均财政能力较低的省还收到财政平衡基金。三个保留地政府由于地广人稀，提供公共服务比其他省昂贵和不便，还会得到保留地专项基金。

（二）财政平衡基金

财政平衡基金是一个用于平衡加拿大十个省之间财政能力差异的转移支付项目。财政平衡基金的领取和使用没有附加任何条件。财政平衡基金也是政治上最敏感和争论最多的一个转移支付。

加拿大正式的财政平衡基金成立于 1957 年，旨在帮助经济欠发达的大西洋省提供公共服务和避免过多的人口流出到发达的内陆省（Library of Parliament of Canada 2012）。1982 年修订的加拿大新宪法《宪法案》第 36 条第 2 款正式赋予了“财政平衡基金”的宪法地位。这条宪法条款规定“国会和加拿大政府承诺用支付财政平衡基金的方式来保证省政府，在均衡税率的前提下，有足够的收入提供均衡的公共服务”。

2007 年在联邦专家委员会的建议下，所有十个省的平均财政能力成为新的分配标准。在分配公式中，各省除了服务收费的所有财政收入来源被划入五大类：个人所得税、企业所得税、消费税、房产税和自然资源税。一省能否以及能领取到的人均财政平衡基金的数额取决于该省的人均财政能力与全国平均财政能力的比较。如果一省的实际人均财政能力高于算出来的全国平均水平，那么这个省没有资格收到任何财政平衡基金。如果这个省的实际人均财政能力低于全国平均水平，这个省就可以领取到价值等同于差额部分的人均财政平衡基金。人均财政平衡基金乘上一省的人口总数就是该省的财政平衡基金总额。由于各省经济发展不平衡的变化，2009 年人口最大的安大略省变成了可以领取财政平衡基金的相对欠发达省。为了保证财政平衡基金项目的可持续性，联邦政府从 2009 年起给财政平衡基金限定了一个法定总额，即基金总额每年按过去三年加拿大的 GDP 增长率增长。2007 年和 2009 年设定的财政平衡基金的分配公式和法定总额增长率延续至今。

图 1 描述了 1980—1981 财年至 2015—2016 财年期间加拿大各省收到的人均财政平衡基金的数目。由于财政平衡基金的分配是基于数学公式自动决定，一个省领取财政平衡基金的资格和领到的基金数目也随时间变化。1980—1981 财年，加拿大十个省中有七个省是相对欠发达省，三个省是相对发达省。到 2015—2016 财年，只有六个省是相对欠发达省，四个省成为相对发达省。相对发达省的构成也发生了变化。例如，纽芬兰省（NL）从 1980—1981 财年至 2007—2008 财年每年收到财政平衡基金。但从 2008—2009 财年起，纽芬兰省的财政平衡基金变为零。原因是当时纽芬兰省因为开发大西洋上的海上石油而得到了高于全国平均水平的人均财政能力。纽芬兰省也因此从历史穷省一跃成为相对发达的省，失去了领取财政转移支付的资格。与之相反，从加拿大联邦成立以来就一直是相对发达省的安大略省（ON）受全球金融危机的影响从 2009—2010财年起成为相对不发达省，开始领取财政平衡基金。

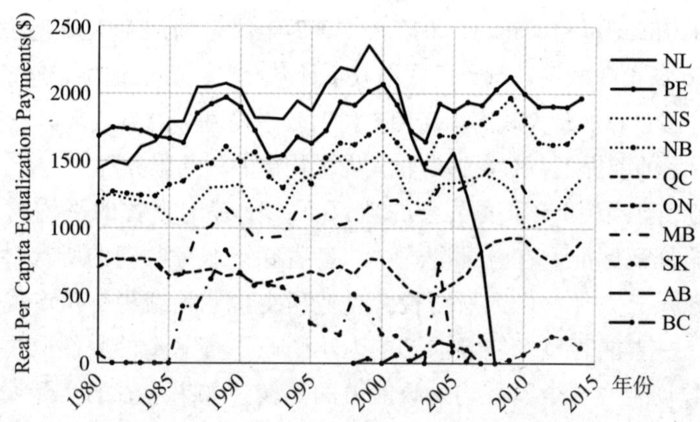

图 1　1980—1981 财年至 2015—2016 财年加拿大各省的人均财政平衡基金额

资料来源：Béland et al.（2017）。

（三）医疗专项基金和教育社会保障专项基金

医疗专项基金（Canada Health Transferor，CHT）和教育社会保障专项基金（Canada Social Transferor，CST）是联邦政府给省和保留地政府最主要的转移支付，两大专项基金的总额为财政平衡基金的两倍之多。其基本目的是降低联邦政府和省政府之间的纵向财政不均衡，从而帮助省尤其是经济比较欠发达的省提供医疗、教育和社会保障。

第二次世界大战之后，西方国家快速建立起福利体系。1957 年，联邦政府通过了《医院和诊断保险法》。该法案承诺，一个省如果提供符合国家标准的医院费用保险，联邦将贡献 50% 的财政开支。至 1961 年，所有的省政府都建立起了符合国家标准的医院保险体系（Taylor，1987）。在 1966 年，联邦政府又通过了《医疗保险法》，许诺省政府如果把医院保险扩展到诊所的医生诊断和服务，联邦政府将承担 50% 的所有费用。这个费用许诺同样有附加条件。省医疗保险必须满足四个国家标准：综合性、普遍性、可携带性和公共管理。到 1971 年，所有省建立起了涵盖医院和医生服务的全民公费医疗体系（Taylor，1987）。从历史角度看，联邦政府分担医疗保险费用的承诺在鼓励和帮助各省建立起相似标准的全民医疗保险体系时起了重要作用。这个医疗费用分担也成为今天的医疗专项基金的由来。

除了对医疗保险的补贴，1967 年联邦政府开始给省政府提供用于资助大学教育的补贴。1966 年，联邦政府还通过了“加拿大补贴项目”。该补贴替代了之前的四个联邦费用分担项目，包括老年补贴、失业补贴、失明人补贴和残疾人补贴。新的加拿大补贴项目承诺负担符合国家标准的省补贴项目的 50% 的费用。加拿大补贴项目也附有两个条件：被补贴人的资格取决于自身的需求水平而不是收入水平；省政府不能以居住地为由拒绝补贴人资格。加拿大补贴项目成为后来的“教育社会保障基金”中社会保障部分的由来。

1977 年是加拿大专项基金设计的一个“分水岭”。1977 年，联邦政府放弃了分担 50% 费用的承诺，转向提供一笔固定基金给省政府。在 1987 年，加拿大通过了《加拿大医疗法》。该法规定各省和保留地的全民公费医疗保险必须满足五个国家标准：综合性、普遍性、可携带性、可用性和公共管理。省政府必须满足这五个条件才能收到“固定项目基金来源”和以后演变成的“加拿大医疗专项基金”。相较于1966年的《医疗保险法》，这个法案增加了可用性（accessibility）条件。可用性规定各省的医疗保险体系不能向病人征收任何的费用。如果一个省向使用公费医疗的居民收取了任何方式的费用，联邦政府将在给该省的医疗专项基金中扣除同等金额（Taylor，1987）。可见，《加拿大医疗法》通过给医疗专项基金的附加条件，保证加拿大各省居民享有类似标准的公共医疗保险和医疗服务，从而在联邦制框架下实现了一个国家公费医疗保险体系。

1977年的分配公式延续至2006年。基金总额的增长速度通常由当时的联邦总理和省长联席会议协商决定。2006年，保守党党魁哈珀领导的联邦政府认为联邦政府应该避免通过转移支付的方式来干预省政府的活动。联邦政府应该只负责提供人均数额完全相同的现金来帮助省政府；如何提供公共服务是省政府的权力和责任。在这种联邦关系理念的指引下，哈珀政府在没有跟省政府完全协商的情况下改革了专项基金的总量和分配方式。首先，加拿大社会保障专项基金和加拿大医疗专项基金分别从2007年和2014年开始改为按人口数目平等分配。无论穷省还是富省，各省收到和省人口占全国人口比例相同比例的专项基金。这意味着，专项基金失去了平衡地区间财政能力不均的功能。地区间财政能力的不均只能通过“财政平衡基金”来平衡。另外，哈珀政府在2007年把社会保障专项基金的总额的每年增长速度控制到3%。在2014年，哈珀政府把医疗专项基金总额的增长速度从每年6%降为过去三年加拿大的平均经济增长率，但承诺每年的增长速度不低于3%。

哈珀政府对专项基金总额和分配方式的改革给大部分省带来了负面影响，相对欠发达省可以用于提供公共服务的财政收入大幅降低。在这种情况下，十个省的省长联合要求2015年当选的联邦自由党政府重启联邦—省政府谈判机制，用协商方式决定联邦政府对省政府的财政支持的力度和方式。自2016年以来，自由党政府延续了财政平衡基金和专项基金的增长速度和分配方式，同时也陆续通过双边会谈和所有省签订了关于对医疗支出进一步补贴的双边协议。

三　加拿大联邦转移支付体系在促进财政平衡方面的效果评估

在对加拿大财政转移支付项目的评估中，有些学者认为财政平衡基金和专项基金应该分开讨论，因为它们的目的和作用不同，财政平衡基金主要用来平衡地区间的横向不平衡，而专项基金主要用来降低纵向财政不平衡。我们认为应该作为一个整体来进行评估，其理由如下：

首先，转移支付资金最终都进入地方政府的收入总池，被地方政府用于各种公共服务和支出。其次，虽然转移支付项目的名称和设计各有不同，但是三大基金项目都有税收再分配和平衡地区间财力的作用。这是因为三大基金都来自于中央政府在各个地区用统一的税率征收来的税收收入，而在分配方面，财政平衡基金和专项基金的分配都是基于一省人口总数和本省与全国平均财政能力水平的差距。此外，专项基金在平衡地区间差异方面的功能也可以从宪法中找到支持。1982 年《宪法》第 36 条第 1 款规定在不改变联邦政府与省政府事权划分的前提下，联邦的立法机构和政府有责任帮助加拿大公民有机会享有平等的生活水平，用促进经济发展的方式来降低机会上的不平等，并提供给所有加拿大公民符合合理质量标准的基本公共服务。这条宪法规定支持了联邦政府用专项基金和其附加的条件来保证公共服务的国家标准的做法。

（一）在降低纵向财政不平衡方面的作用

转移支付体系的第一个作用是联邦政府转移部分财政收入到省政府以降低纵向财政不平衡，帮助省政府提供公共服务。

图 2 描述了 1981—2013 年省政府总项目支出和三大基金总额占省政府总项目支出的百分比的变化。图 2 显示出，省和保留地政府的项目支出自 1981 年以来已经增长了三倍左右。但联邦政府对省政府项目支出的贡献程度从 1981 年的 18% 降低至 2013 年的约 15%。虽然测量纵向财政不平衡需要更广泛、更严密的数据计算，但这些数据基本表明转移支付体系降低纵向财政不平衡的作用已经减弱。

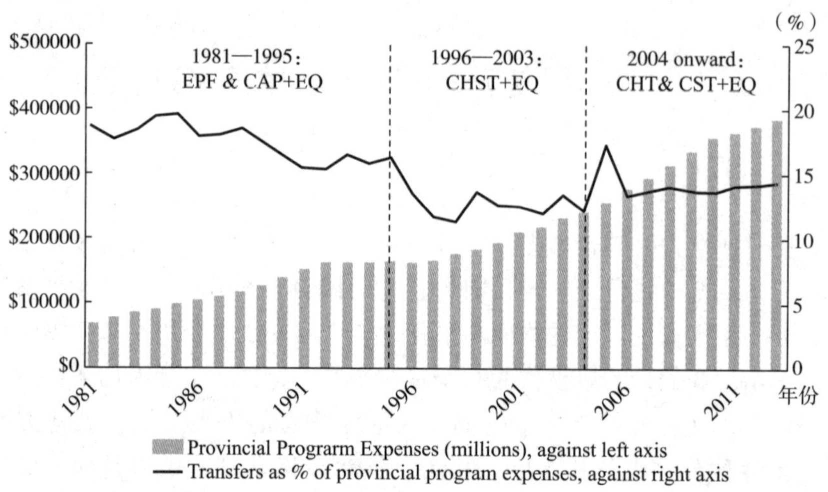

图2 联邦政府转移支付的现金部分占省和保留地政府总项目支出的百分比

资料来源：Béland et al. （2017）。

（二）在降低横向财政不平衡方面的作用

加拿大联邦政府的转移支付使欠发达省的人均财政能力水平达到全国平均水平，平衡了各地区在财政收入能力和支出能力上的差别。

转移支付体系对一省的人均财政收入能力的影响可以由图3描述。图3显示出2015—2016财政年度三大基金在十个省之间的分配，所有的省收到人均数量相等的专项基金。此外相对不发达省还收到财政平衡基金。财政平衡基金的人均数目各省不同，对财政能力最低的省的人均补贴达到约3700加元。包括这项补贴的转移支付体系对降低省之间的横向财政不均衡非常重要。需要指明的是，在2014年之前，专项基金也对欠发达省倾斜，因此转移支付体系在平衡地区间财政水平差异方面力度更大。

以上对纵向财政不平衡和横向财政不平衡两方面的评估结果显示，来自联邦政府的转移支付是省政府尤其是欠发达省的重要财政收入来源。但是，随着时间的推移，转移支付对省政府项目支出的总体贡献已经降低，更多的财政负担落在省政府身上。此外，当2007年和2014年专项基金转向了按人口数量平均分配之后，欠发达省收到相对更少的人均转移支付。这意味着要想有足够的财政收入能力来提供相似水平的公共服务，欠发达省必须提高本省的税率或者借贷来弥补财政缺口。无论是在纵向还是横向财政平衡方面，加拿大联邦基金转移支付体系的作用都在减弱。

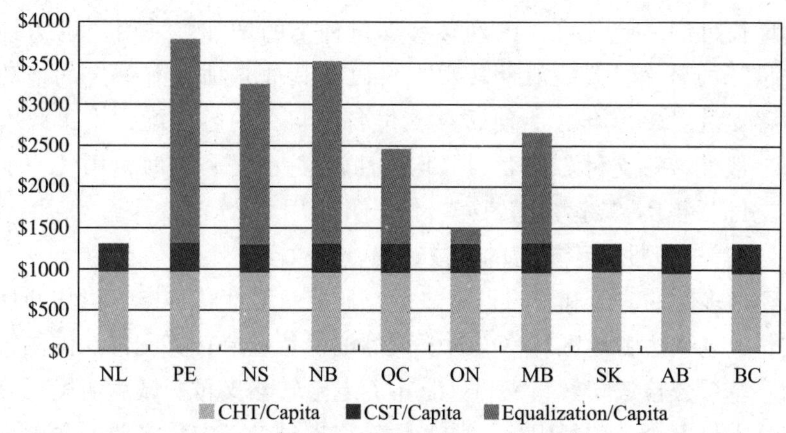

图 3　三大联邦转移支付项目：人均数目（MYM）（2015—2016 年）

资料来源：加拿大财政部网站。

四　中国一般性转移支付制度的现状与效果评估

目前，中国的转移支付由一般性转移支付、专项转移支付及税收返还构成。一般性转移支付旨在实现地区间财力和公共服务的均等化，由均衡性转移支付与其他几种类型的转移支付构成。专项转移支付是对中央与地方共同事权，或对具有外部性的地方事权给予的资金补助，具有指定用途。税收返还是 1994 年实施分税制时，为激励地方政府财政努力程度而设计的制度，其作用是维护分税制下的既得财政利益，目前在整个转移支付中所占比重已经非常小。

一般性转移支付自建立以来，其内容几经调整与变化。1994 年，中国政府实施了分税制。作为分税制的配套政策，中央政府参考国际通行做法，建立了比较规范的中央对地方的转移支付制度，考虑到处于试行阶段，将其命名为“过渡期转移支付”，于1995年正式实施。过渡期转移支付的目的在于缩小地区财力差距，2002年，中央政府将“过渡性转移支付”更名为“一般性转移支付”，从名称上更加清晰地反映出这一类转移支付平衡地区财力差异的目标，同时建立了一般性转移支付的增长机制。此外，考虑到转移支付种类的增加，采用“财力性转移支付”的名称涵盖一般性转移支付以及其他几项具有一定均衡功能的转移支付。2009年，为使转移支付名称与其内容匹配，中央政府又将“一般性转移支付”更名为“均衡性转移支付”；同时，用“一般性转移支付”替换“财力性转移支付”，并沿用至今。

（一）一般性转移支付的构成

经过多次的改革和科目调整之后，目前一般性转移支付由均衡性转移支付、老少边穷地区转移支付、成品油税费改革转移支付、体制结算补助、基层公检法司转移支付、基本养老金转移支付、城乡居民医疗保险转移支付七个子项目组成。均衡性转移支付是其中最主要的一项一般性转移支付，其作用是缩小地区间财力差距，促进实现基本公共服务均等化，按因素法分配，地方政府可以根据需要自主使用。

基于对政策的分析，我们将一般性转移支付中均衡性转移支付之外的六个子项目分为三种性质，如表1所示：第一种接近于一般性转移支付，用途宽泛，主要功能是增加地方的可支配财力。包括老少边穷转移支付中的老少边转移支付、体制结算补助。第二种是地方政府拥有一定的自由使用度，且基本上按因素法分配，与一般性转移支付有类似之处，有学者将其归于分类拨款。包括老少边穷中的扶贫专项和成品油税费改革转移支付。第三种是给地方政府指定了比较具体的用途，类似于专项转移支付，包括基本养老金转移支付、城乡居民医疗保险转移支付、基层公检法司补助。

（二）均衡性转移支付的构成

作为一般性转移支付中最主要的一项，均衡性转移支付采取因素法进行分配。分配时选择影响财政收支的客观因素，按照各地标准财政收入和标准财政支出差额及转移支付系数确定，另外还考虑各地的农业市民化任务完成情况、省以下均等化程度以及转移支付的增幅情况。

其中，标准财政收入根据工业增加值等客观因素及全国平均有效税率计算确定，用以反映地方收入能力；标准财政支出考虑人口规模、人

表1　　　　　　　　一般性转移支付构成

<table>
<tr><th colspan="2">项目</th><th>性质</th><th>用途</th><th>分配方法</th></tr>
<tr><td colspan="2">均衡性转移支付</td><td>一般性转移支付</td><td>无具体用途</td><td>因素法</td></tr>
<tr><td rowspan="2">老少边穷地区转移支付</td><td>老、少、边</td><td>接近于一般性转移支付</td><td>用途广泛，包括民生、机构运转、其他事务等</td><td>因素法</td></tr>
<tr><td>穷（扶贫专项）</td><td>分类转移支付</td><td>精准扶贫和脱贫</td><td>因素法</td></tr>
<tr><td colspan="2">成品油税费改革转移支付</td><td>分类转移支付</td><td>交通基础设施养护和建设等</td><td>基数加因素法</td></tr>
<tr><td colspan="2">体制结算补助</td><td>接近于一般性转移支付</td><td>不规定用途</td><td>按政策标准</td></tr>
<tr><td colspan="2">基本养老金转移支付</td><td>专项转移支付</td><td>企业离退休人员养老金的补助</td><td>因素法</td></tr>
<tr><td colspan="2">城乡居民医疗保险转移支付</td><td>专项转移支付</td><td>城镇居民医保和新农合补助</td><td>按政策规定的标准</td></tr>
<tr><td colspan="2">基层公检法司转移支付</td><td>专项转移支付</td><td>基层公检法司支出</td><td></td></tr>
</table>

口密度、海拔、温度、少数民族等成本差异确定，旨在衡量地方支出需求。各省标准财政收入主要根据相关税种的税基和税率计算，根据实际收入适当调整，并加入中央对地方的税收返还及净补助。标准财政支出按政府收支功能分类分项测算，选取各地总人口、学生数等与该项支出直接相关的指标为主要因素，按照客观因素乘以单位平均支出计算，并根据海拔、人口密度、温度、地表状况、运输距离、少数民族、地方病等影响财政支出的客观因素确定各地成本差异系数。均衡性转移支付公式为：某地区均衡性转移支付 =（该地区标准财政支出 - 该地区标准财政收入）（该地区转移支付系数 + 增幅控制调整 + 省以下均等化努力奖励资金 + 农业转移人口市民化奖补资金）。

除了上述完全按因素法分配、不规定用途、用于均衡地区财力的部分以外，均衡性转移支付下面还有单独进行管理的另外六个子项，分别是：重点生态功能区转移支付、产粮大县奖励资金、县级基本财力保障机制奖补资金、资源枯竭城市转移支付、城乡义务教育补助经费、农村综合改革转移支付。这六项的作用如下：

（1）重点生态功能区转移支付。目的在于引导地方政府加强生态环境保护，提高国家重点生态功能区等生态功能地区所在地政府的基本公共服务保障能力。分配基于客观因素测算，用于保护生态环境和改善民生，加大生态扶贫投入。

（2）产粮大县奖励资金。属于中央财政2005年实行的三奖一补政策，即对产粮大县按照粮食商品量、粮食产量、粮食播种面积等因素和各自权重计算给予奖励，用于改善产粮大县状况和促进粮食生产。2008年以后，新增资金全部用于促进粮油安全方面开支，以前存量部分可继续由县财政统筹使用，但在地方财力困难有较大缓解后，逐步用于支持粮食安全方面开支。

（3）县级基本财力保障机制奖补资金。主要用于支持县级政府弥补减收增支财力缺口，奖励地方改善财力均衡度、提高财政管理绩效的一般性转移支付资金。采用因素法进行分配，依据县级政府承担的人员经费、公用经费、民生支出以及其他必要支出等，核定县级政府基本财力保障范围和保障标准。

（4）资源枯竭城市转移支付。主要用于解决本地因资源开发产生的社保欠账、环境保护、公共基础设施和棚户区改造等历史遗留问题。独立工矿区、采煤沉陷区所在县（市、区）转移支付资金重点用于棚户区搬迁改造、塌陷区治理、化解民生政策欠账等方面。按因素法分配。

（5）城乡义务教育补助经费。旨在支持城乡义务教育发展、落实城乡义务教育经费保障机制、促进农村义务教育阶段学校教师特设岗位计划以及农村义务教育学生营养改善计划的实施。有明确的指定用途，用于公办学校免除学杂费，校舍建设、义务教育学校的生均公用经费、特困地区教师生活补助等。

（6）农村综合改革转移支付。旨在支持农村综合改革发展工作，主要用于支持中央确定开展的农村一事一议公益性项目建设、美丽乡村建设、村级集体经济发展、国有农场办社会职能改革等工作，以及其他需要推动落实的农村改革发展事项。按照农村人口、乡村个数、财政困难程度、重点改革任务、考评结果等因素分配到各省（区、市）。

如表2所示，均衡性转移支付的七个子项中，有四项兼具一般性转移支付和分类转移支付的特征，包括重点生态功能区转移支付、产粮大县奖励、城乡义务教育补助经费、农村综合改革资金。除此以外，还有两项是因中央政府政策调整导致地方政府收入减少或支出规模增大而进行的补助，分别是县级基本财力保障和资源枯竭城市转移支付，主要作用在于增加地方的可用财力，用途非常宽泛，符合一般性转移支付的特点。

表2　　　　均衡性转移支付构成

项目	性质	用途	分配方法
（狭义）均衡性转移支付	一般性转移支付	无具体用途，均衡地方财力	因素法
重点生态功能区转移支付	一般性和分类转移支付双重性质	生态保护和改善民生	因素法
产粮大县奖励资金	一般性和分类转移支付双重性质	可统筹安排，侧重粮食安全	因素法
县级基本财力保障机制奖补资金	接近于一般性转移支付	用途宽泛，弥补县级政府财力缺口	因素法
资源枯竭城市转移支付	接近于一般性转移支付	用途宽泛，包括社保欠账、环境保护、公共基础设施和棚户区改造等	因素法
城乡义务教育补助经费	分类转移支付	城乡义务教育	按政策规定的标准
农村综合改革转移支付	一般性和分类转移支付双重性质	农村改革和发展	因素法

（三）中国一般性财政转移支付效果的简要评估

1. 在降低纵向财政不平衡方面发挥的作用

图4显示，2009—2014年，地方（省及省以下政府）得到的一般性转移支付和均衡性转移支付占地方一般公共预算支出的比重稳定上升。其中，一般性转移支付占比从17.91%上升到21.33%，均衡性转移支付占比从6.44%上升到8.36%，说明它们在降低纵向不平衡方面的作用日益增大。但自2014年开始，一般性转移支付占比有所下降，而均衡性转移支付比重却大幅上升，两个比重的差距越来越小，反映出

均衡性转移支付在一般性转移支付中的主体地位不断加强，表明中央政府越来越重视发挥一般性转移支付在促进政府间纵向与横向财政平衡方面的功能。

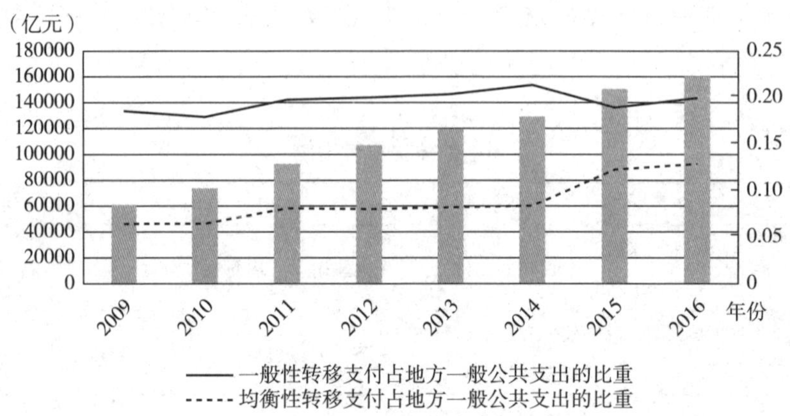

图4　一般性转移支付和均衡性转移支付占地方一般公共预算支出的比重

资料来源：根据《中国财政年鉴》数据计算。

2. 在降低横向财政不平衡方面的作用

图5显示，2016年各省得到的人均一般性转移支付数额存在明显差别。人均转移支付数额明显比较高的是西藏、青海、宁夏、新疆、内蒙古、甘肃、贵州、吉林、黑龙江等少数民族地区和经济不发达省份。相比而言，北京、上海、江苏、浙江、广东五个经济发达地区得到的人

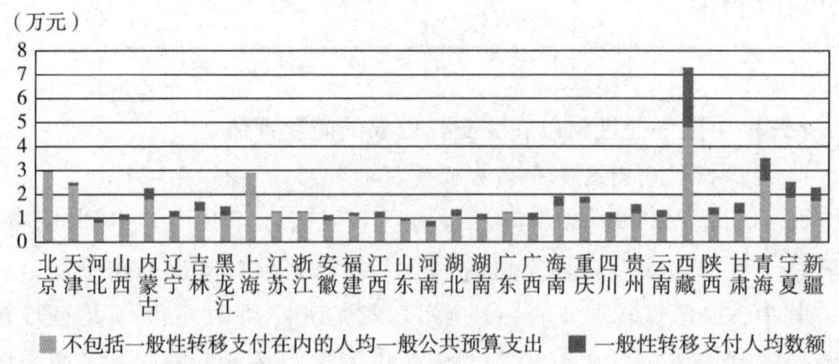

图5　各省得到一般性转移支付前后的人均一般公共预算支出

资料来源：根据财政部网站2016年财政预算报表数据计算。

均数额非常少。这表明，整体上来看，一般性转移支付仍然是在一定程度上发挥了缩小地区财力差距的作用。这一效果也反映在一般性转移支付前后各省一般公共预算支出的标准差变化上。在转移支付之前，标准差为1.2，一般性转移支付之后下降为0.85，标准差缩小了29%。

（四）一般性转移支付体系存在的问题

当前中国的一般性转移支付制度构成复杂，其主要表现为：

第一，不同功能性质的转移支付被归在一起。无论是一般性转移支付还是均衡性转移支付，都是既包括纯粹的均衡化转移支付项目，又包括旨在实现中央特定政策目标的具有专项性质的项目。尽管专项性质的转移支付也具有一定的均衡地区财力的作用，但类似于重点生态功能转移支付、产粮大县奖励、农村综合改革转移支付等都具有很强的政策目标，其对应的事权属于中央与地方共同事权，或具有较强外部性的地方事权，采用专项的形式，可以激励地方更好地执行中央政策，不应着眼于实现财力和公共服务均等化的转移支付都归为一般性转移支付进行管理。国务院发布的《2016年中央预算执行和其他财政收支审计工作报告》中指出，“一般性转移支付与专项转移支付界限还不够明晰。一般性转移支付的7大类90个子项中，有66个具有指定用途”。

第二，转移支付较多地被作为中央政策激励工具使用。一般性转移支付和均衡性转移支付之下的大多数子项目，都对应着中央特定的改革事项，具有“因事而设”的特点，也都是双重目标定位，既要平衡地区间财力，又要在生态保护、粮食安全、农村改革发展等某一领域发挥作用，导致管理成本高、资金分配机制复杂且不透明，这些也是一直以来中国转移支付体系存在的突出问题。

五　中加两国转移支付体系的比较和启示

（一）两国转移支付体系的比较

相对于加拿大联邦的转移支付体系，近年来中国的一般性转移支付占地方一般公共预算支出的比重更高，分别为15%和21.33%（见图2和图4），意味着中国的体系在降低纵向财政不均衡方面力度更大。从均衡地区间横向差别方面看，中国收到一般性转移支付最多的省为西藏，收到接近于人均约 3 万元人民币的一般性转移支付（见图 5），加拿大收到财政均衡基金最多的省人均 3700 加元，即约 18000 元人民币的基金（见图 3）。当然，以上的比较很粗略。由于两国事权划分、税收划分、转移支付制度方面的差别，难以直接并准确地比较两国转移支付的效果。

在转移支付体系构成和设计方面，我们用表 3 的框架来总结两国转移支付体系的总体差别。一个成功的政府转移支付项目需要满足四个基本条件：公平、效率、透明和政治上可行。① 在转移支付这个政策项目上，公平意味着基金按人民的实际需求的分布来分配。效率意味着尽量避免两级政府的道德风险和最大化地发挥基金的作用。这里，最大化地发挥基金的作用也意味着基金应该被分配到真正需要基金的地方。透明意味着公众可以理解基金的分配公式和设计原则。政治上可行意味着在一个国家特定政治和制度背景下，上下级政府都能够容易地接受一个分配公式。一个既公平又高效的转移支付体系符合理想政策的标准。一个既透明又可行的转移支付体系有较高的实用性。转移支付设计中常遇到的问题是，按需分配基金可以保证转移支付体系的公平和效率。但是，把所有的需求都考虑在内会把分配公式变得复杂和不透明。一个成功的转移支付体系必须在两者间找到一个平衡点。如果一个转移支付体系公平高效但是不透明可行，那么这个转移支付体系很可能会因政治阻力太大而不能成为法律。如果一个转移支付体系透明可行但不公平高效，那么这样的转移支付体系不能实现它应有的功能。按这个框架和前文的评估结果，我们把对两国评估的相对位置标在表 3 中。

两国转移支付体系共同的问题是总体公平性不高；相对于中国的转移支付体系，加拿大的转移支付体系虽然简单透明，但忽略了很多应该考虑在内的人民实际需求，比如省之间在老龄化程度、人口地理分布、原住民人口分布和移民人口分布等方面的差异。相反，中国的转移支付体系兼顾了人民的实际需求因素，比如老、少、边地区的额外需求。在效率方面，相对于中国的体系，加拿大的转移支付体系避免了大部分的道德风险和政治寻租，但是从长远来看，一个在短期内不能满足人民实

① Rose and Richard, *Learning from Comparative Public Policy: A Practical Guide*, New York: Routledge, 2005.

表 3　　中国与加拿大转移支付体系构成和设计的比较

		政策理想性（较好地兼顾公平和效率）		
		高	中	低
政策实用性（透明且政治上可行）	高		加拿大	
	中			
	低		中国	

际需求的转移支付体系很有可能增加未来提供公共服务的总成本。加拿大的转移支付目前改革的方向或者是提高财政平衡基金的总额，或者改变转移支付的分配方式以纳入更多的合理的人民需求因素。这个改革方向意味着，公平性会提高，总效率也很可能会提高，但是分配公式会变得更复杂。由于各省在老龄化、人口地理分布、原住民、移民等方面各有不同，政治分歧和谈判成本也会增加，导致政策的实用性很可能下降。

相对于加拿大的转移支付体系，中国的转移支付有两个比较突出的不同点：首先，中国的转移支付体系更加复杂。不同于加拿大的转移支付体系，中国的转移支付分散和模块化。很多转移支付都被中央政府指定一个很窄的用途，地方政府没有大块的固定转移支付资金用来自由支配。其次，虽然中国的均衡性转移支付采取因素法进行分配，但是分配公式复杂，分配时除了按照各地标准财政收入和标准财政支出差额及转移支付系数确定，另外还考虑各地的农业市民化支出责任、省以下均等化程度以及转移支付的增幅情况。在这样的分配公式下，很难判别地区间财政能力的实际区别和基金的均衡力度。这样复杂的分配公式也很难让欠发达地区真正理解其他地区对本地区的扶助程度。中国转移支付体系的首要改革方向可能是按国家主要的政策目标，简化转移支付种类，给地方政府更大的自主权来支配使用基金。这一改革方向意味着转移支付体系会变得更加简单透明，政治寻租和道德风险的机会减少，政策的公平性、效率和实用性都可能同时提高。这一改革方向也意味着中加两国的转移支付体系在互相学习经验和改革后会汇聚到同一区域（见表3）。

（二）共同的启示

鉴于以上对中国和加拿大两国转移支付体系的比较和分析，我们得到以下对于两国转移支付体系设计的共同启示。

第一，作为国家治理工具，转移支付本身要实现法治化。首先，清晰的法定事权划分是建立稳定、透明的转移支付制度的基本前提。加拿大在19世纪就对联邦和省两级政府的事权在宪法中加以明确规定，在此基础上才建立转移支付制度，而且财政平衡基金本身也获得了宪法的强有力保障。中国的一般转移支付制度虽然正式建立只有20多年，但无论是名称还是各子项目，或是分配机制却一直处于频繁调整之中，也只停留在财政部的规范性文件的层次上，没有制定专门法律。这背后的主要原因是随着中国改革的持续推进与深化，央地之间的事权与支出责任也在不断变化与调整，而且许多重要的改革事项都属于中央与地方共同事权，难以清晰划分，也就必然导致转移支付制度无法稳定。最近国家出台的改革方案中提出要减少并规范中央地方共同事权，并研究建立政府间财政关系法律，这将促成转移支付制度的法治化。同样，对于加拿大而言，随着省政府提供医疗和教育成本的迅速增长，也有必要重新评估联邦和省政府在财政收入和财政责任方面的不对称程度，有必要通过修改立法来保证联邦政府对省政府的支持力度。

第二，转移支付是一个体系，应将性质或功能相似的转移支付项目作为一个整体进行研究与评估。加拿大联邦三大转移支付项目各有其名称和侧重方向，其中财政平衡基金是典型的一般性转移支付，在纵向与横向的财政平衡方面发挥重要作用。医疗和教育社保专项基金属于分类转移支付，不但促进地区间的财力分配公平，也为地方政府提供医疗、教育、社保三项最主要的基本公共服务提供了财力保障，与一般性转移支付具有相似的功能，因此把三项基金放到一起进行评估是合理的。同时，也有必要研究各转移支付项目之间的关系，不同的转移支付项目之间可能有重叠，也可能把原功能互相加强或抵消。这一问题在中国的一般性转移支付体系中非常突出，过多的转移支付项目导致管理成本高、资金分配机制不透明、寻租空间大。因此，合并重叠、交叉的转移支付项目，适当地简化一般性转移支付体系，可以提高转移支付管理效率，更好地发挥其促进财政平衡的功能。

第三，转移支付可以成为有效的政策工具，但不应将其过度工具化。在加拿大，公平透明的财政平衡基金帮助这个有着较大地区和民族差异的国家实现国家团结统一。医疗、教育社保专项基金则推动了各地区建立起自己的福利体系，且通过附加给专项基金上的条件，使国家得以建立起一个超越地区差异的统一国家福利标准。目前，虽然促进地区财力和基本公共服务的均等化已经成为中国的一般性转移支付的首要和主要目标，但许多一般性转移支付项目却同时扮演着国家改革或政策执行激励工具的角色。由于目标多元，整个体系变得十分复杂，分配机制也多样化，这样会损害均等化目标的实现。加拿大的实践表明，转移支付的基本功能是促进纵向与横向的财政平衡，未来中国的一般性转移支付制度应着眼于更好地实现其基本功能。

第四，转移支付分配的机制设计中难以兼顾公平与效率，需要有所取舍。加拿大在各项转移支付分配公式的设计上，侧重于地区间在人均财政收入能力方面的差异，没有同时考虑地区间对公共服务支出需要和支出成本方面的差异。根据前文对加拿大转移支付的评估，其在平衡地区间差异上的效果并不理想，但同时也避免了道德风险和效率损失。可见，对公平与效率的权衡，是在转移支付分配机制设计中必然面临的问题。中国在设计一般性转移支付的分配机制时，为促进地区财政公平方面，纳入地区财力差异、成本差异、需求差异等因素；在效率方面，考虑如何激励更高效率地使用转移支付资金、更好地实现特定政策目标以及不降低地方税收努力等，是对兼顾公平与效率较好的尝试，但却使分配机制变得十分复杂，透明度不高，而且难免因为考虑激励因素较多反而不利于公平，也会降低转移支付的管理效率。因此，需要明确一般性转移支付促进财政平衡的基本功能定位，坚持将实现财政公平作为制度设计的首要目标。

参考文献

贾晓俊、岳希明、王怡璞：《分类拨款、地方政府支出与基本公共服务均等化——兼谈我国转移支付制度改革》，《财贸经济》2015 年第 4 期。

贾晓俊、岳希明：《我国均衡性转移支付资金分配机制研究》，《经济研究》2012 年第 1 期。

马海涛、任强：《我国中央对地方财政转移支付的问题与对策》，《华中师范大学学报》2015 年第 11 期。

岳希明、蔡盟：《现代财政制度中的转移支付改革方向》，《中国人民大学学报》2014 年第 5 期。

张志华：《完善中的中国中央对地方转移支付制度》，http：//siteresources. worldbank. org/。

范子英：《中国的财政转移支付制度：目标、效果及遗留问题》，《南方经济》2011 年第 6 期。

李万慧：《中国财政转移支付结构辨析及改革方向展望》，《地方财政研究》2016 年第 11 期。

Daniel Béland, André Lecours, Gregory P. Marchildon, Haizhen Mou, et al., *Contested Redistribution: Equalization Policy and Fiscal Federalism in Canada*, Toronto: University of Toronto Press, 2017.

Library of Parliament of Canada, "Canada's Equalization Formula", *Library of Parliament Research Publications*, 2012. https://lop. parl. ca/Content/LOP/ResearchPublications/2008 - 20 - e. htm.

Marchildon Greg P. and Haizhen Mou, "A Needs - based Allocation Formula for Canada Health Transfer", *Canadian Public Policy*, 2014, 40 (3).

Rose and Richard, "Learning from Comparative Public Policy: A Practical Guide", New York: Routledge, 2005.

Taylor, Malcolm G., *Health Insurance and Canadian Public Policy: The Seven Decisions That Created the Canadian Healthcare System*, 2nd edition, Montreal and Kingston: McGill - Queen's University Press, 1987.

公私合作制度能否帮助地方政府走出土地财政困境

刘雨竺*

过去的30年，中国不仅实现了经济的快速增长，也见证了以城市扩张为标志的城市化迅猛发展。这其中政府领导的以城市建设为主的发展模式被广泛认为是中国的城市化以及经济发展的原动力。在实现了多年的经济增长后，这种以土地财政为主的发展模式的负面作用逐渐显现。地方政府在振兴本地经济的同时，不仅造成了大量土地的浪费，也背负了巨额的债务。引入私营资本以减轻政府财政压力，已经成为理论界和实业界的共识。在此背景下，公私合作制作为将政府、私营部门各自的优势充分结合起来的一种制度创新，逐渐受到关注并被认为是帮助地方政府走出土地财政困境的一条捷径。但是，公司合作制本身由于历史较短，在中国的应用也存在水土不服的问题。而且，国内相关研究大多停留在介绍国外公司合作制研究成果的层面，对于其理论研究以及地方政府采用这一制度时的动机、政策环境以及系统性分析还比较欠缺。本文试图通过将公私合作制放置在中国特有的政治经济背景下进行分析，从而揭示地方政府在分别采取传统融资模式与公私合作制的动机、面临的挑战以及政策考量。重庆作为国家城乡统筹首批试验区，首批房产税试点以及近几年在公私合作制领域的探索为本文提供了丰富的案例。通过对重庆案例的分析，政府领导的传统投融资模式、房产税以及公私合作投融资模式在地方的发展机制、障碍以及对策将会得到系统性的分析。

---

* 刘雨竺是加拿大萨斯喀彻温大学约翰逊—小山公共政策学院博士后研究员。

一 引言

过去的40年，中国的经济发展取得了举世瞩目的成就。中国的国民生产总值连续20年取得了两位数的增长。2010年，中国已经成为世界第二大经济体，在华的国外直接投资也在同年达到了历史最高值——420亿美元。① 经济快速增长的同时，中国的城市化进程也在快速地推进。截至2011年，中国的城市化水平从1978年18%增加到了51%，名义上中国已经有一半的人口生活在城市。但是如果排除没有城市户口的农村流动人口，中国的实际城市化率仅有31%。② 这主要是因为中国的快速城市化实际上是土地的城市化而非农村人口进城成为市民的城市化，在城市面积快速扩张的同时，农民融入城市的进程则相当缓慢。从1990—2008年，中国的城市建成区面积从12900平方千米增加到了36300平方千米，实现了近180%的增长。同一时期，城市房地产存量也从1990年的20亿平方米增加到了119亿平方米，增长了近6倍。③ 但是，中国的实际城市化水平却只从26.4%上升到了32.9%，增量微乎其微。城市建成区的巨大增量与实际农业人口城市化水平之间的差距表明中国目前的城市化更多地表现为城市土地的扩张而非人的城市化。造成这一结果的原因有很多，除了计划经济时期遗留下来的一些旧的制度安排，地方政府对土地财政的不断依赖和攫取被认为是其最主要的原因。

土地财政是指中国社会转型时期，地方政府作为其行政区内土地资源的垄断主体所进行的与土地资源相关的财政收入与支出活动以及利益分配，其中土地出让金收入是地方政府土地财政的主体。④ 一般来说，地方政府有三种途径实现“以地生财”：一是以土地出让的方式获取土

① World Bank, *World Development Report* 2012: *Gender Equality and Development*, Washington, DC: World Bank, 2011.

② 华生：《城市化转型与土地陷阱》，东方出版社2014年版。

③ 同上。

④ 蒋震、邢军：《地方政府“土地财政”是如何产生的》，《宏观经济研究》2011年第1期。

地出让金；二是通过发展建筑业和房地产业带来税务收入；三是通过地方融资平台，获取以土地为抵押的债务收入。目前“土地财政”收入中的第一种方式以及第三种方式已经成为政府预算外收入的重要来源。也是通过这两种渠道，地方政府在逐利土地财政的同时也为中国的土地城市化提供了空间载体和资金支持。当前，土地财政已经内生于中国经济增长中，成为中国经济持续稳定增长不可或缺的一部分和不可绕过的话题。“土地财政—经济增长”的增长模式已固化于现有体制，成为地方政府促进地区经济增长的主要路径。土地财政对中国的快速城市化确实有推动作用，但是依靠土地财政的增长模式仍存在很多不可忽视的问题。

据统计，在1987—2010年的23年间，有5000多万的失地农民没有得到政府相应的补偿，这也导致了越来越多的农民只能通过抗议活动来表达自己对现状的不满。在2010年总计180000次的群体事件中关于政府征地以及失地农民的抗议活动就占65%。同时，土地财政推动的经济增长也使地方政府自身的债务不断增加。根据Shih的统计，2010年地方政府的银行借贷有500亿元到1400亿元人民币的规模，从而占国民生产总值的13%到36%。①

土地财政现象已成为社会广泛讨论的热点问题并引起学术界广泛关注，对其研究主要集中在全国范围内土地财政总体的形成驱动因素、正负效应、改革转型上，并取得了大量的、具有重要价值的学术科研成果。但是中国幅员辽阔，各地区的经济社会发展与土地财政状况存在较大差异，现有研究中，针对不同地域土地财政进行系统分析和比较以及在此基础上提出转型建议的还比较少。另外，自2010年以来，国家发布了多个与治理土地财政密切相关的政策，如《国土资源“十二五”规划纲要》要求全国耕地保有量为18.18亿亩；《关于坚决遏制部分城市房价过快上涨的通知》等系列房地产调控政策。由此可见，中央遏制以土地出让及相关税费收入独大的土地财政格局的决心。同时，受土地财政不可持续性与存在的诸多弊端影响，土地财政转型是其必然趋势。

---

① Shih and Victor，“Local Government Debt：Big Rock - candy Mountain”，*China Economic Quarterly*，2010，14（2）：26 - 32.

目前，征收房产税以及提倡公私合作制度是土地财政转型的两种重要途径。随着2011年1月国家在上海、重庆进行房地产税改革试点以来，房地产税再次成为各方议论的热点。当前进行的房地产税改革是原定物业税改革的继承、调整与发展，也是根据当前国内经济社会形势做出的相应调整。但应该注意到上海、重庆试点的房地产税改革实际上是针对房地产税费中房地产税的扩展，是涉及范围较小的房地产税改革。理论上讲，开征房产税能够避免各方利益扭曲并压制房价，还能解决地方政府财政收入问题。[①] 另外，房产税改革可以把长期在公共财政体系外循环的巨额土地出让收入纳入预算管理，进而将地方政府的角色从土地市场的重要交易者真正转变为房地产市场的监管者。[②] 但必须明确的是，用房地产税来取代或涵盖土地出让金的观点是不合适的。因为两者在本质上完全不同，前者不可能也不应该涵盖后者。

根据Bahl和Linn的总结，发展中国家政府财政一般分为自有以及外部财政来源。财产税是政府自有财政资源的一种，他们又指出一般自有财政收入要小于外部财政收入。由此可见，施行财产税以增加地方政府收入的做法就是要比外部财政收入与转移效果要小。[③] 公私合作制、中央政府财政转移支付以及银行贷款作为外部财政来源重要的渠道，更能利用好私营资本来弥补政府资源的不足。

中国开展公私合作模式最早可追溯到20世纪80年代，但是推进过程比较曲折。对如何划分中国公私合作模式的各个阶段，不同学者和研究机构有不同看法，但一般认为，中国公私合作模式发展可以划分为三个阶段：第一阶段是探索试点阶段（1978—1997年），改革开放以后，部分国外资本涉足我国基建领域，通过与地方政府谈判的方式，在国内一定范围内自发开展了合作项目；第二阶段是犹豫反复阶段（1998—2013年），1998年金融危机后，由于国家大力发展基础设施，地方政府充分发挥融资平台的功能，加之外资参与公私合作项目力度减少，公

---

① 赵蓓、战岐林：《税收、政府支出与消费变动的关系》，《当代财经》2010年第11期。

② 邓力平、王智恒：《房地产税改革：公共财政与发展财政统一的思考》，《财政研究》2011年第12期。

刘志彪：《以城市化推动产业转型升级：兼论“土地财政”在转型时期的历史作用》，《学术月刊》2010年第10期。

③ Bahl Roy W. and Linn Johannes F.，“Governing and Financing Cities in the Developing World”，*Lincoln Institute of Land policy*，2014.

私合作融资模式发展速度也受到影响；第三阶段是运动式推进阶段（2013 年至今），伴随 2012 年年末财政部、发改委、中国人民银行等部委先后出台文件制约地方政府依托融资平台筹集资金的能力，以及地方债务问题日益严重，公私合作模式的重要性再次受到中央政府重视。[①]

在国家出台的一系列文件支持下，公私合作模式在全国范围内快速得到推广。虽然公私合作模式经过漫长的演进逐渐成为政府以及学界认可的可能替代土地财政的地方政府投融资模式。但是中国与西方社会经济制度的不同以及公私合作模式自身的一些先天性问题，也导致公私合作模式发展缓慢。尤其是，公私合作模式发展快慢与地方政府融资能力有着密切关系：一般地，政府融资能力强，公私合作融资模式发展慢；政府融资能力受限制，公私合作模式发展反而快。[②]

考虑到土地财政发展的区域多样性以及公私合作自身的一些问题，我国目前大力推进公私合作制会不会是用一个未解的问题去解决另一个问题从而增加更多的变革风险呢？更进一步讲，由于不同地区经济发展的差异性土地财政也会处在发展的不同阶段，那么土地财政对经济增长和城市化的正向推动力是否完全丧失？

中国长期以来地区间发展不均衡以及城乡间差距逐渐加大，期望通过单一的研究框架和政策建议来分析和解释全国范围内的土地财政困局是不现实的。而通过案例研究，将该地区的土地财政所诱致的地方政府融资模式与其他可能的土地财政的改革途径进行比较和分析，在揭示出地方政府在分别采取各种融资模式时的动机、面临的挑战以及政策考量的同时，得出的土地财政改革建议应该更具有政策意义。

重庆作为国家城乡头筹首批试验区，房产税首批试点以及其多年来在公共服务和基础设施建设领域的积极探索为本文提供了丰富的案例。对重庆的案例分析，可以看出虽然土地财政的发生机理已经明确，但是经过合理的制度安排和设计，地方政府可以对土地财政有一个有效的纠正。同时，由于政府投融资模式对公私合作模式的挤出效应，各地方的土地财政转型一定要因地制宜、实地考察而不能盲目跟风。

---

① 熊波：《PPP 模式：民营经济参与公用事业的新模式》，《中国城市经济》2005 年第 1 期。

② 叶晓甦、张永艳、李小朋：《我国 PPP 项目政府监管机制设计》，《建筑经济》2010 年第 4 期。

本文共分为四个部分，除了引言部分，第二部分是对现有的文献进行梳理，第三部分对重庆的八大投资公司、房产税以及公私合作投融资模式进行了比较和分析，第四部分总结全文并提出相应的政策建议。

二　文献回顾

目前学术界将土地财政的成因归结为六个大的方面：一是财政体制方面，主要是1994年分税制对地方政府财政来源的影响；二是金融体制方面，由于预算内财政的不足，地方政府寻求通过抵押土地而获得银行贷款；三是土地制度方面，土地制度给予地方政府在土地转让方面的垄断地位；四是政绩考核方面，地方官员对经济指标的追求，助长了土地财政；五是法律制度的不完善导致了对地方政府的行为没有足够的规范；六是城市化进程的影响，城市化放大了城乡土地的价值差。[①②③]

关于土地财政与城镇化的关系，已有研究大多是从全国范围或者某个区域着手进行分析的。覃一鸣等认为，我国城镇化与土地财政呈现相互促进、共生共荣的格局，即城镇化催生土地财政，土地财政推动城镇化。[④] 张祚等认为，土地财政与人口城镇化具有双向推动作用。[⑤] 有关土地财政与城镇化的关系大致总结为两种观点：第一种观点认为土地财政与城镇化是相互促进的，两者之间具有推动作用；第二种观点认为土地财政对于城镇化具有扭曲作用，两种观点都有其自身的合理性。

土地财政作为中国经济转型时期特殊的历史产物，在一定时期助推了中国的城市化以及经济的快速发展，但是由于土地城市化以及土地财

---

① 蒋震、邢军：《地方政府"土地财政"是如何产生的》，《宏观经济研究》2011年第1期。

② 谭术魁、饶映雪、朱祥波：《土地投入对中国经济增长的影响》，《中国人口·资源与环境》2012年第9期。

③ 丘海雄、付光伟、张宇翔：《土地财政的差异性研究——兼论土地财政对产业转型升级的启示》，《学术研究》2012年第4期。

④ 覃一鸣、程如、邢思齐：《我国城镇化与土地财政相互作用机制探讨》，《宏观经济》2015年第9期。

⑤ 张祚、李帆、王振伟等：《"土地财政"对城镇化的影响及相关问题分析——以武汉市为例》，《资源开发与市场》2015年第5期。

政本身的不可持续性，对土地财政转型的讨论越来越成为学界热点。

邵源在对土地财政产生发展的过程进行梳理之后，提出了治理土地财政要在深化财税体制改革方面下功夫。[①] 樊继达认为，土地财政是地方竞争等多重因素影响而导致地方政府实施的维护自身利益格局的理性选择行为，所以破解土地财政之道在于提高公共经济管理能力。[②] 卢昕认为，从长期来看，土地财政助推了地方债务，所以要从财政、土地、金融等多方面来进行土地财政改革，扩大地方政府融资渠道，建立融资的可持续机制。[③] 陈志勇和陈莉莉通过对沿海某城市的分析，揭示了房地产市场与土地财政的关系以及当地税收产业结构畸形所潜伏的财政危机，但是他们并没有进一步系统论证可行的替代方案。[④]

由于中国区域经济发展的长期不平衡，现有研究中，针对不同地域土地财政进行系统分析和比较以及在此基础上提出转型建议的还比较少。在已有研究中，更多的是将各省市进行聚类分析，对不同区域的土地财政进行差异化研究，并在此基础上提出相应的政策建议。[⑤⑥] 也有的研究从土地财政的不同发展时期及其特点的角度，来提出地方土地财政转型的思路。[⑦] 这样的研究虽然比全国性的分析更科学也更有说服力，但是却忽视了各个区域内地方经济及土地财政的多样性，也因此缺乏对土地财政的历史演变及其对当前地方政府转变土地财政的动因以及障碍的深入分析。

---

① 邵源：《关于“土地财政”与财税体制改革问题综述》，《经济研究参考》2010 年第 24 期。

② 樊继达：《治理土地财政：一个公共经济分析框架》，《国家行政学院学报》2011 年第 4 期。

③ 李学文、卢新海：《经济增长背景下的土地财政与土地出让行为分析》，《中国土地科学》2012 年第 68 期。

④ 陈志勇、陈莉莉：《楼市危机与土地财政的转型》，《当代财经》2009 年第 292 期。

⑤ 王玉波：《基于地域差异的后土地财政时期有效过渡研究》，《中国土地科学》2014 年第 24 期。

⑥ 王玉波、姚双双：《土地财政与城镇化关系时空差异研究》，《华中农业大学学报》（社会科学版）2017 年第 3 期。

⑦ 平新乔、黄昕、安然：《地方财政对于土地财政依赖度的区域比较》，《区域经济评论》2015 年第 1 期。

三 重庆八大投资公司、房产税以及公私合作模式的发展

重庆市作为中国四个直辖市之一坐落在中国的西南部。与其他的直辖市不同，重庆是一个由中心城区以及周边农村区域构成的一个地级市，其中心城区占地648平方千米，农村区域更达到81000平方千米。与之对应的是，重庆总人口为3300万，其中农村人口和城市人口分别为2000万和1300万。因为重庆所处的地理位置在西部与东部的结合处，所以重庆作为连接中国东部、西部的重要经济与政治中心在区域社会经济发展中处于重要的作用。近些年，重庆因为其在社会经济发展中所采取的一系列政策以及在改善民生方面取得显著成就，在国际以及国内获得了较高的声誉。“重庆模式”作为对重庆近几年在社会、经济、政治以及民生领域的各种政策的总结成为各界学者以及其他地方政府学习借鉴的榜样。本文并没有对重庆的某一项政策进行评价，而是从整体的角度来系统地考察重庆在土地财政、地方政府投融资、财产税改革以及公私合作投融资模式领域的创新驱动力和政策理由。

（一）重庆的八大国有投资公司（集团）

2002年，重庆市政府大胆创新，整合了各类分散的政府资源，组建了水务控股集团、水利投资有限公司、城市建设投资集团、高速公路发展有限公司、交通旅游投资集团、地产集团、渝富公司、开发投资公司八大政府建设性投资集团（简称“八大投”）。这八大投资集团由重庆市政府拥有，授权经营，通过市场化方式运作，成为重庆基础设施、城市建设等公共领域重大项目的重要投融资平台、建设平台和经营管理平台。与其他地区的基础设施投资公司最大的不同之处是八个投资公司虽然按照市场规则运作，参与市场竞争，但它们遵循的是公共利益的最大化而不是只追逐企业的营利。随着八大投资集团的组建和发展壮大，使政府出面举债为主的原有投融资体制，转变为以建设性投资集团作为企业向社会融资为主的制度，从根本上改变了重庆城市基础设施建设的投融资体制，最终形成政府主导、市场运作、社会参与的多元投资格局，并突破了传统体制下政府“多位一体”的模式，实现了投资、建

设、运营、使用的职能分离。

“八大投”的融资渠道主要是政府资金的注入，这主要包括：国债注入、规费注入、土地储备收益权注入、存量资产注入以及税收返还。这“五大注入”总体上给八大投带来了700多亿元的资本金①。与其他地方政府融资模式不同，重庆市财政局对这八大投资集团的融资活动不提供担保，各大投资集团之间也互不担保，集团内部资金要根据企业运作规则做到专款专用。同时，各投资集团在自负盈亏的同时，做到资产负债、现金流、资金投入的平衡收支。也就是基于以上几个原则，重庆基本做到了坚持国资经营与政府行为脱钩，保证了国有资产可以独立经营，也建立起了严格的风险控制体系。

重庆虽然也严重依赖土地财政来实现固定资产投资而带动经济发展，但是土地财政以及八个投资集团也在实现社会公平发展方面起到了主推的作用，而这也是重庆模式成功的重要原因。

（二）重庆的房产税试点改革

2011年，重庆市政府出台《重庆市人民政府关于进行对部分个人住房征收房产税改革试点的暂行办法》和《重庆市个人住房房产税征收管理实施细则》，宣告了重庆市的房产税试点改革正式开始。具体来看，重庆的房产税税率是0.5%且征收对象不仅包括新购住房，还包括主城区的已建成的独栋住宅。为了保证房产税征收的重点是高档住宅，重庆对存量独栋商品住宅给予180平方米的免税优惠，新购高档住房给予100平方米的免税优惠。

本次房产税试点方向就是从企业到家庭、从开发和销售环节到保有环节。其直接效果是，将一次性土地出让金支付转变为“分期付款”，从而规避买房者和开发商对金融系统的不稳定风险并抑制房地产市场投机性行为。这种购房“门票”下降的间接影响降低了劳动力流动的门槛并改善了社会公平，并且激励地方政府更加重视民生和公共投资的长期效益。②

综合而言，重庆市试点城市房产税开征短期内虽然有所下降，但是

---

① 崔之元：《“重庆经验”进行时：国资增值与藏富于民并进》，《政治经济学评论》2010年第4期。

② 白文周、刘银国、卢学英：《沪渝房产税扩围房价效应识别——基于反事实分析的经验证据》，《财贸研究》2016年第1期。

未能实现房价明显的下降，也未能明显扭转土地财政趋势而转为地方政府长期稳定的新财政收入。通过一组数据可以说明，重庆市 2011 年征收个人住房房产税将近 1 亿元，而当年重庆国有土地使用权出让收入为 801.5 亿元，地方财政收入为 2908.8 亿元，土地出让收入占同期地方财政收入达到 27.55%，而相对地，个人房产税仅占同期地方财政收入的 0.03%[①]。

（三）重庆的公私合作投融资项目的发展情况

重庆的公私合作投融资模式（Public Private Partnership）仍处于萌芽状态。PPP 模式在国外的成功推行被证明是一种有效的公私合作模式。它的优势在于发挥公私双方各自的优势，更有效地为社会提供公共产品或服务。北京奥运体育馆的成功建设运营，证明了公私合作投融资模式在中国也是一种行之有效的公私合作模式。重庆现阶段尚无真正意义上的 PPP 模式，但有些公私合作的方式可以归为萌芽性质的 PPP 模式或者是一种广义的公私合作模式。

BT 模式（建设—移交模式）是目前重庆市基础设施建设领域采用得较多的一种公私合作模式。BT 模式因其合作周期短，政府无须丧失项目控制权，又是基于代建制这一建设模式下逐步引入的一种公私合作模式，操作过程较为熟悉等优点，所以应用日益广泛。BT 模式中，公私双方从项目设计阶段就开始合作，直至项目建成移交，并且为项目提供了一种融资解决方案。但由于运营阶段私营企业并未参与，经营权尚处于政府企业手中，所以运营的效率并未得以实质性改善。BT 模式主要用于非经营性的市政基础设施建设，城投集团所建大型项目如朝天门大桥、菜园坝大桥、嘉悦大桥、嘉华大桥、渔洞大桥等大型桥梁工程，水碾立交、鹿角立交等立交桥工程以及合川区环城大道建设工程等市政道路项目均使用 BT 模式建设，并越来越被重视。

另外，国外发达国家是私有制经济，除政府以外的所有企业均可视为“私”方。和国外发达国家不同的是，我国是公有制社会，国有经济在国民经济中占有主导地位。国有企业经过现代企业制度改革，内部管理逐步完善，经营能力逐步提高，成为有着自主市场行为能力的独立

---

① 柴国俊、王希岩：《开征房产税能够降低房价并替代土地财政吗?》，《河北经贸大学学报》2017 年第 6 期。

法人。这使国有企业和私营企业一样可以以“私”方的身份参与公私合作，这也是公共项目公私合作领域的中国特色。在“重庆模式”中，“私”不仅包括民营企业，也应包括“八大投”及其下属企业以及其他政府性质的企业。从广义的角度看，重庆的国有投融资模式其实也属于一种政府与国有投资公司之间的一种公私合作模式，在高效率提供公共服务的同时，也将风险在政府与国有企业之间进行合理分配。

（四）整体视角下对重庆土地财政、财产税以及公私合作制的考察

2007 年重庆被国务院选定为第一批国家城乡统筹发展的试验区。这个决定既是对重庆作为东部、西部枢纽重要作用的认可，在很大程度上也为重庆之后一系列旨在进一步推动城乡统筹发展同时关注民生改善的政策的推出提供了强大的激励机制。作为中国城乡统筹发展的“排头兵”，自 2007 年起，重庆在各个领域的改革不仅得益于中央的支持与肯定，也在于其真正地并坚定不移地将经济发展与改善民生作为其发展的首要目标。重庆在城乡统筹发展领域的有益尝试和大胆改革，将其在土地、社保、财政以及公租房领域的已有的政策创新结合起来，从而形成联动机制，既打破了城乡一体化的桎梏，激活了区域经济的快速发展，同时经济的发展也为改善本地民生提供了强有力的支撑，从而进一步促进了城乡一体化发展。

2008 年实行的地票交易制度可以看成是 2010 年重庆综合改革的起点。如图 1 所示，“通过行政指令实现的城乡土地增减挂钩”和“通过市场机制实现的城乡土地增减挂钩”说明了现有土地增减挂钩政策与重庆地票制度的主要区别。重庆通过土地交易市场对城乡土地指标增减进行挂钩，首先实现了城乡土地指标增减跟城市土地交易的价格挂钩，从而提高了政府在调整土地指标增减挂钩方面的效率并且在某种程度上平抑了房地产开发商对土地的不断增长的需求。其次，允许农民通过土地市场交易自己的土地，变相地承认了农民对土地的所有权，从而使农民能合法地获得相应的新增耕地以及相应土地增值。

重庆市政府也在这一过程中转变了职能，从以行政指令为主逐步向服务型政府转型。这主要表现在两个方面，首先，为了保证农民的土地权利能得到合理、公平的补偿，政府不仅主动放弃了独占农地转换过程所产生的利润的机会，并且保证地票在地票交易市场能进行公平交易。其次，通过政府控股的国有企业在地票交易市场进行交易，在保证政府

能够始终拥有充足的土地储备的同时，国有控股企业的参与也保证了土地的增值收益能进一步用于公共服务和民生领域。诚然，由于政府的严格规范与监督，地票交易市场并非一般意义上的市场，但是这种搁置农民是否拥有土地所有权的争议，而直接以一种市场机制来均衡各方利益的模式不失为当前最务实的政策创新。

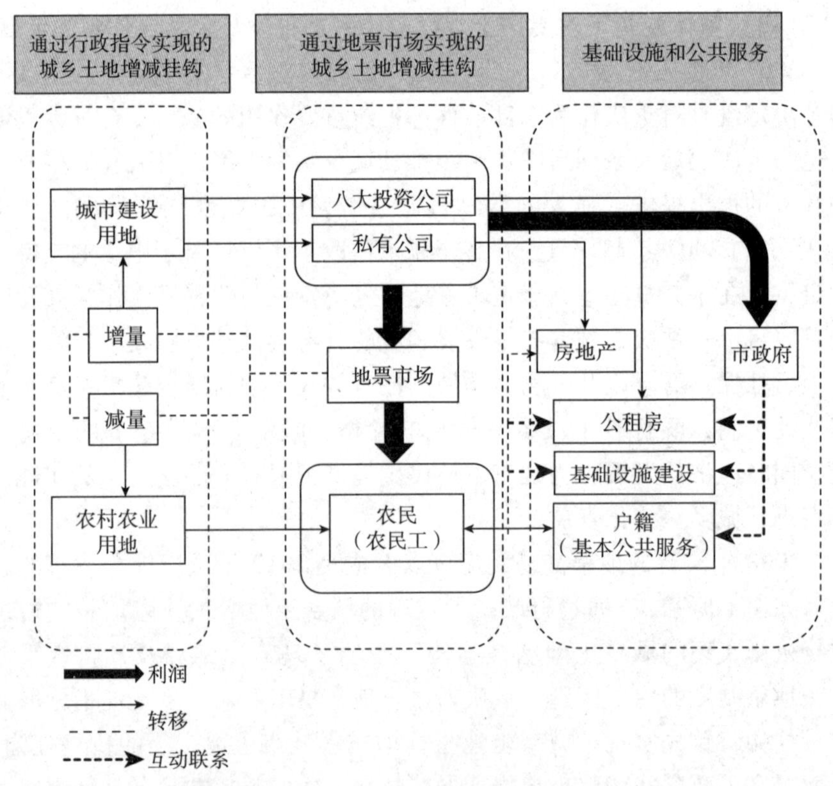

图1 重庆土地财政与公共投融资联动关系

因为政府以及国有企业的积极参与，所以充足的土地储备保证了重庆可以推出全国最大的公租房项目。同时，由于重庆政府坚持在发展经济的同时改善民生，也使重庆的公租房项目成为国内首个全面接纳城市低收入人群的民生项目。如图1所示，除了城市户口能提供与本地市民相同的社会福利外，公租房和其他社会保障等都对农民产生了额外的吸引力。更进一步地，市政府引导的八大投资公司参与建设的公租房与私人房地产企业建设商品房的“双轨制”住房供给体系使政府可以通过控制公租房的供应来调控本地楼市。因此，尽管重庆市政府在征地以及土地交易过程中扮演着重要角色并且将大量的土地储备注入八大投融资集团，重庆的房地产价格始终保持在低位。对于打算在城市定居的人来说，他们可以根据自身经济情况选择购买商品房或者申请入住政府的公租房。这也许是为什么在2011年实行的房产税并没有真正发挥预期的作用，因为重庆本地的房地产价格已经是市场供需之间比较真实的反映了。

可见，一个向服务型政府转型的政府和政府手中充足的土地储备，既保证了重庆有能力向新转户市民提供和本地市民同等的公共服务，又使农民不以土地置换城市户口成为可能。由此，重庆实行的一系列户籍改革措施对农民给予了赋权，使他们能够根据自己的意愿来决定是留在农村还是在城市定居。这在中国户籍改革历史上是史无前例的。

回顾重庆的案例，虽然政府在整个过程中还是发挥着主导作用，但是包括市场、企业以及农民也都参与其中并发挥着自身的作用，从而形成一种合力。重庆的城市化与经济发展虽然体现在制度与政策层面的操作与创新上，但是整个过程中以公平发展为前提，这也是政府所有政策制定的出发点。同时，重庆市政府严格坚持的“三个不”和“三个平衡”的原则也是“八大投”模式在面对西部的基础设施建设成本高、运行周期长及利润率低等现实情况，能始终保持高效而成为重庆市政府主要投融资模式的主要原因。但是，也正是因为政府引导的国有企业投融资模式过于强大，所以压缩了公私合作制的空间，导致严格意义上的公私合作在重庆发展缓慢甚至处于萌芽状态。但是，重庆通过大的政府投入带动小的社会资本参与也在一定程度上弥补了公私合作制的短板。

四　结论及政策建议

本文首先梳理了中国的土地城市化、土地财政的不可持续性以及土地财政转型的集中路径，并在此基础上对现有的讨论提出了质疑。因为经过多年的发展，土地财政已经逐渐内生于中国经济增长中，成为中国经济持续稳定增长不可或缺的一部分。所以对于土地财政转型路径的探讨不能只局限于财政体系改革，应该放眼全局，以整体视角对牵涉到的各个领域有一个整体的分析。同时，考虑到中国长期以来的地区间发展不均衡以及逐渐扩大的城乡间差距，期望通过单一的研究视角以及政策建议来分析和解释全国范围内的土地财政困局是不现实的。通过对重庆案例的研究，将土地财政所诱致的政府融资模式与其他可能的土地财政的改革途径进行比较和分析，不仅揭示出地方政府在分别采取各种融资模式时所要面临的挑战以及政策考量，更发现经过合理的制度设计和安排重庆政府的“八大投”模式比起房产税以及公私合作模式更高效也更可行。

无论是对于重庆或者全国而言，地方政府的土地财政收入究竟是收入、资产，还是负债，关键是看这笔资源是转换为有效的资产，还是用于无效的开支、形成地方政府的负债，如果其继续成为沉淀于制造业和房地产业的土地财政投资，那么当地的土地财政已陷入不可持续地透支未来的困境。无论就土地财政还是政府融资平台而言，关键在于这些手段是否可以创造以市场为导向的经济繁荣和培育更为高效的私营部门以确保可持续的未来税收源。

参考文献

华生:《城市化转型与土地陷阱》，东方出版社 2014 年版。

蒋震、邢军:《地方政府“土地财政”是如何产生的》，《宏观经济研究》2011 年第 1 期。

赵蓓、战岐林:《税收、政府支出与消费变动的关系》，《当代财经》2010 年第 11 期。

邓力平、王智恒:《房地产税改革：公共财政与发展财政统一的思考》2011 年第 12 期。

刘志彪:《以城市化推动产业转型升级：兼论“土地财政”在转型时期的历史作用》，《学术月刊》2010 年第 10 期。

熊波:《PPP 模式：民营经济参与公用事业的新模式》，《中国城市经济》2005 年第 1 期。

叶晓甦、张永艳、李小朋:《我国 PPP 项目政府监管机制设计》，《建筑经济》2010 年第 4 期。

谭术魁、饶映雪、朱祥波:《土地投入对中国经济增长的影响》，《中国人口·资源与环境》2012 年第 9 期。

丘海雄、付光伟、张宇翔：《土地财政的差异性研究——兼论土地财政对产业转型升级的启示》，《学术研究》2012 年第 4 期。

覃一鸣、程如、邢思齐：《我国城镇化与土地财政相互作用机制探讨》，《宏观经济》2015 年第 9 期。

张祚、李帆、王振伟等：《“土地财政”对城镇化的影响及相关问题分析——以武汉市为例》，《资源开发与市场》2015 年第 5 期。

邵源：《关于“土地财政”与财税体制改革问题综述》，《经济研究参考》2010 年第 24 期。

樊继达：《治理土地财政：一个公共经济分析框架》，《国家行政学院学报》2011 年第 4 期。

李学文、卢新海：《经济增长背景下的土地财政与土地出让行为分析》，《中国土地科学》2012 年第 68 期。

陈志勇、陈莉莉：《楼市危机与土地财政的转型》，《当代财经》2009 年第 292 期。

王玉波：《基于地域差异的后土地财政时期有效过渡研究》，《中国土地科学》2014 年第 4 期。

王玉波、姚双双：《土地财政与城镇化关系时空差异研究》，《华中农业大学学报》（社会科学版）2017 年第 3 期。

平新乔、黄昕、安然：《地方财政对于土地财政依赖度的区域比较》，《区域经济评论》2015 年第 5 期。

崔之元：《“重庆经验”进行时：国资增值与藏富于民并进》，《政治经济学评论》2010 年第 4 期。

白文周、刘银国、卢学英：《沪渝房产税扩围房价效应识别——基于反事实分析的经验证据》，《财贸研究》2016 年第 1 期。

柴国俊、王希岩：《开征房产税能够降低房价并替代土地财政吗?》，《河北经贸大学学报》2017 年第 6 期。

World Bank, World Development Report 2012: Gender Equality and Development, Washington, DC: World Bank, 2011.

Shih and Victor, "Local Government Debt: Big Rock - candy Mountain", *China Economic Quarterly*, 2010, 14 (2).

Bahl Roy W. and Linn Johannes F., *Governing and Financing Cities in the Developing World*, Lincoln Institute of Land Policy, 2014.

创造新的治理方式：从旱涝的治理转变成气候变化的治理

Margot Hurlbert *
霍继周　译

农业生产者对于食品安全、就业、健康与繁荣至关重要。不过，他们从事的农业生产却很容易受到气候变化，特别是旱涝灾害的影响。旱涝给农业带来的破坏和损失让人们注意到我们需要制订应对和适应旱涝的计划，同时也让人们注意到治理旱涝的重要性和支持作用。但是，治理旱涝却牵涉许多问题，比如治理旱涝的价值和科学性仍存有争议，在治理过程中将会出现的影响和风险未知，治理的复杂性、系统化和治理的成本和收益分配不均等。一般认为，旱涝之所以能成为灾祸，一部分是因为不恰当的制度化治理行为所致。

实验治理支撑本研究，因为它降低了风险和不确定性，可以解决系统性问题（识别网络和结构），允许对科学和价值观的争论（但通过公众参与和社会学习推进其解决方案），并为公平分配创造空间（通过参与和包容性发展）。本文从实验治理的视角总结了农业生产者和治理旱涝的政策工具在应对气候变化、旱涝方面进行多层次制度分析的结果。该研究是在四个研究领域进行的比较案例研究：两个在加拿大，一个在智利，一个在阿根廷。该研究总结了促进社会学习和改善农业生计的治理做法和手段，并提出了重新设计政策工具的建议。

* Margot Hurlbert，加拿大里贾纳大学 Johnson Shoyama 公共政策研究院教授。

一 引言

农业生产者是农业中非常重要的一个部分，他们给全世界提供食物，创造就业、收入与储蓄，带来健康和繁荣、文化认同、农业旅游和家庭食品安全。在大多数低收入国家，农业部门是最重要的经济部门之一，占 GDP 的 30%①，是一个非常重要的经济产业，劳动力最多。全世界 3/4② 的贫穷和饥饿人口居住在农村地区，支援农村的农业生产者是达致可持续发展目标以及结束极端贫穷和饥饿的必要措施。

农业和农民的生计特别容易受到气候变化的影响。气候变化被认为会增加极端天气事件的频率和破坏力，特别是旱涝灾害，将会加重对农业和农民的伤害。旱涝带来的破坏和损失提醒人们注意为旱涝灾害制订应对计划的重要性。但是，治理旱涝却牵涉许多问题，比如治理旱涝的价值和科学性仍存有争议，在治理过程中将会出现的影响和风险未知、治理的复杂性、系统化和治理的成本和收益分配不均等。一般认为，旱涝之所以能成为灾祸，一部分是因为不恰当的制度化治理行为。

关于气候变化影响农业生产者的研究非常多。我们知道制度化的治理系统是旱涝适应能力的重要组成部分，该能力会影响农业生产者的生计，从而决定他们能否过上好日子。但是，仍有很多我们不了解的东西：我们不了解政策制定者如何看待气候变化和旱涝灾害；我们不了解改善农业生产者生计的治理手段（规管、市场等）；我们不了解不同手段对农业生产者和他们生计的影响；我们不了解什么样的手段可以促进社会学习、信任和包容性发展；我们还不了解风险和其他未知的因素。本文将尝试寻找这些问题的答案。

---

① FAO，“FAO Statistical Yearbook 2014 Latin America and the Caribbean Food and Agriculture”，FAO，Santiago，Chile，2014.

② Deutsche Bank Research Agribusiness and Hunger - threat to Global Food Security Drives Collaborative Business Models，2012.

二　文献综述

在不断增加的环境压力和公众压力下，为了在政策的建立、制定、监测和评估的新概念和新流程方面帮助政府和政策制定者，20 世纪 70 年代出现了“适应性管理”的实践活动以及 Holling 开创性的适应性管理出版物（1978）。[①] Walters 提供了更完整的技术处理[②]，Lee 将概念框架扩展到包括社会和政治方面[③]。

实验性治理是本研究的理论构架。解决气候变化难题需要实验性治理（迭代、多层次构架、广泛的框架目标以及衡量成果的指标[④]）。传统的政策评估和创新评定的框架和方法不适用试验性治理。传统评估的重点在成本效益分析、目标管理以及基于目标、效果和执行情况的项目评估。

实验性治理可以满足研究解决气候变化的关键因素，那就是它可以减少风险和不确定性，可以处理系统性问题（辨识网络和构架），允许科学和价值观争论的存在（但是通过公众参与和社会学习推动争论的解决），以及建立一个公平分配的空间（通过参与和包容性发展）。实验性治理的相关文献旨在提高政府的适应能力，通过减少灾害风险来降低极端灾害的风险，从而最大限度地降低生计风险。

该研究的重点是应对气候变化和旱涝的政策。政策是指“被政府、政党、商业组织或个人采用的一系列的行动，或采用或提出的准测”。[⑤] 问题类型，或政策问题是如何被建构和表述的，以及由此导致的政策形式和内容，决定了政策制定者和公众如何建构围绕在问题周围各项因素

---

① Holling C. S.（ed.），*Adaptive Environmental Assessment and Management*，New York，NY，USA：John Wiley，1978.

② Walters C. J.，*Adaptive Management of Renewable Resources*，New York，NY：McGraw Hill，1986.

③ Lee K. N.，Compass and Gyroscope：Integrating Science and Politics for the Environment，Washington，D. C.：Island Press，1993.

④ Sabel C. F. and Zeitlin J.，“Experimentalist Governance”，in D. Levi - Faur（ed.），*The Oxford Handbook of Governance*，Oxford：Oxford University Press，2012：169 - 183.

⑤ OECD，“Glossary of Statistical Terms”，2012，http：//stats. oecd. org/glossary/.

的含义，并决定这些问题会被如何分析。[①②] 表1列出了气候变化的问题，以及如何应对旱涝灾害。该表将文献中所写的如何应对风险与旱涝等气候变化的子问题串联在一起。应对未来的气候变化则包括了准备市政基础设施以应对频率增加、破坏力增强的洪灾，以及提高农村地区生产者对干旱的适应能力。

表1　气候变化政策表述

<table>
<tr><td colspan="4">应对气候变化</td></tr>
<tr><td rowspan="2">减少气候变化的影响</td><td colspan="3">适应气候变化</td></tr>
<tr><td colspan="3">应对</td></tr>
<tr><td rowspan="2">降低温室气体的排放，以减少处理随气候变化而来的灾难的长期需要</td><td>干旱增加水资源的抗灾性——加强水资源安全</td><td>洪水保护各物种的栖息地，加强水资源安全</td><td>灾难准备并操练应急方案</td></tr>
<tr><td>防止水土流失，评估扩大的灌溉系统，加强农村地区储水能力</td><td>建造堰坝，恢复湿地，保护人与财物的安全，加强农村地区储水能力</td><td>安排应急住房和财政支持，提供水、食物和其他服务的协助</td></tr>
</table>

“建构”好的问题指的是关于这些问题在规范、准则、政策问题的目的上有实质性的共识，同时对解决问题的必备知识也有相同的理解。这些政策问题存在实际客观的风险。这些问题涉及专业知识，并由技术专家或身为公众利益守护者的专业官员来决定。一个关于建构好的环境问题的例子就是找到不同作物减少水土流失的成本与效益，或是决定一个扩大灌溉工程项目的成本与效益。[③] 表1在底部一行列出了这些问题，例如减少水土流失和恢复湿地来防止洪灾，这也是适应气候变化的一个问题。

---

① Lebel L., Grothmann T. and Siebenhuner B., “The Role of Social Learning in Adaptiveness: Insights from Water Management”, *International Environmental Agreements*, December 2010, 10 (4): 333 – 353.

② Hoppe R., *The Governance of Problems, Puzzling, Powering and Participation*, University of Bristol, Bristol: The Policy Press, 2011.

③ Batie S. S., “Wicked Problems and Applied Economics”, *American Journal of Agricultural Economics*, 2008, 90 (5): 1176 – 1191.

三　研究方法

本文以研究分析应对气候变化的政策以及与农业生产者相关的旱涝灾害的结构性问题为基础。本研究在四个地区进行，两个在加拿大，一个位于智利，另一个则在阿根廷。全部案例所在地区都是冰川形成的干枯河床，它们具有一些灌溉系统，以及与旱涝打交道的经验。这四个地区有着非常不同的治理结构，特别是与水有关的治理（智利是由市场解决，而加拿大的萨斯喀彻温省则由政府管理）（与干旱和洪水有关的基本体系在四个地区都不相同）。两个加拿大的案例代表了发达国家，而智利和阿根廷的例子则代表发展中国家。这些不同使比较制度化行为和政策框架得以实现。

本研究使用的方法是将源自杨等①的多层次制度分析方法与以下补充的四点进行结合：

（1）增加了以我们对风险及其构成的理解为基础的文献。对一些人而言，风险是一个概率，是对事件发生的可能性和后果的严重程度做出真实评估。对另一些人来说，风险是决策者个人认知的结果，取决于其自身的理解水平。

（2）用农业生产者生计这样一个概念来评估政策手段对其中的各个角色及社会整体的影响。治理手段如何提高农业生产者的生计？莫泽（Moser）② 的研究表明，家庭受灾害的影响是与缺乏或丧失物质的、财政的、人力的、社会的以及自然的资源有关。

（3）社会学习是这次政策评估的一个重要组成部分。治理手段是否帮助农业生产者和他们的社区在面对气候变化时，更具适应性和韧性？③ 社会学习是在社会团体内部或者在与社会团体互动的过程中实现

① Young O. R. et al.,"Science Plan, Institutional Dimensions of Global Environmental Change", Bonn: International Human Dimensions Programme on Global Environmental Change (IHDP), 2005.

② Moser S.,"Governance and the Art of Overcoming Barriers to Adaptation", IHDP (International Human Dimensions Programme on Global Environmental Change) Update Extra 3, 2009: 31-36.

③ Siebenhuner B., "Learning in International Organizations in Global Environmental Governance", *Global Environmental Politics*, November 2008, 8 (4): 92-116.

的[①]，而这种互动是指个人和更广泛意义上的社会单元实现的语言和行为上的改变。[②]

（4）实验性治理的多个维度对政策的重新设计有参考价值。这些维度包括各种政策手段，给自主性的改变提供空间、领导力、资源的可获得性以及公平公正的管治。[③]

本文的研究方法提供了一个思考地方农业生产者与社区、政府、自身正式与非正式组织间包容性互动的机会。所有这些在实验性治理中都得到了理论支持。

本研究的数据则是通过对二手材料和研究地区关于适应气候变化文献的详细检视得到的。一项对政府和公民社会组织如何应对气候变化和旱涝的研究分析也被进行了编译，这也包括相关法律法规和政策治理工具。[④] 在这些信息的基础上，通过半结构化访谈的定性分析，采集了研究地区中 41 位重要的政策相关者的数据。采访的内容则按照与研究问题相关的主题进行编码和分析。[⑤]

四 研究结果

国际上有许多机构和组织在研究气候变化和旱涝灾害。但是，很少有国际性的政策工具可以像理论上案例分析出的结果一样有效地提高当地农民和社区应对极端事件的能力。通过对文献的分析我们可以看出，一个高度密集的组织网络，并且在全球范围内出现了减少灾害风险相关

---

① Argyris C. , *On Organization Learning*, 2nd Edition, Oxford: Blackwell Publishing, 1999.

② Reed M. S. , Evely A. C. , Cundill G. , Fazey J. , et al. , "What is Social Learning?", *E-cology and Society*, 2006, 15 (4), http: //www. ecologyandsociety. org/vol15/iss4/resp1/.

③ Gupta J. , Termeer C. , Klostermann J. , Meijerink S. , et al. , "The Adaptive Capacity Wheel: A Method to Assess the Inherent Characteristics of Institutions to Enable the Adaptive Capacity of Society", *Environmental Science & Policy*, October 2010, 13 (6): 459 –471.

④ Fletcher A. , Hernani B. , Knuttila E. and Vanstone J. , "Water Governance Institutions in the South Saskatchewan River Basin", Report Prepared for the Project Entitled Vulnerability and Adaptation to Climate Extremes in the Americas, University of Regina, 2012, www. parc. ca.

⑤ Hurlbert M. , "Adaptive Governance of Disaster: Drought and Flood in Rural Areas", Pahl –Wostl, C. and Gupta, J. (eds.), *Water Governance: Concepts, Methods, and Practice*, Cham, Switzerland: Springer, 2018.

的深层社会学习（价值观和规范的基本变化）。然而，目前还没有证据表明这种学习是在案例研究领域的地方、区域或国家进行的。

萨斯喀彻温省有许多机构和政策工具应对旱涝灾情，但只有少数应对气候变化的机构和政策工具。政府层面和各种工具之间的紧密配合给农业生产者的生计带来了积极的影响。然而，很少有政策工具可以解决日益加剧的不平等和老龄化生产者问题（艾伯塔省也存在此问题）。农民已经开始学习农业实践中有关干旱的知识（研究区域没有发生洪水，因为它不是社会建构的风险），但是，很少有工具可以促进公众参与。并且，也找不到人们正在共同学习如何在更深入地理解问题的基础上改变价值观、规范和假设的证据。

艾伯塔省应对气候变化和旱涝的机构和工具最具多样化，这些机构或者工具解决了大多数脆弱性驱动因素（如旱涝），减轻对农业生产者的影响。该省运用了许多工具来促进公众参与并试图解决难题，但近期并没有因此引发深度的社会学习（在20世纪30年代创建的特殊领域委员会是一项基本的制度变革）。加拿大国内对气候变化持怀疑态度的势力（这在发展中国家的案例研究中并没有发现）；在艾伯塔省最为强大，这对治理气候变化各种相关手段的效果产生了负面影响。

在发展中国家，多层次的制度体系和治理手段是分散的。地方政府的能力较弱。生产者往往被排除于发展进程之外，他们的用水权利遭到忽视。虽然由于气候变化这些发展中国家预计会有更多的洪灾发生，但在这些地方，洪水并未被认为是风险事件。在智利，地方政府在没有中央政府帮助的情况下，独自应对旱涝灾害。地方政府缺乏政策手段来应对生产者的脆弱性（例如对破产倒闭的应对手段、获得饮用水的权利，中小型生产者可获得的财政援助），水资源的市场化则把许多政策问题带到了政府的视野之外。智利的灌溉系统与水资源市场一道，增加了大型强大生产者的经济资本，并加强了这方面的一些学习。

阿根廷门多萨有强大的地方制度体系。它与联邦政府的薄弱联系影响着其财政能力。少量的政策工具能同时应对旱涝和气候变化。严格的水治理系统可以保护中小型农业生产者。少量的政策工具涉及全球驱动因素（国际货币和贸易问题）——这会加强大型生产者更好地获得经济、科学技术、自然和社会资本的能力。而当《冰川保护法》改变围绕发展的基本规范时，强大的社会资本、充满活力的公民社会和省政府领导可以成功地结合起来并实现深度学习。

四个案例研究区域都将气候变化和旱涝两者视为脱节的复杂问题。因此，制定出的工具很少能够提高生产者处理这些极端事件的能力。社会学习案例的发现可以说提供了一种新的世界观，这些研究结果与社会学习案例的发现相吻合。这说明以后我们要学习的不仅仅是行为的变化，还有对环境和环境影响的新认识。这一点在对气候变化这一首要问题的灾害、旱涝问题缺乏认识的情况下尤为重要。

在加拿大，说服手段在提供信息和劝说人们采取行动等方面（例如，改变涉及环境的行为或采纳适应性的措施）非常有效。经济手段则可以有力地促进人们取得稳定的经济收入（但中小型生产者往往难以获得这种收入）。管理手段则在增加对水资源的适应性共同管理方面取得了不错的效果。在应对旱涝灾害方面，管理手段效果明显，但是在气候变化和水资源（质量和数量）议题方面则没那么有效果。而法律法规手段的效果则非常差，因为缺乏执法的资源和政治意愿。还有一些手段，例如，执行手段与应对气候变化的计划并不匹配。

基于以上分析，本文总结了对种种治理实践研究后的发现，以促进社会学习，制定政策，如何分析政策问题，存在哪些政策差距，如何改变行为以及如何实施实验治理。例如：

• 这些治理实践反映了政策漏洞及为应对气候变化所出台的政策的不全面（例如，将旱涝纳入应对气候变化的政策，反之亦然）。这种失误阻碍了变革。

• 对社会学习的概念进行深入定义是必须的，因为这有关实验治理中的公众参与（包括适应性管理的形式），以便设定目标，数据收集以及利益相关者和公众意见的迭代过程是连续的。①②③

• 必须评估、询问政策或计划是否改变了行为者的行为，以及改变

① Pahl - Wostl C.，“Transitions towards Adaptive Management of Water Facing Climate and Global Change”，*Water Resources Management*，January 2007，21（1）：49 - 62.

② Mostert E.，Pahl - Wostl C.，Rees Y.，Searle B.，et al.，“Social Learning in European River - basin Management：Barriers and Fostering Mechanisms from 10 River Basins”，*Ecology and Society*，2007，12（1），http：//www. ecologyandsociety. org/Vol12/iss1/art19/.

③ Tabara J. D.，Zingang D.，Jia G.，McEvoy D.，et al.，“The Climate Learning Ladder：A Pragmatic Procedure to Support Climate Adaptation”，*Environmental Policy and Governance*，January/February 2010，20（1）：1 - 11.

了哪些行为者。[1] 需要多学科和利益相关者的有意义的、反复的参与。[2]

虽然可研究的实验性治理的案例很少，但是在这四个案例研究中，的确有一些变革性的社会学习、政策发展和执行的例子。例如，在阿根廷的案例中，出现了最深刻的变革性社会学习，通过深入的大众与公民社会的参与，《冰川保护法》得以通过。此举是为了保护受到气候变化威胁的冰川，以及阻止在门多萨河上游进行矿业开采，因为这些开发会减损下游社区与农业灌溉用水的水源。加拿大的另一个例子是建立一个特别区域委员会，以便在一个特别易受干旱的地区合作管理干旱地区的牧场。对问题进行设想、表述、公众讨论、反复评估这些手段已成为体系的一部分。需要额外注意的是存在于“非结构化”的“难题”中的新问题。

本文也确定了哪些政策手段是有效的，能提高农业生产者的生计。本研究确认了以下几个手段：

（1）经济手段对于解决与干旱和洪水相关的经济损失从而建立经济和技术资本非常重要。该种手段还鼓励单循环学习与强大的社会资本相结合，从而推进人力资本（应注意小农业生产者对相关经济援助的可获取性）。

（2）说服手段（例如提供气象信息、干旱预警、洪水警报以及关于环境的最佳作业流程等）在表达对适应性政策的需要上效果很好，同时也有效地正面影响了经济资本和自然资源。

（3）过渡手段在加拿大（例如破产和倒闭期间对基本生存的保障、家庭保护等相关的基本生活豁免权）允许农业生产者转换营生手段，因此提高了经济和人力资本（精神健康）。

（4）救灾手段在加拿大（提供咨询和支持服务、对房主给予财政协助）提升了房主的人力（精神健康）和经济资本。

（5）管理手段（为旱涝的到来做好计划，特别是以公众参与的形式）对建立社会资本来说非常重要。

（6）公众参与式的治理手段则牵涉很多组织和个人，以及对于议

---

① Reed M. S. , Evely A. C. , Cundill G. , Fazey J. , et al. , “What is Social Learning?”, *Ecology and Society*, 2006, 15（4）, http：//www. ecologyandsociety. org/Vol15/iss4/resp1/.

② Hackmann H. and St. Clair A. L. , “Transformative Cornerstones of Social Science Research for Global Change”, Paris：International Social Science Council, 2012.

题的深刻辩论（例如门多萨的气候变化与发展的讨论、萨斯喀彻温对水源的保护），这些提高了社会资本。门多萨（甚至在中央政府很少的财政支持下）成功取得了深度社会学习，并通过《冰川保护法》。强大的制度化的灌溉系统、具有社会资本性质的门多萨水文体系、公民社会的领导、环保主义者和政治人物都对此有所贡献；而最重要的变量则是持续地使用公众参与式的治理手段。①

（7）需要注意的是，重要的并不是手段的种类（法律法规、经济等），而是解决问题的各种手段的组合。一个围绕水资源财产利益的灵活治理手段组合，包括法律法规手段和恰当的市场手段（阿尔伯塔的例子），使在旱灾时通过建立社会资本来应对得以实现。

从这些案例中可以看出，关于旱涝的实验性治理还有提升的空间。本研究表明，在这些例子中，实验性治理还未完全发挥作用。使用各种治理手段来对假设进行检验以应对非结构化的难题，这样的例子并不多。

在目前的旱涝灾害治理手段当中，缺少像公众参与决定政策发展这样的一些重要的治理手段。治理旱涝灾害的措施缺少活力和弹性。要想纠正这点，就需要让公众参与到应对气候变化的措施设计和执行中来。同样的，如果没有公众参与到决定政策的过程中的话，发展是不会实现的。

五　结语

本研究发现，对于气候变化和旱涝灾害这样一个非结构化的政策难题，在研究的案例中都缺乏全局性的考虑。政府往往倾向于被动地制定政策手段来应对旱涝等紧急事件。笔者认为，有效地应对气候变化需要全局性的考虑（包括减缓、适应与降低负面影响），以实现真正的变革性的、反思性的公众参与以及政策变革，这些都是解决此问题所必

---

① Hurlbert M. and Gupta J.，“The Split Ladder of Participation：A Diagnostic，Strategic，and Evaluation Tool to Assess When Participation is Necessary”，*Environmental Science & Policy*，June 2015，50：100－113.

需的。

参考文献

Argyris C. , *On Organization Learning*, 2nd Edition, Oxford: Blackwell Publishing, 1999.

Batie S. S. , "Wicked Problems and Applied Economics", *American Journal of Agricultural Economics*, 2008, 90 (5) .

FAO, "FAO Statistical Yearbook 2014 Latin America and the Caribbean Food and Agriculture", FAO, Santiago, Chile, 2014.

Fletcher A. , Hernani B. , Knuttila E. and Vanstone J. , "Water Governance Institutions in the South Saskatchewan River Basin", Report Prepared for the Project Entitled Vulnerability and Adaptation to Climate Extremes in the Americas, University of Regina, 2012, www. parc. ca.

Gupta J. , Termeer C. , Klostermann J. , Meijerink S. , et al. , "The Adaptive Capacity Wheel: A Method to Assess the Inherent Characteristics of Institutions to Enable the Adaptive Capacity of Society", *Environmental Science & Policy*, October 2010, 13 (6) .

Hackmann H. and St. Clair A. L. , "Transformative Cornerstones of Social Science Research for Global Change", Paris: International Social Science Council, 2012.

Holling. C. S. (ed.), *Adaptive Environmental Assessment and Management*, New York, NY, USA: John Wiley, 1978.

Hoppe R. , *The Governance of Problems*, *Puzzling*, *Powering and Participation*, University of Bristol, Bristol: The Policy Press, 2011.

Hurlbert M. , "Adaptive Governance of Disaster: Drought and Flood in Rural Areas", in Pahl – Wostl. C. and Gupta. J. (eds.), *Water Governance: Concepts*, *Methods*, *and Practice*, Cham, Switzerland: Springer, 2018.

Hurlbert M. and Gupta J. , "The Split Ladder of Participation: A Diagnostic, Strategic, and Evaluation Tool to Assess When Participation is Necessary", *Environmental Science & Policy*, June 2015, 50.

Lebel L. , Grothmann T. and Siebenhuner B. , "The Role of Social Learning in Adaptiveness: Insights from Water Management", *International Envi-*

ronmental Agreements, December 2010, 10 (4).

Lee K. N., *Compass and Gyroscope: Integrating Science and Politics for the Environment*, Washington, DC: Island Press, 1993.

Moser S., "Governance and the Art of Overcoming Barriers to Adaptation", IHDP (International Human Dimensions Programme on Global Environmental Change) Update Extra 3, 2009.

Mostert E., Pahl – Wostl C., Rees Y., Searle B., et al., "Social Learning in European River – basin Management: Barriers and Fostering Mechanisms from 10 River Basins", *Ecology and Society*, 2007, 12 (1) http: //www. ecologyandsociety. org/vol12/iss1/art19/.

OECD, "Glossary of Statistical Terms", 2012, http: //stats. oecd. org/glossary/.

Pahl – Wostl C., "Transitions towards Adaptive Management of Water Facing Climate and Global Change", *Water Resources Management*, January 2007, 21 (1).

Reed M. S., Evely A. C., Cundill G., Fazey J., et al., "What is Social Learning?", *Ecology and Society*, 2006, 15 (4), http: //www. ecologyandsociety. org/vol15/iss4/resp1/.

Sabel C. F. and Zeitlin J., "Experimentalist Governance", in D. Levi – Faur (eds) *The Oxford Handbook of Governance*, Oxford: University Press, 2012.

Siebenhuner B., "Learning in International Organizations in Global Environmental Governance", *Global Environmental Politics*, November 2008, 8 (4).

Tabara J. D., Zingang D., Jia G., McEvoy D., et al., "The Climate Learning Ladder: A Pragmatic Procedure to Support Climate adaptation", *Environmental Policy and Governance*, January/February 2010, 20 (1).

Walters C. J., *Adaptive Management of Renewable Resources*, New York, NY: McGraw Hill, 1986.

Young O. R. et al., "Science Plan, Institutional Dimensions of Global Environmental Change", Bonn: International Human Dimensions Programme on Global Environmental Change (IHDP), 2005.

第四篇

少数群体研究与扶贫

女农民工双重身份的交叉互动模式分析

王奕轩　张　顺*

由于性别与户口的双重身份属性，女农民工在城市劳动力市场中始终处于双重劣势的境地。本文采用过程导向的交叉性理论视角，依据2010年、2011年以及2014年在西安市的田野调查资料，探求“女性”“农民工”双重身份如何互动并继而影响女农民工的求职结果。研究发现，在不同求职场域情境的转换中，女农民工双重身份呈现场域依赖性的分离、竞争与合作三种互动模式。父权制度与户籍制度是造成女农民工边缘化求职结果的社会制度根源所在。

一　问题及研究背景

2014年7月30日，国务院正式印发《国务院关于进一步推进户籍制度改革的意见》（以下简称《意见》），旨在有序推进农业转移人口城市化与市民化。但农民工融入（特）大城市时仍面临严格的制度壁垒，而大中城市是更多农民工务工流向目的地。根据2016年全国农民工监测调查报告统计资料显示，截至2016年年底，我国农民工总数已达到27395万人，其中女农民工占33.0%。①

* 研究阐释党的十九大精神国家社会科学基金专项课题“实现更充分与更高质量就业的机制与对策研究”（18VSJ094）；国家社科基金重大项目“一带一路”背景下国际移民流入的模式与空间研究（18ZDA133）；中国博士后科学基金面上项目“西部贫困地区农村留守儿童父母教育期望的影响机制研究”（2016M602789）部分成果。王奕轩，西安交通大学人文学院社会学系，副教授。张顺，西安交通大学人文学院社会学系，教授。

① 国家统计局：《2016年全国农民工监测调查报告》，2016年4月28日，国家统计局官网，http：//www. stats. gov. cn/tjsj/zxfb/201604/t20160428_ 1349713. html。

女农民工群体包含两个身份——女性和农民工。此双重身份使女农民工在城市社会的边缘化境况非常突出。多数关于女农民工境况的定性研究①，呈现出该群体在城市社会各面向的边缘化特征，但他们仅关注女性、农民工两个身份交叉作用的结果，忽略两者交叉作用的机制与过程。即便有学者梳理过性别与我国其他制度性因素之间的交织影响，但鲜有提出具体的理论概括。② 本文将女农民工在城市劳动力市场中的求职经历，置于过程导向的交叉性理论视角（process - centered intersectional approach）的分析框架中，综合分析"女性"及"农民工"此双重身份的交叉作用过程与结果，通过解析交叉过程，试图回答：女农民工的双重身份之间是怎样交叉互动，并最终作用于其求职经历与求职结果的。

二　女农民工求职机会分析框架：过程导向的交叉性理论视角

交叉性（intersectionality）理论是女性主义研究的重要范式和研究方法。它与20世纪70年代的黑人女权主义理论发展与女权运动兴起相伴而生。该理论以黑人女性为研究原型，认为她们因为具有黑人与女性的双重身份，具有不同于黑人男性、白人男性及白人女性的独特社会位置与社会境遇。③ 以黑人女性群体的相关研究为基础的传统交叉性理论，属于结果导向的交叉理论，强调具有双重或多重身份的社会个体或

① Gaetano A. M. and Jacka T., *On the Move: Women in Rural - to - Urban Migration in Contemporary China*, New York: Columbia University Press, 2004; Jacka T., *Rural Women in Urban China: Gender, Migration, and Social Change*, New York: Armonk, 2006; 何明洁：《劳动与姐妹分化：中国女性农民工个案研究》，四川大学出版社2009年版。

② 杜平：《男工女工：当代中国农民工的性别、家庭与迁移》，香港中文大学出版社2017年版；何明洁：《劳动与姐妹分化：中国女性农民工个案研究》，四川大学出版社2009年版；潘毅：《中国女工——新兴打工阶级的呼唤》，任焰译，明报出版社有限公司2007年版；苏映宇：《女性农民工劳动权益受损状况研究》，《人文杂志》2016年第6期；沈海梅：《中间地带：西南中国的社会性别、族性与认同》，商务印书馆2012年版；贺萧：《记忆的性别：农村妇女和中国集体化历史》，人民出版社2017年版。

③ 苏熠慧：《"交叉性"流派的观点、方法及其对中国性别社会学的启发》，《社会学研究》2016年第4期。

群体受到双重或多重身份的交叉作用①，及多种身份同时性、互动性、复合性以及交叠性②。但他们仅关注不同身份交叉作用后的结果，而忽略交叉作用的生成过程。近年来，一些学者开始强调解构交叉过程的必要性。他们认为若仅遵从传统交叉性研究思路，就会忽略各身份本身的重要性③，以及这些身份之间的互动机制与过程。这种强调过程的交叉性视角，能够摒弃传统交叉性研究中对于交叉结果理所当然的预设和认定④，这也就是以过程为导向的交叉性理论视角⑤。

本文以“过程为导向的交叉性理论视角”，探索女农民工双重身份（女性、农民工）之间交叉机制建构对女农民工求职机会影响的理论模型。本文主要关注：在女农民工求职过程中，双重身份之间交叉性的形成过程和互动模式。求职过程中两种身份会以不同的组合方式呈现，扮演不同角色，发挥不同作用与效应。这些身份是怎样在现实生活和情境中产生和互动的？是本文的核心目标。

三　资料收集与研究方法

基于定性研究具有擅长挖掘社会现象发生过程和机制的特点，这种

① Crenshaw K.，“Mapping the Margins：Intersectionality，Identity Politics，and Violence against Women of Colour”，*Stanford Law Review*，1991，43：1241 - 1299；Collins，P.，“It's all in the Family：Intersections of Gender，Race，and Nation”，*Hypatia：A Journal of Feminist Philosophy*，1998，13：62 - 82.

② Garry A.，“Intersectionality，Metaphors，and the Multiplicity of Gender”，*Hypatia：A Journal of Feminist Philosophy*，2011，26（4）：826 - 850.

③ Walby S.，Armstrong J.，Strid S.，*Deliverable No. 42：Conceptual Framework for Gender + Equality Policies in a Multicultural Context*，Vienna：IWM，2009.

④ Choo H. Y. and Ferree M. M.，“Practicing Intersectionality in Sociological Research：A Critical Analysis of Inclusions，Interactions，and Institutions in the Study of Inequalities”，*Sociological Theory*，2010，28（2）：129 - 149.

⑤ Wang Y.，“The Mystery Revealed - Intersectionality in the Black Box：An Analysis of Female Rural - to - urban Migrants' Employment Opportunities in Urban China”，*Hypatia：A Journal of Feminist Philosophy*，2015，30（4）：862 - 880；Wang Y.，“More than Double Jeopardy：An Intersectional Analysis of Persistent Income Disadvantages of Chinese Female Migrant Workers”，*Asian Journal of Women's Studies*，2018，24（2）：246 - 269.

方法被认为是交叉性更合适的研究工具。① 本文所依据的经验材料来自笔者先后于2010 年、2011 年和2014 年在陕西省西安市田野调查时收集到的深度访谈资料。访谈总数为30 人，包括女农民工、单位领导、政府官员以及市民四类人群。根据受访对象身份分类，笔者采取不同的抽样方法。在整个选取样本的过程中，笔者遵循多样化原则②，以不同人口要素（性别、户口、年龄、来源地、教育程度、家庭背景、职业、单位、行业、收入等）为考虑，旨在最大限度地反映受访者的经历、观点及感受。按照学术惯例，本文涉及的人名均为化名。本文中所进行的分析均是基于访谈材料、以受访对象的视角和感受为出发点进行的。

四 理论模型：交叉机制的三种呈现方式

通过对田野调查材料的深入分析，笔者发现，女农民工在城市劳动力市场求职过程中，其双重身份（女性和农民工）之间的互动关系，大致通过三种类型呈现出来。这三种类型分别为：分离关系、竞争关系和合作关系。基于双重身份之间的这三种关系，塑造出女农民工相对其他三个群体（城市男性、城市女性、男农民工）特殊的求职境遇及结果。在不同的情境下两种身份扮演不同的角色，包括有形与无形、主要与次要、协同互构。相应地，双重身份之间呈现以下三种交叉互动模式：时隐时现、难分伯仲；此消彼长、殊途同归；协同合作、时空不移。而在我国城市劳动力市场中，雇主对应聘者的资质需求、应聘单位属性以及时空要素，分别是双重身份三种交叉性模式转换的外在条件。正是以上这三种关系类型及其内在的作用机制，女农民工的求职境遇得以产生、巩固与重现。上述三种关系及其蕴含的理论逻辑，就是女农民工双重身份交叉互动的理论模型。

（一）双重身份的分离：时隐时现、难分伯仲

女农民工的双重身份及其所产生的结果，在一定的条件下可能呈现

---

① Penner A. M. and Saperstein A.，"Engendering Racial Perceptions：An Intersectional Analysis of How Social Status Shapes Race"，*Gender & Society*，2013，27（3）：319－344.

② Weiss R. S.，*Learning from Strangers*，New York：Free Press，1994.

为时隐时现、难分伯仲的关系特点。小芳，19岁，出生在一个不算富裕的陕北农家，在西安打工两年左右，现在一家发廊做小工。

> 进城这两年多，我找过挺多份工作的……但是我没有觉得哪家老板因为我是女的歧视我……倒是遇到过有些瞧不起农村人的老板，他（她）那儿的工作就不要我。之前我申请了咱们西安一家五星级酒店的清洁工工作，最气人的是，经理说我不符合条件，因为我说农村土话，不是标准普通话，要是雇了我，酒店客人肯定会质疑他们酒店五星级的服务档次。（20100615　女农民工小芳）

此案例中，由于经理看重应聘者的气质与语言，小芳直接感受到的是农村身份带给她的求职障碍。处于转型过程的是我国社会，市场机制是推动劳动力流动的重要力量，当求职者进入劳动力市场的竞争环境时，出身、性别等身份的重要性凸显，将会对人们的求职过程与结果产生重大影响。① 小芳感受到的是户籍的影响，性别身份的影响暂时隐退，此时并未被小芳明确感知。除口音外，相对匮乏的人力资本，也是阻碍女农民工获取理想工作的主要障碍。下段访谈同样来自小芳。但这一次，当她谈及她的辍学经历时，她隐晦地将其归咎于性别歧视。

> 在我辍学的那一年，我爸妈和别人合伙做小买卖，连投进去的本钱都亏了，我家没啥钱，我才13岁。家里加我一共四个娃，我还有两个姐、一个弟。我家女孩儿都没上完初中。在农村，我们女娃不比男娃，我和我姐她们一样，没啥选择……我现在当然也知道，如果你想要找份好工作，学历太重要了。（20100615　女农民工小芳）

由于性别的先赋性，小芳将其视为理所当然，只是透露出学历不高的遗憾。以上两段小芳的叙述显示，女农民工的双重身份彼此独立，分别形成求职障碍性因素。然而，到底遭受哪一种身份带来的求职障碍，

① 佟新：《劳动力市场、性别和社会分层》，《妇女研究论丛》2010年第5期。

则往往由用人单位对求职者的资质需求所决定。在某一情境/时点下，某一身份可呈隐性，另一种身份则相对呈显性。在不同的情境/时点下，两个身份在显性、隐性之间进行切换，这不同于传统交叉性理论所认定的双重或多重身份时刻都保持相等的显著性。这一发现说明：首先，依存场域在解读交叉性时具有重要作用。依存场域可被具体解读为雇主对于应聘者的资质需求（普通话或较高学历）。各身份之间形成的互相作用在不同的场域下是不同的，身份及其所处的情境的高度敏感性，要求我们不能脱离情境去预先假设身份之间的交叉关系。其次，我们运用交叉性理论这一视角研究问题时，也需要重视每个身份本身及其作用，方能更好地阐释双重或多重身份的个体或群体的现实境况。①

虽然在谈及过往坎坷的求职经历时，小芳先后将其归咎于被拆分开的身份，但当她描述自己之前寻找工作的艰辛时，她却表达出区分两个身份的困难：

> （在求职过程中遭遇歧视时）我就是个女农民工，啥意思？其实，连我自己都说不清楚，到底首先因为我是女的、其次是个农民工被歧视，还是主要嫌弃我是个农民工、其次是个女的？不管哪种，那就是我。其实，我就是个结合体……为了一千五的月工资，我特别卖命工作。也算值了……嗨，不存在啥你愿意不愿意的问题。你只要就是个女农民工，你就要接受这么个行情……（20100615 女农民工小芳）

实质上，小芳同时隶属于性别与户口两个社会分层系统。对她而言，两者高度重叠并共同作用。此时，当分析交叉过程时，又不能将身份简化成单个因素，或仅观察每个因素的独立作用。② 否则，分析仅停留在对于交叉性结果的表层认识上。③ 这是因为社会个体或群体的经历通常嵌入

---

① Anthias F.，"Intersectional What? Social Divisions，Intersectionality and Levels of Analysis"，*Ethnicities*，2012，13（1）：3－19.

② Baca Z. M. and Thornton D. B.，"Theorizing Difference from Multiracial Feminism"，*Feminist Study*，1996，22：321－333.

③ Bowleg L.，"Once You' ve Blended the Cake，You can' t Take the Parts Back to the Main Ingredients：Black Gay and Bisexual Men' s Descriptions and Experiences of Intersectionality"，*Sex Roles*，2013，68：754－767.

在制度化实践和文化性话语中。[①] 具体到我国情境中，前者意指户籍制度，后者指向父权文化。该案例说明，身份实际上不可分割，彼此相互影响，而非相互平行、彼此独立。只是在某些场景下，双重与多重身份之间可能会出现隐性、显性之别。

（二）双重身份的竞争：此消彼长、殊途同归

在某些场域或条件下，女农民工的双重身份及其歧视，还可能表现为一种竞争对抗关系，影响她们在城市劳动力市场中的求职经历与结果。23 岁的女农民工妙娴，在一家洗浴中心做按摩师，她向笔者描述了两次求职的沮丧经历。性别、户口双重身份之间呈现一种你强我弱、你弱我强的交替互动关系，是导致其求职屡屡失败的主要原因。对此，她表达了自己的困惑：

> 哎……我不是没试着找过好工作，只是找一次失败一次，最后只好放弃了……（你所说的好工作是指什么？）打字员，至少不用伺候人。中学毕业后，我来城里打工时上过一个打字培训班，教我的老师都说我学得快、打字麻利。之后我应聘了一个事业单位的打字员工作，就是个临时工，但负责招聘的领导委婉地拒绝了我。一再追问下，她才说还是想找个西安本地的，这样就不用分宿舍了，之前招过的农村娃为了分宿舍的事儿闹得厉害。我说我打字特别快，她说对他们这种单位来说，这不重要……后来我又找到一家私企，还是打字员工作，不过又失败了。招聘的说："我们这儿经常加班，所以男的比女的合适。"我迷茫得很，一会儿是要本地户口，一会儿是要男的，不管咋样，我都不符合。（20141004　女农民工妙娴）

妙娴两段失败的求职经历，呈现出性别、户口两种身份及其歧视之间对话式的、竞争性的交叉作用。这是一种"此消彼长"的关系，其中一方增强则另一方式微[②]，两种力量较量的结果，最终导致妙娴求职被拒。显然，妙娴面临的情境有别于小芳，她每次被拒的理由都是明确针

① Ferree M. M.，"Filling the Glass：Gender Perspectives on Families"，*Journal of Marriage and Family*，2010，72：420 - 439.

② 夏循祥、陈健民：《论无权者之权力的生成　以香港利东街居民运动为例》，《社会》2014 年第 1 期。

对农村户口与女性身份。妙娴第一次求职国有单位时，（本地）户口是较大障碍，而第二次应聘私营企业时，性别的负面作用超越户口。无论哪个身份成为职位录取的首要考虑因素，女农民工始终都是受害者。可见，对于具有双重或复合性身份的社会个体或群体而言，一种身份及效应一旦被动摇，另一个（些）身份效应则会加固，这样其所经受的复合式的边缘化经历将保持稳定。① 在妙娴案例中，性别歧视的弱化，则意味着户口歧视的增强，反之亦然。

此案例中，妙娴两个身份强弱关系的变化，显示出交叉性所强调的情境及其变动性，即在某些场域内，社会个体或群体的某些身份比另一个（些）效果更突出、明显。妙娴能够在两个身份之间分出主次，表明身份之间存在排序的可能性。这与传统交叉性研究的观点相左，认为研究者应展开非垄断式、中心式研究，而是应该不偏倚任何身份，因为身份之间无主次之分。② 联系小芳的案例分析可见，身份的排序和身份之间的交互是可以共存的。③

女农民工两种身份作为主次影响因素不断切换，反映出公共部门与市场部门对于求职者的不同偏好。实质上，两种身份之间角色的相互转换是由应聘单位的体制决定的。一方面，性别歧视在市场部门显现明显，这是因为市场部门更重视利润的获取和劳动成本的降低，而女性职工必然会因结婚、生育等一系列事宜无形中提高了单位的用人成本。④ “哪个单位愿意用女的？麻烦啊，没上几天班，未婚的要结婚，要休婚假；结了婚的又要生孩子，什么产假、哺乳假，没完没了。这样的话，用人成本太高了，划不来。估计过不了几天我们公司就要关门了。”（20100701 私企领导贾磊）另一方面，户口身份及户籍歧视在公共部门更为突出，

---

① Wilkins A. C.，“Stigma and Status：Interracial Intimacy and Intersectional Identities among Black College Men”，*Gender & Society*，2012，26（2）：165 – 189.

② Bowleg L.，“When Black + Lesbian + Woman ≠ Black Lesbian Woman：The Methodological Challenges of Qualitative and Quantitative Intersectionality Research”，*Sex Roles*，2008，59：312 – 325.

③ Bowleg L.，“Once You've Blended the Cake，You can't Take the Parts Back to the Main Ingredients：Black Gay and Bisexual Men's Descriptions and Experiences of Intersectionality”，*Sex Roles*，2013，68：754 – 767.

④ 李春玲、李实：《市场竞争还是性别歧视——收入性别差异扩大趋势及其原因解释》，《社会学研究》2008 年第 2 期。

这是因为公共部门频现裙带关系、任人唯亲等体制特性。

（三）双重身份的互构：协同合作、时空不移

当时间与空间条件发生变化时，女农民工的双重身份往往表现为一种协同互构关系，并与以时空要素为代表的第三方因素，共同作用于女农民工的求职过程。彩云，39岁，来西安打工20多年，在谈到求职经历及对于现状和未来的认知时，她表现出伴随年龄与日俱增的不安全感：

> 回头看看，21年就这样过去了……现在的我和那时的我区别不大，都是个女农民工，或者叫打工妹，要硬说什么区别，估计就是年轻打工妹与大龄打工妹的区别吧……哎，我老了以后怎么办？……说实在的，一想到这个问题，我现在就感觉特别害怕，不踏实。如果我现在18岁，那我肯定特别愿意体会下城市生活的各种挑战和变化；但是，这对于我来说已经很难了——我不知道前面等我的是啥样的日子……我年轻的时候，至少还可以找到个像餐馆服务员、超市收银员或者宾馆服务员这样的工作……不管咋说，至少体面、光彩呀……你知道我现在干啥工作不？保洁，专门负责打扫厕所。我当年离开家，是冲着城市的好生活和体面的身份去的，结果生活欺骗了我。（20110630 女农民工彩云）

彩云的谈话勾勒出了她在城市劳动力市场中的处境随着年龄的增长而发生变化的轨迹。她经历了向下的职业流动，她认为年龄是最合理的影响因素，性别和户口两个身份均保持不变并支持合作，而作为第三方因素的“时间”作用凸显，最终与前两者一起共同影响女农民工的求职经历。社会排斥并非静止的，而是依据其所发生的历史情境和过程的转变而变化的。① 彩云遭遇的因年龄增长而带来的各种变化，显示了双重或多重性身份的社会个体经历的动态性特征。Anthias② 指出，将交叉性放入特定的时间情境中进行研究，克服了所谓社会占位的固定化。充分显示

---

① Strolovitch D.，“Intersectionality in Time：Sexuality in the Shifting Boundaries of Intersectional Marginalization”，*Politics & Gender*，2012，8（3）：386－396.

② Anthias F.，“Hierarchies of Social Location，Class and Intersectionality：Towards a Translocational Frame”，*International Sociology*，2012，28（1）：121－138.

了时空背景在分析双重或多重身份交叉机制的重要性。[①] 城市劳动力市场中的女农民工多以年轻、未婚、短工化等特征为主。[②] 当然，对年轻女农民工的偏好也与其行业性质有关。多数情况下，在服务或其相关行业，雇主们很关注“软技能”，比如，求职者的长相、与客户的沟通能力等特征。[③] 在招聘筛选环节，对女农民工苛求年龄，印证了 Gaetano 定义的“吃青春饭”现象[④]，意指中国当代未婚、年轻的女农民工，运用自身性别优势想办法融入城市社会，尤其是在诸如服务行业打工的她们，实质上遭受着建立在其年轻、女性特质上的剥削和利用。因此，即便对于那些目前工作机会看似颇多的年轻女农民工而言，所谓的相对优势也是非常暂时的，具有高度选择性与易变性。

除时间因素外，空间因素也可作为第三方因素，与性别、户口的协同互构，共同影响女农民工求职经历。佩兰，31 岁，现从事育婴师工作，通过工作地点迁移，她的求职处境改进许多：

> 我之前在东北的一个小城市打工。其实我挺厌恶那个地方的，因为我在那儿找工作失败的经历数都数不过来，每次都因为我是个女农民工。但是，说实话，这些痛苦折磨让我强大、勇敢起来……我决心要闯出一条属于自己的路……我后来参加了一个育婴嫂的培训班，拿到了证书。再后来，也就是四年前，为了能和还留在老家的我娃还有我老公离得近点儿，我来到西安这个大城市打工。功夫不负有心人！那会儿的西安市面上很缺专业的住家育婴嫂，好多刚有娃的主家都找我做，我一下红火起来。现在，我一个月挣6000 块，而且，不是工作选我而是我选工作。哈哈，好些时候我都被当成城里女人呢。所以，要问我女农民工这身份给我带来了啥，我觉得就

---

① Sang K. , Al – Dajani H. , Ozbilgin M. , “Frayed Careers of Migrant Female Professors in British Academia: An Intersectional Perspective”, *Gender, Work & Organization*, 2013, 20 (2): 158 – 171.

② 金一虹：《农村劳动力流动中的社会性别和两种生产的二元分割》，《妇女研究论丛》2009 年增刊。

③ Pager D. , Western B. , Bonikowski B. , “Discrimination in a Low – wage Labor Market: A Field Experiment”, *American Sociological Review*, 2009, 74: 777 – 799.

④ Gaetano A. M. , “Sexuality in Diasporic Space: Rural – to – urban Migrant Women Negotiating Gender and Marriage in Contemporary China”, *Gender, Place and Culture*, 2008, 15 (6): 629 – 645.

是让我的生活变得更好。(20110630　女农民工佩兰)

佩兰作为女农民工的双重身份丝毫未变，但其地位却因地理迁移而改进许多。她所叙述的不同地理空间中的不同经历，强调了时空情景对于理解双重身份社会个体经历的重要性。[①] 时空变换带来的各种改变，说明交叉互动并非仅被限定在某个界域内，而是以动态变化。[②] 性别和户口双重身份紧密联系且相互强化，双重身份的交叉结果对女农民工而言是把“双刃剑”，既包含着双重劣势，又可能给其带来某些收益。佩兰获得高收入这一事实，不同于传统交叉性研究所强调的，双重或多重边缘化的身份，必然导致该群体的双重或多重劣势。同时拥有女性、农民工双重身份，使佩兰具有 Collins[③] 所定义的“优势矩阵”，即优势和劣势并存。边缘化身份所带来的劣势鼓励佩兰做出许多自我改变与调整，形成所谓的“反向优势”[④]，帮助她收获物质利益或声望。同时，笔者发现这一群体面临着尴尬的境地：一方面，在亲历城市的现代性后，她们对于融入主流城市社会具有强烈的愿望。遗憾的是，她们最终发现，无论自己怎样努力，城市主流社会的边界始终难以逾越。另一方面，作为新生代农民工的代表，她们与老一辈农民工相比，对于乡村的牵挂、根由上存在明显差异：由于并未从小亲历农村社会丰富的公共生活与人际交往，她们没有鲜活、立体且意义丰富的农村社会生活与乡土情谊。[⑤] 但经由成长过程中的社会化，她们又熟谙并内化有关传统农村女性有关角色期待与家庭内部分工的一套规矩。因此，城市、乡村两个社会均无法提供她们身份认同所需依据，而似乎又都无法割舍。于是，她们履行着“中间代理人”身份，创造、维持并形塑着城乡社会之间的联系。[⑥]

---

① Kzzyak E.，“Midwest or Lesbian? Gender，Rurality，and Sexuality”，*Gender and Society*，2012，26（6）：825－848.

② Wilkins A. C.，“Stigma and Status：Interracial Intimacy and Intersectional Identities among Black College Men”，*Gender & Society*，2012，26（2）：165－189.

③ Collins P.，*Black Feminist Thought：Knowledge，Consciousness，and the Politics of Empowerment*，New York：Routledge，1991/2000.

④ Dimaggio P. and Garif F.，“Network Effects and Social Inequality”，*Annual Review of Sociology*，2012，38：93－118.

⑤ 黄欣欢：《双重脱嵌与新生代农民工的阶级形成》，《社会学研究》2014 年第 2 期。

⑥ Wong T. C. and Rigg J.，*Asian Cities，Migrant Labor，and Contested Spaces*，New York：Routledge，2011.

佩兰决定变换打工城市，实际上是由其家庭需求决定的。佩兰的案例说明，在农民工家庭中，女性仍需严格遵守父权社会下的性别角色期待与分工。一旦其经济独立，对家庭的贡献程度被认为达到威胁现有的社会秩序时，就会受到各种形式的惩罚，最终仍被置于社会的底层。[①] 佩兰自我认定的成功，源于她对于父权制度和户籍制度的支持与维护，这标志着女农民工对于城市人、男性两个群体的屈从。通过从事传统意义上与女性特征紧密相关的家政服务，佩兰巧妙地利用其双重身份，将两者作为她获得成功的资源。育婴师这一职业与传统的家政服务有所区别，需要更先进的专业知识和技能，但是，它与诸如保姆工作的本质相同，是一个严重性别化和缺乏职业声望的职业。[②] 同时，城市对于育婴嫂的极大市场需求也映射出 Collins 所定义的“操控图像”。[③] 所以，经历物理空间变换后，佩兰在其求职经历上有一定的优化，但她始终未摆脱次级劳动力市场不同工作之间的“水平化困境”，向上的职业流动诉求以失败而告终。[④]

五 结论与讨论

围绕我国女农民工城镇劳动力市场边缘化所展开的研究不胜枚举，多数学者观察到“女性”与“农民工”双重身份对该弱势群体“弱势中的弱势”境遇形成的重要影响。但是，目前国内学界尚缺乏针对双重身份所构建出的理论框架，即交叉性理论指导下的实证研究。正如苏熠慧[⑤]所指出的，虽然交叉性理论是探索包括女农民工在内的诸多女性底层和边缘群体的重要研究范式与方法，但目前国内使用的人还少之又少。本

---

① 刘爱玉、佟新、付伟：《双薪家庭的家务性别分工：经济依赖、性别观念或情感表达》，《社会》2015 年第 2 期；於嘉：《性别观念、现代化与女性的家务劳动时间》，《社会》2014 年第 2 期。

② Folbre N. , *The Invisible Heart*: *Economics and Family Values*, New York: New Press, 2001.

③ Collins P. , *Black Feminist Thought*: *Knowledge*, *Consciousness*, *and the Politics of Empowerment*, New York: Routledge, 1991/2000.

④ 黄欣欢：《双重脱嵌与新生代农民工的阶级形成》，《社会学研究》2014 年第 2 期。

⑤ 苏熠慧：《“交叉性”流派的观点、方法及其对中国性别社会学的启发》，《社会学研究》2016 年第 4 期。

文运用过程导向的交叉性理论视角，依据2010年、2011年以及2014年在西安市的田野调查资料，探求女性、农民工双重身份如何互动并继而影响女农民工的求职结果。这一研究必将为交叉性理论在中国语境中的应用做出努力。

本文发现：在女农民工的求职过程中，其双重身份（性别和户口）大致以三种类型呈现出来，并塑造女农民工更为劣势的求职遭遇。这三种类型关系包括：分离关系、竞争关系与合作关系。每种关系中，两个身份各自扮演不同的角色，包括有形与无形、主要与次要以及两者的协同互构，呈现出不同的交叉性关系特点，包括时隐时现、难分伯仲；此消彼长、殊途同归；以及协同合作、时空不移。具体而言，在第一种关系中，性别和户口彼此独立，依据雇主对于应聘者的资质需求的变换，各自时隐时现地影响着女农民工的求职经历；在第二种关系中，依据女农民工求职的不同的单位体制，性别和户口交替地作为主要因素形塑该群体的求职境遇；在第三种关系中，两个身份协同合作，随着时空要素的变换，提升或降低女农民工在城市社会中的求职机会。正是经由这三种关系类型内在的作用机制，女农民工群体相对弱势的求职经历得以产生、巩固甚至重现。

本文具有以下政策启示。基于户籍制度的身份歧视是造成女农民工边缘化地位的重要维度之一。新一轮的户籍制度改革，通过取消农业、非农业的户口性质区分的举措，力图打破传统城乡二元体制，尤其是改变该体制下农民工群体利益受损的局面，从而确保该群体享有与城市人相同的权利与合法性市民地位，具有积极重要的历史意义。但是，制度条文易改，深层观念难除。城市人对包括女农民工在内的农民工群体的身份歧视并不会即刻消失，而会以各种方式继续存在。其原因是：户籍歧视是长久以来被制度合法化了的消极情感反应与实践行为。主要包括：微观个体本身的主观偏好；微观个体/群体对其他个体/群体可能造成的地位、利益、文化方面的挑战与威胁的排斥；以及微观个体/群体对陈旧观念的惰性恪守。所以，要使农民工群体在城镇化进程中真正融入城市社会，除了应鼓励该群体自身的主体地位、身份认同的提升外，社会中关于农民工的刻板印象的与时俱进，才可使户籍制度改革不成为一纸空文。

参考文献

杜平:《男工女工：当代中国农民工的性别、家庭与迁移》，香港中文大学出版社2017年版。

国家统计局:《2016年全国农民工监测调查报告》，2016年4月28日，国家统计局官网，http：//www. stats. gov. cn/tjsj/zxfb/201604/t20160428_1349713. html。

何明洁:《劳动与姐妹分化：中国女性农民工个案研究》，四川大学出版社2009年版。

贺萧:《记忆的性别：农村妇女和中国集体化历史》，人民出版社2017年版。

黄欣欢:《双重脱嵌与新生代农民工的阶级形成》,《社会学研究》2014年第2期。

金一虹:《农村劳动力流动中的社会性别和两种生产的二元分割》,《妇女研究论丛》2009年增刊。

李春玲、李实:《市场竞争还是性别歧视——收入性别差异扩大趋势及其原因解释》,《社会学研究》2008年第2期。

刘爱玉、佟新、付伟:《双薪家庭的家务性别分工：经济依赖、性别观念或情感表达》,《社会》2015年第2期。

潘毅:《中国女工——新兴打工阶级的呼唤》，任焰译，明报出版社有限公司2007年版。

沈海梅:《中间地带：西南中国的社会性别、族性与认同》，商务印书馆2012年版。

苏熠慧:《“交叉性”流派的观点、方法及其对中国性别社会学的启发》,《社会学研究》2016年第4期。

苏映宇:《女性农民工劳动权益受损状况研究》，《人文杂志》2016年第6期。

佟新:《劳动力市场、性别和社会分层》，《妇女研究论丛》2010年第5期。

夏循祥、陈健民:《论无权者之权力的生成 以香港利东街居民运动为例》,《社会》2014年第1期。

於嘉:《性别观念、现代化与女性的家务劳动时间》，《社会》2014年第2期。

Anthias F. , "Hierarchies of Social Location, Class and Intersectionality: Towards a Translocational Frame", *International Sociology*, 2012, 28 (1) .

Anthias F. , "Intersectional What? Social Divisions, Intersectionality and Levels of Analysis", *Ethnicities* , 2012, 13 (1) .

Baca Z. M. and Thornton D. B. , "Theorizing Difference from Multiracial Feminism", *Feminist Study*, 1996, 22.

Bowleg L. , "When Black + Lesbian + Woman ≠ Black Lesbian Woman: The Methodological Challenges of Qualitative and Quantitative Intersectionality Research", *Sex Roles*, 2008, 59.

Bowleg L. , "Once You' ve Blended the Cake, You can' t Take the Parts Back to the Main Ingredients: Black Gay and Bisexual Men' s Descriptions and Experiences of Intersectionality", *Sex Roles*, 2013, 68.

Choo H. Y. and Ferree M. M. , "Practicing Intersectionality in Sociological Research: A Critical Analysis of Inclusions, Interactions, and Institutions in the Study of Inequalities", *Sociological Theory*, 2010, 28 (2) .

Collins P. , *Black Feminist Thought: Knowledge, Consciousness, and the Politics of Empowerment*, New York: Routledge, 1991/2000.

Collins P. , "It' s all in the Family: Intersections of Gender, Race, and Nation", *Hypatia: A Journal of Feminist Philosophy*, 1998, 13.

Crenshaw K. , "Mapping the Margins: Intersectionality, Identity Politics, and Violence against Women of Colour", *Stanford Law Review*, 1991, 43.

Dimaggio P. and Garip F. , "Network Effects and Social Inequality", *Annual Review of Sociology*, 2012, 38.

Ferree M. M. , "Filling the Glass: Gender Perspectives on Families", *Journal of Marriage and Family*, 2010, 72.

Folbre N. , *The Invisible Heart: Economics and Family Values*, New York: New Press, 2001.

Gaetano A. M. , "Sexuality in Diasporic Space: Rural - to - urban Migrant Women Negotiating Gender and Marriage in Contemporary China", *Gender, Place and Culture*, 2008, 15 (6) .

Gaetano A. M. and Jacka T. , *On the Move*: *Women in Rural – to – Urban Migration in Contemporary China*, New York: Columbia University Press, 2004.

Garry A. , "Intersectionality, Metaphors, and the Multiplicity of Gender", *Hypatia*: *A Journal of Feminist Philosophy*, 2011, 26 (4) .

Jacka T. , *Rural Women in Urban China*: *Gender*, *Migration*, *and Social Change*, New York: Armonk, 2006.

Kzzyak E. , "Midwest or Lesbian? Gender, Rurality, and Sexuality", *Gender and Society*, 2012, 26 (6) .

Pager D. , Western B. , Bonikowski B. , "Discrimination in a Low – wage Labor Market: A Field Experiment", *American Sociological Review*, 2009, 74.

Penner A. M. and Saperstein A. , "Engendering Racial Perceptions: An Intersectional Analysis of How Social Status Shapes Race", *Gender & Society*, 2013, 27 (3) .

Sang K. , Al – Dajani H. , Ozbilgin M. , "Frayed Careers of Migrant Female Professors in British Academia: An Intersectional Perspective", *Gender*, *Work & Organization*, 2013, 20 (2) .

Strolovitch D. , "Intersectionality in Time: Sexuality in the Shifting Boundaries of Intersectional Marginalization", *Politics & Gender*, 2012, 8 (3) .

Walby S. , Armstrong, J. and Strid, S. , *Deliverable No. 42*: *Conceptual Framework for Gender + Equality Policies in a Multicultural Context*, Vienna: IWM, 2009.

Wang Y. , "The Mystery Revealed – Intersectionality in the Black Box: An Analysis of Female Rural – to – urban Migrants' Employment Opportunities in Urban China", *Hypatia*: *A Journal of Feminist Philosophy*, 2015, 30 (4) .

Wang Y. , "More than Double Jeopardy: An Intersectional Analysis of Persistent Income Disadvantages of Chinese Female Migrant Workers", *Asian Journal of Women's Studies*, 2018, 24 (2) .

Weiss R. S. , *Learning from Strangers*, New York: Free Press, 1994.

Wilkins A. C. , "Stigma and Status: Interracial Intimacy and Intersectional Identities among Black College Men", *Gender & Society*, 2012, 26 (2).

Wong T. C. and Rigg, J. , *Asian Cities, Migrant Labor, and Contested Spaces*, New York: Routledge, 2011.

云南边境地区跨境民族的国家认同和民族认同

赵 煜*

边境是一个有着国家属性的地域概念，它的出现使一些本无区隔的同一民族出现了国家归属的区分。这种区分导致处于边境线两侧属于不同国家的同一民族形成不同的国家认同，并对他们原有的、共同的民族认同产生强烈冲击，使这些民族的民族认同在不同国家资本博弈下表现出策略性选择。

一 云南边境地区和跨境民族概况

云南是中国西部的一个边疆省份，西与缅甸交界，南与老挝、越南接壤，邻近泰国、柬埔寨、印度等国家，是中国西部重要的边疆地区。

云南与缅甸、老挝、越南接壤的边境线长达4060千米，是中国边境线较长的省份之一。其中，中越边界长1335千米，中老边界长710千米，中缅边界长1997千米。①边境沿线共有“怒江州、保山市、德宏州、临沧市、普洱市、西双版纳州、红河州、文山州等8个边境州、市的25个边境县、市（怒江州：泸水市、福贡县、贡山县；保山市：腾冲市、龙陵县；德宏州：芒市、瑞丽市、盈江县、陇川县；临沧市：镇康县、耿马县、沧源县；普洱市：江城县、孟连县、澜沧县、西盟县；西双版纳州：景洪市、勐海县、勐腊县；红河州：金平县、绿春县、河口县；文山州：麻栗坡县、马关县、富宁县），地域面积9.25万平方千

* 赵煜是中国云南省昆明理工大学马克思主义学院教授。

① 云南省情概况，云南省人民政府网，http：//www. yn. gov. cn。

米，人口690多万人”。[①]

云南也是中国民族种类最多的省份，除汉族外，人口在5000人以上的世居少数民族有25个。[②] 在这25个少数民族中，有很多是生活于中缅、中越、中老边境线两侧的跨境民族。跨境民族也被称为跨界民族、跨国民族等，虽然因为研究视角和不同边境地区称谓习惯的差异，对这类民族的称谓略有不同，但总体上，这类称谓都是对居住在国境线两侧，属于不同国家的同一民族的表示。由于现实生活中，边境地区各民族居住情况的复杂性，有学者又在此基础上做出广义和狭义跨境民族的区分。比如方铁曾经将中国的跨境民族区分为狭义跨境民族和亲缘民族两种类型。他认为狭义跨境民族是指“居住在中国和邻国的同一民族，最早居住在同一地区，以后由于迁徙和国界变动等原因分别居住在两个或两个以上的国家，但目前主要分布区域仍然相连或相邻，语言和文化基本相同者”。[③] 而亲缘民族在他看来则是指“在中国及邻国的一些具有共同族源关系，但目前对其是否为同一民族尚有异议的民族群体。这些民族有共同的族源关系，以后因迁徙或国界变动等原因，其中主要的部分逐渐向不同的方向发展……”[④] 他把生活于云南边境地区的傣族、壮族、侗族、布依族视为亲缘民族。他认为广义的跨境民族是由狭义跨境民族和亲缘民族构成的。

本文并不想就跨境民族的广义和狭义的定义和内涵进行深入辨析，在此，采用大多数研究中使用的跨境民族含义：因历史原因和边境划界，在国境线两侧相邻而居，有着共同的族源关系、民族认同，语言、文化、习俗基本相同的同一个民族。也就是说，本文并不刻意将云南边境地区的跨境民族区分狭义和亲缘两类，而是从广泛意义上使用这一概念，并且讨论分析的是中国一侧的跨境民族边民。

从这个意义上看，云南25个少数民族中居住于中国边境线一侧、与邻国相邻，人口在5000人以上的跨境民族有16个，它们分别是：壮

① 《云南省沿边开放经济带发展规划（2016—2020）》，云南省人民政府网，http：//www. yn. gov. cn。

② 云南省情概况，云南省人民政府网，http：//www. yn. gov. cn。

③ 方铁：《云南跨境民族的分布、来源及其特点》，《广西民族大学学报》（哲学社会科学版）2007年第5期。

④ 同上。

族、傣族、布依族、苗族、瑶族、彝族、哈尼族、景颇族、傈僳族、拉祜族、怒族、阿昌族、独龙族、佤族、布朗族和德昂族。[①] 这16个民族在中国云南边境一侧的分布情况大致如下：

（一）源自于古代百越族群的民族

壮族，生活于中越边境线一带，与越南的岱、侬族是同一民族[②]，共有121.53万人[③]左右，主要分布于与越南接壤的云南省文山壮族苗族自治州麻栗坡、富宁、马关等边境市县。

傣族，生活于缅甸、老挝、越南、泰国边境，与越南、老挝的傣族，泰国的傣泐、泰族，老挝的老族是同一民族，人口近122.23万，主要分布于西双版纳傣族自治州勐海县、勐腊县，普洱市孟连县和德宏景颇族和傣族自治州芒市、瑞丽市等边境市县。

布依族，邻越南而居，与越南境内布依族为同一民族，约5.88万人，分布于曲靖市罗平、富源等县。

（二）源自于古代氐羌族群的民族

彝族，在边境地区生活于越南和老挝边境，与越南、老挝的倮倮族为同一民族，共有504.12万人，分布于楚雄彝族自治州、红河哈尼族彝族自治州江城等边境县。

哈尼族在中国与越南、老挝、缅甸、泰国的边境都有居住，与越南的哈尼族、缅甸的高族、老挝的卡果族、缅甸的高族、泰国的阿卡族为同一民族，约162.95万人，主要生活于云南红河哈尼族彝族自治州的绿春、金平等边境县。

拉祜族跨中、缅、泰、越、老五国而居，与老挝、泰国、越南的拉祜族、缅甸的么些族、越南的苦聪族为同一民族，约47.5万人，主要生活于云南红河哈尼族彝族自治州的普洱市澜沧、孟连、西盟等边境县。

傈僳族靠缅甸和泰国而居，与缅甸、泰国的傈僳族为同一民族，有

---

① 刘稚：《云南与东南亚跨境民族的源和流》，载赵廷光《云南跨境民族研究》，云南民族出版社1998年版，第29页。

② 刘稚：《云南与东南亚跨境民族的源和流》，载赵廷光《云南跨境民族研究》，云南民族出版社1998年版，第30页。以下所述各跨境民族之间的族源关系皆出自此书，第30—41页。

③ 全国第六次人口普查数据，国家统计局，http：//www. stats. gov. cn。以下各民族在云南的人口数据均源自于此。

66.84 万余人，主要聚居于云南怒江傈僳族自治州福贡、泸水，保山市腾冲等边境县。

景颇族生活于中缅边境线一带，与缅甸的克钦族是同一民族，共 14.29 万人，主要分布于德宏傣族景颇族自治州陇川、盈江等边境县。

阿昌族，邻近缅甸而居，与缅甸的迈达族为同一民族，有 3.81 万余人。分布于德宏傣族景颇族自治州芒市等地。

怒族，生活于中缅边境，与缅甸怒族为同一民族，有 3.18 万余人，聚居于云南怒江傈僳族州贡山、福贡等边境县。

独龙族，靠近缅甸而居，与缅甸独龙族为同一民族，有 6353 余人，分布于云南怒江傈僳族州贡山等地。

（三）源自于古代苗、蛮称谓的民族

苗族，跨中、越、老、泰、缅五国而居，有 120.27 万余人，是人口较多的边境民族之一，主要分布于云南文山壮族苗族自治州马关、富宁、麻栗坡，红河哈尼族彝族自治州金平等边境县。

瑶族和苗族一样，也是跨中、越、老、泰、缅五国而居，与越、老、泰、缅的瑶族为同一民族，约有 21.99 万人，主要居住于红河哈尼族彝族自治州金平、河口，云南文山壮族苗族自治州马关等边境县。

（四）源自于古代百濮族群的民族

佤族，生活于中、缅、泰三国边境地带，与缅甸佤族、泰国拉佤族为同一民族，有 40.08 万人，主要聚居于云南临沧市沧源、耿马，普洱市西盟、孟连等边境县。

德昂族，靠中缅边境居住，与缅甸崩龙族为同一民族，约 2.02 万人，主要聚居于云南省德宏州芒市，临沧市镇康等边境市县。

布朗族，居住于中老边境地区，与老挝布朗族为同一民族，约 11.96 万人，生活于云南省西双版纳勐海、保山市耿马、红河州澜沧等边境县。

从云南边境跨境民族的分布来看，16 个跨境民族大多沿四千多千米的边境线居住，分布区域广，横跨云南省 8 个州、市，其居住地与邻国的同一民族基本连成一片。而且各民族既相对集中居住，又与他民族存在一定程度的交错杂居。

这些跨境民族虽然生活在同一时空中，却又分属于不同国家，受到国家体系和民族体系的双重影响，形成其特有的国家认同和民族认同。

“两个认同”同时存在并交织在一起，既相互区别又相互作用，并随着影响“两个认同”的资本要素变化而发生改变。

二 边境地区影响“两个认同”的资本要素

布迪厄的场域理论认为场域是各种社会关系联结起来的，表现形式多样的社会场合或社会领域。在场域中，引起社会关系生成和变化的主要因素是资本。任何一个场域始终都是行动者运用其所掌握的各种资本进行比较、交换和竞争的场所。①

在云南边境地区，影响边境线两侧跨境民族边民各自国家认同和民族认同的是他们在同一时空场域中所面对的不同的国家资本和相同的民族资本。

国家资本是边境地区中导致生活于边境线两侧跨境民族在生产、生活、文化、教育、社会保障等方面出现较大差异的因素。一个国家其国家资本强大与否、国家资本对边境地区的辐射程度如何，直接影响着边民的国家认同。在云南边境地区，影响跨境民族国家认同的主要国家资本是各自国家政治、经济、文化、教育、社会保障等方面的实力，它们通过制度、政策、福利、社会公共服务等要素形式表现出来，对边民的生活产生实实在在的影响。边境线两侧跨境民族边民在其生产、生活的实践中会有意或无意地对双方国家所能创造、提供的资本进行比较，进而形成其不同的国家认同。

民族资本是边境地区中，影响跨境民族边民国家认同和民族认同的另一个重要要素。在边境场域中，民族资本的特殊意义在于跨境民族虽然因为国家边界的出现成为不同的国家公民，但同一民族长期积淀下来的血缘关系和族群认同并没有因国家边界的出现而隔断，迄今为止生活在云南边境线两侧的跨境民族都有着相同的生活习惯、风俗习惯，相似的文化价值观念，相互的情感认同、姻亲联系和往来，它们维系着边境线两侧跨境民族的民族认同。

在边境地区，国家资本与民族资本共同构成影响跨境民族国家认同

① 刘少杰：《后现代西方社会学理论》，社会科学文献出版社2002年版，第199页。

与民族认同非常重要的要素和条件，这些要素和条件扎根于跨境民族的日常生活实践中，边民们将会在不断比较、交换、整合这些资本要素的过程中形成相应的国家认同和民族认同。而这些资本要素在不同时期的变化，也使边境地区跨境民族的国家认同和民族认同表现出动态变化的状态。

三　国家资本与跨境民族边民的国家认同

跨境民族边民对自己归属国家的认知以及对这个国家的历史、政治、文化、民族等构成要素的评价和情感是其国家认同的重要组成部分。在边境地区，一个国家只有更好地得到长期生活在国境线一带，有着较为强烈民族认同的跨境民族边民的认同，国家的边境地区才能真正实现稳定。而促使跨境民族边民国家认同意识增长的一个重要因素就是一个国家在政治、经济、文化、军事等方面的综合实力。

（一）国家国力与边民的公民自豪感

国家国力作为边境地区影响边民国家认同的重要资本要素在很大的程度上对跨境民族边民的影响是直接的，很多边民往往是在对相邻国与本国实力的直观对比中建构自己的认同观。对于具有特殊民族身份背景的跨境民族而言，由于其民族认同往往先于国家认同，因此，在很大程度上他们在国家认同的问题上表现出理性多于感性的特征，其国家认同的形成、认同感的加强更多的是源自其属国国力带来的自豪感、荣誉感。当其属国国家实力强于同一民族的所属的邻国时，跨境民族会在与外国同胞的比较中，为自己的国民身份感到自豪，其国家认同感增强；反之，当国家实力弱于邻国时，其国家认同感减弱。当然，这种假设是一种建立在理性思维上的两分式判断，不能排除这当中，虽然国家实力弱于邻国，但由于长期积淀下来的深厚的爱国情感，同样可以使边民的国家认同程度较高。

总的来看，在云南边境地区 16 个跨境民族的国家认同度较高。在一项有关云南跨境民族边民民族身份与国家认同的调查①中有一个关于13岁德昂族少年的调查案例，该少年的父亲是中国人、母亲是缅甸人，母亲已过世，家里仅有的两间土房，当调查人员进去时，小孩子坐在用木板搭的床上看电视。当问及小孩子经不经常去缅甸的外公家，小孩子很干脆地回答说不去，他说他们那边（缅甸）什么都没有，不愿意去。当前，在云南边境地区跨境民族的跨国婚姻形态中，虽然双方大多是同族跨国通婚，但几乎全是与之接壤的外国女性嫁给中国男性，很多缅甸、老挝、越南的女性都希望能嫁到中国来，能嫁到中国在她们看来生活就有了较好的保障，尽管她们目前还不能因为与中国人通婚入中国国籍。

实际上，由于地区差异和民族差异，云南边境地区有些跨境民族的生活水平与内地其他地方相比是比较低的，但与边境线另一侧的同胞相比，又好得多，在对比中很多边民都为自己是中国人而自豪。该项调查中也发现50%的边民最向往的城市是北京和昆明，向往邻国首都仰光、万象，曼谷的调查对象仅占调查总数的4.25%。很多人想去北京的原因是北京是中国的首都，没去过北京，想去看看首都是什么样子，想去看看天安门、长城，想去开眼界长见识。在北京奥运会期间，边境居民对中国能举办奥运会是非常骄傲和自豪的。其实很多边民对一些体育项目是不懂的，但是他们能听懂“中国选手”、“国歌”，能看懂一样东西“五星红旗”，很多边民还告诉调查人员在北京奥运会期间，边境线另一侧的边民还特意买“大锅盖”（电视节目接收器）收看中国电视节目，他们的言谈神情透露出了他们作为中国人的自豪。

这种自豪是与国家国力的增长和世界影响力的增大不可分割的。在云南边境地区中，跨境民族边民的国家认同更多的是在对边境线两侧国家资本的国力比较中形成的。边民在与边境线另一侧同胞的比较中，很容易就能感受相邻国家在政治、经济、文化、社会保障等方面的差异，由此也导致跨境民族边民在民族身份和国家身份认同上的差异。中国目前的较好发展势态和较强的国际影响力，非常有利于中国境内跨境民族边民国家认同感的提升。

---

① 此项调查为国家社科基金特别项目：“边境居民的民族身份与国家认同——对云南跨境民族的一项实证研究”对云南边境地区跨境民族边民所做的调查。

（二）国家经济力量与边民的国家认同感

国家经济力量水平是影响跨境民族国家认同和民族认同的另一重要资本要素。经济资本虽然根生于经济领域，但可以通过资本的多种形式，发现其经济之外的功能和作用。从边境地区跨境民族的认同上看，经济资本在经济活动之外的作用之一就体现在它或提升或弱化边民的国家认同。

国家经济情况与边民生产、生活水平直接相连，国家经济的强大与否直接影响跨境民族边民生活水平的高低。在云南的16个跨境民族中，很多民族的生活水平目前还不是很高，贫困人口也比较多，其中有些还属于特困人口。而且，一些跨境民族贫困村存在饮水困难、公路不通、电话设施不完善的情况，甚至有些还居住在茅草房、杈杈、竹片房中。不过，随着国家经济的发展，国家对边境县镇的扶贫政策和力度的加大，"富民兴边"、"特困民族的整村推进"、新农村建设、农业税的取消、牲畜补贴、安全饮水、加大贫困边境地区的基础设施建设等项目确实让跨境民族边民感受到了实实在在的实惠，这样的实惠带给边民的不仅是物质生活水平的提高，更是对所属国的肯定和认同。

另外，经济的发展不仅直接提高了中国边民的生活水平，而且也间接地改善了国境线另一侧他国公民的生活水平。现在，很多缅甸、老挝、越南的公民经常到中国边境集市来赶街、做生意。在腾冲边境线上，对面缅甸境内傈僳族同胞的生活用品大都依赖于中国集市，很多人都到中国这边贩大米等生活用品到缅甸卖。在西双版纳、德宏、保山地区，一些当地边民还去邻国当"老板"，他们利用邻国廉价的劳动力、低廉的土地租金，租地种植蔬菜、水果、橡胶等。虽然这批人目前人数不多，但种植的面积较大，影响较大。在中国经济较好发展之前，中国境内许多跨境民族边民也曾利用与邻国同一民族的族源关系设法去邻国谋生，但当时边民们过去后从事的是帮人种地、盖房子、伐木等工作，扮演的是别人廉价的劳动力的角色，较少有人出去当老板。可见，国家经济发展的不同，经济实力的差异在边境地区影响的不仅是边民的生活，而且也影响着边民对国家的认同。

（三）国家医疗、教育保障制度与边民的公民优越感

除经济外，医疗技术和医疗保障是边境地区对跨境民族边民国家认同产生强烈影响的另一重要资本。近年来，随着边境地区医疗状况的改

进，云南跨境民族边民普遍认为中国的医疗条件、医疗技术远远高于邻国，中国的药品也比邻国更齐全，看病更便捷，费用更便宜。加之农村合作医疗制度的推广和新农村建设中乡镇卫生院和村级卫生室的建立，中国的医疗条件对于云南边境线两侧的边民来说都有很强的吸引力。在云南边境地区，很多邻国的跨境民族都想到中国来看病，特别是需要住院治疗的病人，他们会想让中国这边的同族亲戚帮忙让病人到中国来医治。嫁到中国来的跨境民族妇女在谈及她们的愿望时，其最急切的愿望就是希望能与中国公民一样可以享受农村合作医疗制度。中国越来越完善的医疗保障和医疗技术毫无疑问提升了中国跨境民族边民的国家认同，与邻国同根民族相比其公民优越感很明显。

此外，中国跨境民族边民公民优越性的另一个表现就是可以享受到更为健全和完备的受教育机会。近几年，随着九年义务教育的推广和边境地区各级学校、师资的日渐完备，中国境内的教育设置和教育水平明显强于邻国。为了能到中国接受更好的教育，在云南芒海镇与缅甸交接的边境线上，为了到中国的学校来上学，每天都有很多缅甸小孩子来来往往穿梭于两国边界线。当前，在中缅边境线上，这样跨境读书的孩子越来越多，目前仅腾冲市滇滩镇完小就有 100 多名外国小学生。同样，对于邻国同根民族而言，能送子女到中国的学校接受教育在他们看来，这是件很好的事情，尽管这是一笔不小的开支，并还得托亲靠友进行联系。因为在缅甸，其邻近中国边境线一带的村镇，教育机构、体制并不完善，正规的义务教育设置也不健全，这使当地村民只要有条件的，就都想办法送孩子到中国的学校来读书。而且，在他们看来，孩子从小在中国的学校学习，今后的发展会好于读缅甸的学校。

教育是提高个人文化资本的重要手段，通过教育能形成影响阶层流动的文化素养和文化技能，因此，在边境地区，相邻国家教育资源的完备与否对边境线两侧的边民来说影响很大，中国日渐完备的教育制度有利于进一步提升中国边民的公民优越感。

四 族源文化资本与跨境民族边民的民族认同

在国家资本的影响下，生活于边境一带的跨境民族会形成各不相同的国家认同，这一认同虽然会对其民族认同产生一定影响，但由于源远流长的族源关系、浓厚的民族文化、割舍不断的姻亲关系，使跨境民族本身的同根性不可能因为国家疆界的出现而断裂。

（一）跨境民族边民生活世界中的民族认同

各民族对自己所属民族的认知、情感以及对其民族身份的自我认定是其民族认同的重要体现，它是各民族在社会生产生活中经过漫长的历史过程自然形成的。在云南边境地区，边境一线的跨境民族基本上都是邻国界而居，其居住地与邻国的同一民族连成一片，在经济、文化、婚姻等方面都有着一定的联系。这些跨境民族并没有因为国家疆界的出现影响他们与同宗族胞的往来。大部分边民在境外都有亲戚朋友，近一半的边民与境外的亲友有一定的来往。尽管中国经济明显强于邻国，但在边境村落里，仍有一些村民宁愿到境外去打工，也不愿意到内地沿海地区打工。这样选择的原因很简单，很多村民不会说汉话，只会说民族话，语言的障碍割裂了他们与内地、与其他民族的交往，他们只能在该民族生活地域范围内活动，只能在同宗民族领域构建其生活世界。另外，在云南边境地区，存在一些边境居民经常从一些小道、暗道出境参加生产生活事务的情况，对于这种非法跨越国境线的行为他们反应很漠然，一些边民根本没有把这些行为看成是“出国”，而是简单地认为他们只是到邻近的村子做活计、串门子，表现出国与国之间的界限概念的淡薄。对于边境线横跨同一个村寨的民族而言，这种意识就更不强烈。比如，德宏州瑞丽市中缅边境线上的傣族村寨：云进寨，边境线就从该寨子中穿过，同一村寨的村民被分属两个国家。尽管从理性上寨子里的村民知道他们分属于不同的国家，但现实生活世界中，无论是生产、生活，还是娱乐、交友并没有泾渭分明地区分我国和你国。两边的村民从小就在一起玩着长大，寨子寺庙里的佛爷也向来都请缅甸的和尚担任。

云南边境地区边界两边边民互动度较高与其地域环境、开放程度、民族特质相关联。相比较而言，以傣族、哈尼族为主体，经济程度发展高，开放性强的德宏地区、西双版纳地区双方边民的往来互动较高。但同一地区的景颇族、德昂族、阿昌族等其他跨境民族与邻国同族之间的互动则不如傣族、哈尼族。而以傈僳族、苗族、拉祜族、壮族、瑶族为主的保山、红河等地，双方边民的互动又不如前两个地区。

不过，总的来说，这些跨境民族虽然有国家的区别，但共同的生活区域、相通的语言、相同的生活习俗促进了其共有的民族认同。

（二）族源文化与源远流长的民族认同

从历史来看，云南是古代人类重要的迁徙中心之一，云南众多的河谷地带成为古代民族迁徙流动的通道，整个古代时期甚至到了近现代时期，不少民族都在不停地从北向南迁徙，其中部分越过了后来才出现的国界，定居在今天边境一带。现今中缅、中越、中老边境线一带的16个跨境民族大多有着源远流长的族源关系。比如，缅甸人口中的"泰族"实际上就是我国境内的"傣族"；越南、老挝境内的"倮倮族"实际上就是我国境内的"彝族"；老挝的"卡果"、缅甸的"高族"就是我国境内的"哈尼族"。这些民族尽管称谓不太一致，但都是同宗民族，他们有着割不断的血脉渊源，有着相似的耕作生产方式，有着相同的风俗习惯和生活方式，在漫长的生产生活中形成了民族内部特定的共源文化和认同。

这些共同的族源关系和文化认同，在长期沉淀和积累的过程中可以转化为跨境民族边民在民族认同上特有的认知性"惯习"①。作为个人最原初生存经验反应的"惯习"有一定的恒定性，这一特性，将会导致行动者对后来所经历的场域中的其他力量，都进行尽可能顽强而持久的抗衡。这也就是为什么在国家体系广为盛行的今天，仍广存民族问题的原因所在。其次，"惯习"具有自我归并、自我同化的倾向。对于生活经验中的各种因素，"惯习"总是先对类似于它和有利于它的因素抱有强烈的同化、归并倾向。因此，当源远流长的民族文化资本凝结成为各跨境少数民族成员个人原初的"惯习"后，在认同问题上他们必然会维护其固有的民族认同，并对与民族认同不一致的国家认同产生排斥，因此，在探讨跨境民族边民的认同问题时要正视并重视族源文化资本在边民认同选择上的力量。

不过，从目前状况来看，在云南边境地区，跨境民族边民的"两个认同"选择是在民族资本和国家资本的博弈中形成的。

---

① "惯习"：法国社会学家布迪厄提出的社会学概述，指同人的行动始终关联，并指导着行动的性情倾向和秉性系统。参见高宣扬《当代社会理论》，中国人民大学出版社2005年版，第828页。

五　“两个认同”是“两种”资本博弈下的策略性选择

在跨境民族“两个认同”的问题上，有学者认为：“跨境民族同时具有‘民族成员’和‘国家公民’双重身份，在稳定、平和的情况下，没有外来势力的干预，这两重身份是协调一致的，‘民族认同’和‘国家认同’两者相安无事；在另外一些情况下，特别是在民族利益受到剥夺，民族感情受到刺激，‘民族认同’和‘国家认同’两者之间会出现动荡，引出复杂的问题，‘民族认同’和‘国家认同’的平衡被打破，产生国家认同危机。而在某些特别的情况下，比如民族极端思想上升或某种外来势力严重干预的时候，两者之间则会出现冲突和矛盾，产生严重后果。”① 实际上，形成和打破“两个认同”平衡的是不同时期国家认同资本和民族认同资本的博弈，边民总是在“两种”资本的博弈中做出策略性选择。

（一）民族资本与国家资本博弈

跨境民族特殊的民族身份和公民身份决定了他们不得不同时面对相同的民族体系和不同的国家体系。如果民族利益和国家利益相一致，其民族认同和国家认同之间不会产生太大的冲突，但是如果民族利益和国家利益发生冲突时，他们不得不在民族资本和国家资本的博弈中比较、权衡、取舍，进而形成、调整自身的民族认同和国家认同。

当前，由于中国的国力明显强于边境线另一侧的缅甸、老挝、越南等国，国家资本影响力较强，跨境民族的民族认同和国家认同之间保持着相对稳定的平衡。而且在国与国的比较中，由于中国国家资本强大的吸引力，中国跨境民族边民的国家认同感与日俱增，国家资本的认同权码大于民族资本的认同权码，其盲目的民族认同不会暴发。总体而言，目前云南的跨境民族边民对所属国家有着确定的认同感，能够理性地处理好国家认同与民族认同的关系，难以因为民族感情而破坏国家利益。同时，又能够与相邻缅甸、老挝、越南的同一民族友好往来、和平互

① 李立刚：《云南跨境民族的民族身份与国家认同研究》，《西部学刊》2013 年第 11 期。

动、和平共居。

但边境地区处于国家强势控制的末梢，远离国家政治、经济、文化等中心，因此，在政策、经济、基础建设、文化教育、医疗卫生等公共资源上，边民与国家主流地区的居民之间会出现不平衡状况。这种不平衡状态一旦凸显出来，就会形成边境地区在国家认同前提下的，强烈的民族身份意识和观念。在这样的情况下，国家认同的形成就需要民族国家能够在不同的民族文化和生活方式基础上，不断生成各族人民赖以生存与发展的强大国家资本，使跨境民族在民族资本与国家资本的博弈中，培养起对所属国的情感和依恋，并为自己的公民身份而自豪，从而形成稳定的国家认同。不过，这样的国家认同在爱国情感尚未固化以前，一旦赖以生存与发展的国家资本缺失，人们还是会习惯性地把民族作为情感的归属对象和行为的依托对象，从而出现民族认同超越国家认同的现象。

总之，在边境地区，边境线两侧边民的认知与行为选择在很大程度上是根据两国国情、国力做出的选择，边民总是在对两国国家资本的比较中形成相应的民族认同和国家认同。

（二）中国跨境民族边民国家认同的凸显

综上所述，可见，跨境民族边民的民族认同与国家认同是建立在场域中各种资本的较量之上，做出的策略性认同选择。策略是布迪厄在场域理论中谈到资本、“惯习”等要素之后的重要语词。布迪厄认为行动者一旦参与到场域中就会根据其资本量的大小和场域制约性条件进行策略性选择。资本之所以成为行动者策略性选择的重要条件是因为资本牵连着场域行动者的利益，利益是行动者策略形成和实现的重要因素。在这里，布迪厄拓展了资本的概念，这里的资本不仅包括经济资本、文化资本和社会资本，还包括“惯习”在内的精神资本。“惯习”是行动者策略形成的精神根源。行动者对场域中的社会活动来说，既被牵涉进去又保持一定的距离，并以自身的“惯习”同场域资本发生双向建构，在双向建构中慢慢地呈现为“应该那样表现”和“应该那样做”的模式，当感知图式同思维活动和实践活动结合起来时，就生成了策略。①

---

① 高宣扬：《当代社会理论》，中国人民大学出版社 2005 年版，第 842—828 页；刘少杰：《后现代西方社会学理论》，社会科学文献出版社 2002 年版，第 212—214 页。

在跨境民族边民民族认同和国家认同问题上，边民最终策略的形成也是如此。当前，虽然民族资本与国家资本同时存在，但对于边民来说，基于民族血缘、文化而形成的“惯习”在强大的国家资本及其所带来的利益面前发生改变。在国家资本与民族资本、邻国国家资本的比较中，边民的国家认同凸显出来，在总体上表现出国家认同高于民族认同的策略性选择。不难看出，这样的选择实际上就是边民在特定历史时代和社会条件下，在对场域中各种社会力量的博弈中，做出的策略性选择。这样的选择使边境场域在民族认同和国家认同问题上，有它自己特殊的运作逻辑。

应当说，在当前“两种资本”博弈的情况下，跨境民族边民会更倾向于国家利益，而非民族利益，这对于边疆地区的稳定和发展来说是非常重要的。因此，在边疆地区的建设中，一定要重视国家资本（包括政治、经济、主流价值形态、教育、公共资源等）的投入。通过强势的国家资本固化边民的国家认同和国家评价，培养他们作为国家公民的自豪感和优越感，将其利益选择下的国家认同升华为理性的爱国思想，形成国家认同前提下的新的“惯习”，这样的“惯习”必然有利于边境地区的稳定和发展。

参考文献

方铁:《云南跨境民族的分布、来源及其特点》,《广西民族大学学报》（哲学社会科学版）2007 年第 5 期。

高宣扬:《当代社会理论》，中国人民大学出版社 2005 年版。

李立刚:《云南跨境民族的民族身份与国家认同研究》，《西部学刊》2013 年第 11 期。

刘少杰:《后现代西方社会学理论》，社会科学文献出版社 2002 年版。

刘稚:《云南与东南亚跨境民族的源和流》，载赵廷光《云南跨境民族研究》，云南民族出版社 1998 年版。

全国第六次人口普查数据，国家统计局，http：//www. stats. gov. cn。

《云南省情概况》，云南省人民政府网，http：//www. yn. gov. cn。

《云南省沿边开放经济带发展规划（2016—2020）》，云南省人民政府网，http：//www. yn. gov. cn。

公民意识的强化：加新两国处理民族关系的举措及对中国的启示

王俊芳*

在当代多民族国家中，国家认同问题是一个受到各方面高度关注的话题，的确，塑造国家认同是现代多民族国家存在和发展之需。在这方面，加拿大用“尊重民族的多元状态，强调政治社会一体”的多元文化主义政策来达到增强和提升国家认同的目的；新加坡则致力于有意或无意忽略和淡化民族认同的“新加坡人”的塑造。加拿大和新加坡两国的方式略显不同，但根本目的都是在强化公民意识；都是为了向“公民化国家”迈进，只是新加坡的步伐略快。它们的做法能给中国及其他国家提供借鉴和启迪。

一 引言

今天，源于心理学的“认同”一词已经广泛用于哲学、民族学、社会学、人类学等各领域。该词应算作近年来社会科学中最重要的概念之一，已经继续引起“社会科学各个领域学者们的广泛的关注”。①只要我们粗略地看一看有关资料，就可以发现人们对认同问题的兴趣。20世纪80年代中期以前，涉及认同的词汇有742个，但1985—1989年就增长为4186个，1990—1994年达到5650个，1995—1999年则增加到

* 王俊芳是潍坊学院教授。

① Bernd Simon, *Identity in Modern Society*, *A Social Psychological Perspective*, MA: Blackwell Publishing, 2004: 3.

7894 个。[①]

在当代多民族国家中，认同尤其是国家认同问题受到高度关注。“认同”（Identity）与身份联系在一起，回答的是“我是谁”的问题，亦即“我的根或我的归宿”以及由此而来的国家凝聚力问题。在认同问题上，加拿大和新加坡都是国际舞台上令人艳羡的多民族国家，民族关系和谐。究其原因，其中的重要之点是，国家致力于建设和增强统一的国家认同而有意或无意淡化民族认同。这样的举措使国家的种族歧视和族裔文化歧视色彩很淡，所有的民族和族裔文化群体在本国内都能够获得平等的尊重（至少是原则上和程序上的平等）。

本文之所以选取这两国来说明，一方面因为这两国的国际形象和社会宽容度得到全球的认可，另一方面也因为它们在增强国家认同方面有类似的背景——都是多民族国家，都曾被殖民过，独立后为了国家实力（特别是软实力）的增强和社会局面的稳定，在民族关系处理问题上走出了特色道路：不仅尊重了国内民族多元的社会现实，又在增强国家认同方面可圈可点，为本国社会的稳定和国际地位的提升提供了很好的条件。所以，很有必要对它们的做法和策略进行阐释和学习。

二　塑造国家认同是现代民族国家发展的必然要求

从认同的角度看，现代民族国家需要与他国不同的、统一的国家认同。有了统一的国家认同，国家才能稳定、发展，人们也才能过上安乐富足的生活。简言之，作为政治认同核心的国家认同是现代民族国家存在和发展的必然要求。

在现代民族国家里，民族国家实际上是两种不同原则和结构的融合：一种是政治的和领土的，另一种则是历史的和文化的。[②] 这两种原则和结构的主要外在表现形式即是国家和民族。一方面，国家是在民族

① James E. Cote and Charles G. Levine, *Identity Formation, Agency, and Culture*, New Jersey: Lawrence Erlbaum Associates, Inc., Publishers, 2002: xi.

② ［英］戴维·米勒等：《布莱克维尔政治学百科全书》，中国政法大学出版社 2002 年版，第 528 页。

的基础上产生的，民族为国家的形成与发展提供了成员、合法性等必要条件；另一方面，国家形成后，民族并未退出历史舞台，一国内的民族矛盾、族群纠纷又时不时地影响着国家的和平与稳定。特别是当民族差异被政治精英拿来当作旗号时，被煽动起来的民族情感常常被引导到暴力冲突和内战的路上，这就很可能造成国家的动荡。

直到今天，几乎所有的多民族国家都面临这样一个问题：如何协调国内不同民族的关系增加国家的凝聚力？如何建立一个整合不同民族的公民国家？概言之，这类国家需要有一个公分母，即一种超越种族和族群的忠诚。[①] 这是一种超越民族历史文化认同的政治认同，它可以将所有民族的成员整合为一个整体。

在这里，需要弄清政治认同和历史文化认同的联系和区别。根据民族政治学的理论，政治认同是民族成员对特定政治单位的认可与归属。在现实的政治生活中，民族成员总是要同各种政治单位（如国家、民族、政党等）发生联系，这些不同的政治单位也对民族成员发挥着影响。在这种互动关系中，当民族成员体察到、认识到自身与某个政治单位具有某种特殊关系时，就会认可该政治单位并将自己归属于它，从而形成对该政治单位的认同[②]，但政治认同绝对不能取代文化认同，后者主要是和文化个体归属的民族联系在一起。如海外华人在政治上认同所在国，而在文化上却归属中华文化。政治认同的核心是国家认同，主要是个体对国家所持有的感情和认识。如第二次世界大战后大多数海外华侨华裔都已取得所在国国籍，在政治上认同所在国。

国际社会的现实也一再表明，对现代多民族国家而言，要想争取一个良好的发展空间，就必须下大力气增强国家认同，弱化历史文化认同对国家认同的消解。仔细考察民族国家的实践，不难发现这样的道理：民族认同与国家认同之间，并不是完全没有交集，两者间的龃龉和障碍，也不是完全没有办法消除。现代国家需要做的，就是要有足够的智慧、韧性和长远的策略，透彻了解民族的状况，制定出切实有效的、适宜的民族策略。

---

① ［美］菲利克斯·格罗斯：《公民与国家——民族、部族和族属身份》，王建娥、魏强译，新华出版社 2003 年版，第 179—180 页。

② 周平：《民族政治学》，高等教育出版社 2003 年版，第 194 页。

三　加新两国在培育和提升国家认同上的举措

在国际社会中，加拿大和新加坡在处理国家认同和民族认同关系方面为他国做出了示范。加拿大在走过一长段时间的弯路后，找到了多元文化主义政策这种合宜的政治社会政策，把民族问题“文化化”，允许和鼓励各民族成员在保留族裔文化认同的同时更加认同加拿大国家。新加坡则通过打造“新加坡人”这一独特而灵验的方式引导所有民族自觉地认同国家。两国的做法有异曲同工之妙。如果深度比较的话，新加坡在强化国家认同道路上走得更快。

（一）多元文化主义政策与国家认同的增强

加拿大在打造国家认同问题上经历了一个曲折之路。在20世纪60年代以前的很长时期内，加拿大推行盎格鲁化政策。盎格鲁化政策是一种强制性同化政策，其目标是建立一个完全盎格鲁化的社会。该政策的基础是英裔占加拿大人口多数以及主流观念中的盎格鲁认同思潮。在1867年，加拿大总人口350万，非英裔、非法裔仅占全部人口的8%；直到19世纪末，英裔、法裔、土著之外的少数族群人口所占的比例都很小。1871年英裔占全部人口的60.2%，1901年还占57%，直到1941年英裔还超过总人口的半数。① 那个时期，加拿大主流社会自觉或不自觉地把盎格鲁文明看作人类文明（当然包括加拿大文明）的最高峰，社会应该由英裔来主导。为了达到这一目标，决策者采用强制性的同化政策实现社会的“同一”和“同质”。

盎格鲁化政策对加拿大社会的最明显影响是整个社会秩序呈“垂直马赛克”现象。一个族裔的社会地位是按照它与盎格鲁·撒克森白人体貌和文化差异来决定的：差异越小，社会等级越高；反之越低。按照该标准，英裔处于社会的最上层，与英裔差别越大的族群，社会地位越低。如在盎格鲁化的很长时期内，华裔的社会地位非常低，“Chinese”一词不仅表示生理和文化方面的永恒联系，同时也是“低劣”等级的

---

① Dominion Bureau of Statistics, 1961 Census of Canada, Bulletin 7：1－6, Ottawa：The Queen's Printer, 1966.

代名词。那时，英美国家的移民及后裔最受欢迎，西北欧次之，其后是中东欧，而后是亚裔，最后是黑人。盎格鲁化政策在加拿大社会各方面的深入不但没有达到把整个国家“盎格鲁化”的预期目的，还造成了严重的族群隔离、社会矛盾激化等问题。如那时的唐人街，不仅是地理名词，更是一个社会、文化名词；是法律上排斥华人、制度上的种族主义、社会生活中的偏见歧视三者综合作用的产物。在盎格鲁化政策的作用下，社会局势动荡不安。

第二次世界大战以来，盎格鲁化政策不断受到非英裔的挑战。加拿大人口结构发生了很大变化，英裔不再占有人口的绝对优势。除了法裔的强烈不满，少数族群人口数量不断上升，力量也不断增长，这使加拿大联邦面临“即使整个国家不想分裂，危机都可能使之分裂”① 的危险境地。在社会情势发生变动的过程中，社会主流观念也发生了改变：不仅盎格鲁认同不再被大多数人所认可，熔炉思想也仅仅是昙花一现，整个社会必须接纳多元文化主义。

加拿大是世界上第一个把多元文化主义确定为基本国策的国家。1971 年 10 月 8 日，特鲁多总理正式宣布多元文化主义政策开始实施。在议会声明中，他这样强调，基于对民族多样性、重要性的认识，加拿大联邦政府必须具有统一的民族文化政策：“不能够对英裔、法裔采取一种政策，对土著采取另一种政策，对其他族裔成员实行第三种政策。”② 客观来说，对加拿大来说，国家的统一和团结所需要的文化政策，只能是多元文化主义政策。这一政策在民主社会的框架内，保持各民族的文化和它们的相互作用，对整个国家来说具有积极价值；各族群可将他们的文化遗产直接贡献给总的国民文化，从而使之更加丰富多彩。③ 加拿大作为一个国家的地位不会因这一政策而削弱。

多元文化主义政策大大强化了加拿大的国家认同。1980 年 9 月，加拿大进行了一次全国范围内的调查：“你更愿意自己成为加拿大国家的公民，还是所在省（族群）的成员?”结果，62% 的人选择前者，

---

① Royal Commission on Bilingualism and Biculturalism, “A Preliminary Report of the Royal Commission on Bilingualism and Biculturalism”, p. 133.

② “Statement by the Prime Minister in the House of Commons”, October 8, 1971.

③ 宁骚：《民族与国家》，北京大学出版社 1995 年版，第 392 页。

28%的人选择后者……[①]这与20世纪60年代以前人们在认同问题上的茫然局面相比，有了天翻地覆的变化。该政策尊重加拿大多样性的现实，但它更强调“同一性”和“统一性”。它要求所有国民都应该首先遵守国家的基本政治、经济和社会规则，效忠加拿大国家，在国家属性占第一位的情形下才能够谈及保留和发扬民族文化的问题。在这一政策的影响下，1982年宪法的“权力与自由宪章”成为特鲁多总理强化国家认同的重要工具：宪章的含义是指向国家的，宪章赋予的权力是国家的权力，其培养的公民群体是整个加拿大社群。[②]

针对这一政策，加拿大社会学家诺曼·布基尼亚尼（Norman Buchignani）指出，它不仅已经在加拿大原住民自己建立的新社区里提升了他们的意识，而且有助于各种群体在保持各自民族身份的同时确立国家的认同感。[③] 这比刻意追求和强制民族之间统一的盎格鲁化政策更能促进国民统一族性的形成。据2003年多伦多在线网的调查显示，在多元文化主义政策的作用下，各民族对加拿大的归属感大大增强，特别是那些来自欧洲以外地区的移民及后裔。从华裔认同变迁中即可明显看出这一点。如在强制性同化政策时期，加拿大的华裔一般就居住在唐人街内，认同母国；在多元文化主义政策的影响下，不少华裔迁出唐人街移居到主流民族的居住区内，与后者逐渐达成一种空间上的整合，华裔对加拿大国家的感情加深了，更加认同这一国家。简言之，加拿大的国家认同获得了质的提升，整个加拿大“开始具备了一种有把握的、自信的认同”。[④]

从政治发展的角度看，国家认同的培育和增强，是和公民意识和公民的公民权增长呈正相关关系的。随着国家认同的增强，加拿大公民身份和公民权在各种“身份”和“权利”中的首要位置越来越得到更广泛的认可。而公民身份和公民权的首要地位是建设公民化国家的基础要件。简言之，加拿大多元文化主义政策对国家认同的培育使加拿大行进

---

① Roger Gibbins, *Regionalism: Territorial Politics in Canada and the United States*, Butterworth Group of Companies, Canada and U. S. , 1982: 177.

② Guy Laforest, *Trudeau and the End of a Canadian Dreams*, McGill – Queen's University Press, 1995: 137.

③ 王希恩：《民族过程与国家》，甘肃人民出版社1999年版，第227页。

④ Ell Mandel and David Taras (eds.), *A Passion for Identity: Introduction to Canadian Studies*, A Division of International Thomson Limited, 1988: 10.

在公民化国家的道路上。

（二）“新加坡人”的塑造

和加拿大多元文化主义政策相对应的是，新加坡在处理和解决民族问题、塑造国家认同方面也走出了一条颇有特色的规范道路：致力于“新加坡人”的打造。它主要表现为“一个国家，一个民族，多元文化”的建设。简言之，即“多元一体化”道路的铺就和加固。

所谓多元化，是指不同民族的多元化；一体化是指国家和社会认同的一体化。新加坡建国时间短，1965 年脱离马来西亚联邦而独立，是一个移民社会。该国以华人为主，但马来人、印度人、欧美人存在于其间，种族差异明显。该国从建立后，种族主义的威胁在一定程度上是致命的。为此，新加坡政府决定实行多元民族主义政策。其基本点主要表现为两个方面：一方面，国内所有民族平等，不给任何民族以特殊地位和权利。1965 年 8 月 9 日，在谈到民族问题时，李光耀明确提出，“在新加坡，我们将是一个多元种族国家。这个国家不是一个马来人的国家，不是一个华人的国家，不是一个印度人的国家”。[①]

正如新加坡《联合早报》的一篇社论所指出的：“不像大马的土著，新加坡华人在教育、就业以及商业活动等方面，并没有受到特别保护……尽管华人占人口的大多数，他们没有使马来人或印度人沦为‘二等公民’。”[②] 新加坡政府自称是代表全体新加坡人的政府，它在政治、经济等领域实行的是人才政策。也就是说，不论是哪个民族，只要有才能，在社会各个领域都具有同等的机会。另外，承认民族差别，尊重各民族及其文化的多样性。

在承认和尊重民族多元化的同时，新加坡政府着重强调国民的一体化。所谓国民一体化，是指各民族在政治、经济、文化等领域达成认同一致，从而使民族意识与国民意识实现重合，进而形成一个新的民族——“新加坡人”。[③] 在这个新的民族（用“国族”表示更合适）中，公民身份跃居所有身份的首位。

对“新加坡人”这一概念，李光耀是这样诠释的，“我们应该不管

① ［英］亚历克斯·乔西：《李光耀》，上海人民出版社 1976 年版，第 368 页。

② 《大马华人社会的震荡》，摘自《联合早报》社论，香港：《华人》1980 年第 10 期。

③ 韦红：《新加坡解决民族问题的有效途径——多元一体化》，《中南民族学院学报》（哲学社会科学版）1999 年第 1 期。

人种、语言、宗教、文化方面的差别，大家作为新加坡人团结起来”。“他们必须有这样的感觉，即他们共同属于一个整体。”[①] 李光耀多次强调，新加坡“人民应该有成为一个民族的意志。……没有这种意志，这种坚持自己有权当家作主的集体意志。那么我们就一定要毁灭”。[②] 为此，新加坡倡导“一个国家、一个民族、一种命运”。为了达到这一目标，新加坡政府做出了尽可能的努力。如在政治上，反复宣传祖国感情，以培养各民族的国民意识。新加坡学者欧进博士在《新加坡的过去、现在和未来》一文中说：“我们已培养了国家意识，认清大家是一条船上的人。具有共同的命运。这是通过教育种族人士中间的相互作用而实现的。”[③] 在经济和文化方面，政府也为各民族提供均等的参与机会并努力培养“新加坡人”的文化认同。

1991 年新加坡政府以发表白皮书的形式，提出五点内容作为新加坡共同价值观的基础：①国家至上，社会为先。②家庭为根，社会为本。③关怀扶持，同舟共济。④求同存异，协商共识。⑤种族和谐，宗教宽容[④]。这些价值观的核心是：国家和社会始终比个人重要。国家和社会的优先地位决定了政府试图将民族认同与政治认同分开，且禁止宗教用于政治目的并对各种宗教极端主义行为采取严厉的惩罚措施。此外，新加坡法律严格限制各种不利于民族关系和睦的评论，新加坡政府把“民族关系和睦作为国家发展的第一要务”。[⑤] 也就是说，新加坡在培育国家认同的进程中推进多元文化的良性互动，努力实现“共同价值观”关照下的平等与和谐，构建“一体多元”的认同。

新加坡各民族的和谐共处为该国经济的发展提供了安定团结的政治局面，这是新加坡一直保持较快经济增长，迅速成为“东方的瑞士”的重要原因。今日的新加坡，开放宽容的胸怀，优越幸福的生活国度使公民对本民族的民族认同逐渐淡化，而作为“新加坡人”的国家认同逐渐增强，人们都以自己的“新加坡人”身份而自豪。

---

① ［英］亚历克斯·乔西：《李光耀》，上海人民出版社 1976 年版，第 434 页。

② 同上书，第 368 页。

③ 梁初鸿：《华侨华人史研究集》（二），海洋出版社 1989 年版，第 273 页。

④ 金湘主编：《鹏飞的东盟六国》，时事出版社 1995 年版，第 165—166 页。

⑤ 常士訚：《在包容多元中促进公民身份认同建构——比较视野中的新加坡多元文化政治实践》，《世界民族》2010 年第 6 期。

国家和社会发展的实践一再表明，多元一体化道路在新加坡的确很成功：它既尊重了新加坡多民族的现实，努力打造国家认同的一体状态，又不允许各民族随心所欲地不顾国家和社会的利益去决定自己的生活，强调各民族成员首先和主要是新加坡国家的公民。也就是说，“新加坡人”打造的主要目的就是培育和增强所有民族成员的公民意识，促使该国向公民化国家行进。

四 加新两国快慢有别地行进在“强化公民意识”的道路上

从解决和处理民族问题的举措考察，加新两国都力图淡化民族认同，增强国家认同，致力于公民身份的建设，其实都是为了强化公民意识，建设民主和谐的公民国家。比较而言，在这条道路上，新加坡比加拿大迈的步伐更大一些。

“公民国家”这一概念是和公民身份、公民权联系在一起的。公民权独立于族属意识、文化和种族，是一种与公民个人政治权利相联系的概念和制度。公民国家建立在平等的公民权基础上。它是一种公民的联合，而不是民族的联合。在此类国家里，只要族群行为不危害国家和社会，族群认同便是私人事务；所有成员的公民身份处于首要位置。

建设公民国家需要一个先后相继的历程：即从民族政治的民主化到民族政策的文化化，再到民族成员的公民化。在民族政治民主化（民族政治权的获取）阶段，主要是承认、保护多元利益。作为多民族国家，首先要做的是承认、尊重国内民族的平等权益，实现民族平等是构建公民国家的前提和基本出发点。如我国实行的民族区域自治制度，即是将民族自治与区域自治有机结合起来，在国家意志与民族诉求之间以分权的方式做出制度安排，将民族自决权导向民族自治权，进而实现民族自决与国家主权间的妥协，以维系国家意志与不同民族认同之间的平衡。

“民族政策文化化”阶段，适用于那些社会整合程度较高、公民社会已基本发育成型的国家。其主要表现是多元文化主义民族政策的颁行。这一政策通过给予所有民族平等的政治社会地位并尊重各民族的族裔文化来整合国家和社会。加拿大可以算作这一类型的国家。这样的政策不仅已经在加拿大原住民自己建立的新社区里提升了他们的意识，而且有助于各种群体在保持本民族身份的同时确立国家的认同感。① 就其实质而言，加拿大多元文化主义政策即是把民族问题导向“文化化”，试图将国家内部的民族问题淡化为“主流文化”与“亚文化”之间的文化整合问题，将族群认同限制在“文化认同”的范围内，从而为政治上公民权对民族政治权的替代创造条件。这样的做法在某种程度上无疑淡化了民族与政治之间的联系，从而为以公民个体权利为基础的公民国家的构建与稳固奠定了基础。②

多民族国家构建公民国家的第三步是“民族成员公民化”。这一阶段，所有成员（当然包括各民族成员）的最重要身份是“公民”。公民身份和公民认同在所有“身份”和“认同”中最为凸显也得到最广泛的认可。公民认同不仅超越族属认同和宗教信仰，而且超越其他一切认同；并且，公民身份权的出现引起了民族认同与国家认同的分离，使前者更多缩向私人领域。

无须回避的是，公民认同与民族认同是当代多民族国家无法回避的一个棘手问题。从国家存在和发展的层面看，国家需要的是公民把国家作为自己的归属，公民认同具有至高无上的地位。尤其是对于发展中国家而言，建设现代化国家的核心是在全社会建立起一种超越民族的国家认同。正如西方学者史密斯（Anthony D. Smith）指出的：在现代世界中，任何一个国家的成功，都依赖于民族认同和公民认同这两种要素之间的平衡，“当这种共生关系趋于完美时，当公民与族裔两种成分之间不存在缝隙时，文化和公民权就会彼此相互加强，国家的作用得到充分实现”。③

“新加坡人”的打造在很大程度上就是凸显公民身份的有益尝试和实践。正如常士訚先生所言，新加坡在多元文化环境中，通过对族群文化的承认和彼此宽容，尊重民族文化多元的同时，更把国家作为所有民

---

① 王希恩：《民族过程与国家》，甘肃人民出版社 1999 年版，第 227 页。

② 赵春丽、李捷：《从民族国家到公民国家——构建和谐民主的民族关系的新思路》，《中共长春市委党校学报》2007 年第 6 期。

③ ［英］安东尼·D. 史密斯：《全球化时代的民族与民族主义》，龚维斌、良警宇译，中央编译出版社 1992 年版，第 118 页。

族和睦相处的重要前提。所有公民不论族属身份都要把国家作为首要的认同目标和忠诚对象……这实际上也是在塑造公民身份意识。[①] 显然，新加坡在承认和包容多元中致力于发展公民认同，为公民身份的巩固奠定了基础。这一实践无疑是向公民化国家迈进的重要步伐。

严格来说，新加坡的这些实践是公民国家建立过程中从第二步到第三步的过渡。它通过多元一体化的道路把所有民族成员的注意力和归属引导到国家层面上来。努力造就这样的局面：同一地域上居住的所有具备资格的居民，不管其出身、宗教、族属或文化背景怎样，都首先和主要是新加坡国家的一员。在其间，所有公民的文化、宗教或族属都被视为私人事务，尽管存在民族文化等方面的差异，公民身份的一致性仍然是最基本的（也是最重要的）。

五　对中国的启示

在今天的国际社会中，大多数国家都是多民族国家，它们大都面临这样或那样的民族问题，民族关系的处理一直是各国需要认真对待的。处于不同发展阶段的多民族国家可以参考加拿大和新加坡等国家的经验，结合本国具体的民族状况，制定和调整适合自己的民族策略，在培育和增强国家认同的同时，强化公民身份的建设。对目前的中国而言，这点显得尤其重要。

（一）强化各民族的“国家意识”

学习加拿大和新加坡把“国家”放在所有身份、所有利益的最前面。

特别强调各民族，包括汉族和各少数民族，把民族利益和个人利益放在国家利益之后，首先和必须高举国家利益。特别是国家利益和民族利益和个人利益不一致时，一定要从大局出发，以大局为重，充分和严格遵照“国家利益”优先的原则。中国的汉族也好，55 个少数民族也好，都应该首先考虑到自己是一个“中国人”，在“中国利益第一”的

---

① 常士訚：《在包容多元中促进公民身份认同建构——比较视野中的新加坡多元文化政治实践》，《世界民族》2010 年第 6 期。

框架内思考本民族的利益，先后次序一定不能颠倒，不能把本民族的利益放在第一位。

（二）下大力气促进“公民意识”的提升

正如前文所谈到的，建设公民国家是一个先后相继的过程，无论是从民族政治的民主化到民族政策的文化化，还是从民族政策的文化化再到民族成员的公民化，都是“构建民主和谐的公民国家的不可或缺的顺次的步骤”。[①] 在对目前的中国来说，一定要认真对待，且不可操之过急。在这一前后相继的进程中，既要注意民族集体利益和公民个体权利的并重，也要注意民族这一群体被更高层次的公民共同体超越与整合；同时，还特别需要注意到：公民国家的构建并不以对民族的解构为基础，而是通过民族成员公民化，实现从民族国家到公民国家的转型及国家的民主与和谐。从政治实践看，这种“深层的多样化”正是多民族国家保持统一的“唯一办法”。[②] 民族成分众多的中国，这点特别重要，中国目前基本处于公民建设的第一阶段和第二阶段，也就是民族政治的民主化和民族政策的文化化阶段，“公民意识”还需要下大力气强化。

参考文献

[英] 戴维·米勒等：《布莱克维尔政治学百科全书》，中国政法大学出版社 2002 年版。

[美] 菲利克斯·格罗斯：《公民与国家——民族、部族和族属身份》，王建娥、魏强译，新华出版社 2003 年版。

周平：《民族政治学》，高等教育出版社 2003 年版。

宁骚：《民族与国家》，北京大学出版社 1995 年版。

王希恩：《民族过程与国家》，甘肃人民出版社 1999 年版。

[英] 亚历克斯·乔西：《李光耀》，上海人民出版社 1976 年版。

韦红：《新加坡解决民族问题的有效途径——多元一体化》，《中南民族学院学报》（哲学社会科学版）1999 年第 1 期。

① 赵春丽、李捷：《从民族国家到公民国家——构建和谐民主的民族关系的新思路》，《中共长春市委党校学报》2007 年第 6 期。

② Charles Taylor, “Shared and Divergent Values”, in R L. Watts and D. G Brown (eds.), *Options for a New Canada*, Toronto: University of Toronto Press, 1991.

梁初鸿:《华侨华人史研究集》(二), 海洋出版社 1989 年版。

金湘主编:《鹏飞的东盟六国》, 时事出版社 1995 年版。

常士訚:《在包容多元中促进公民身份认同建构——比较视野中的新加坡多元文化政治实践》,《世界民族》2010 年第 6 期。

赵春丽、李捷:《从民族国家到公民国家——构建和谐民主的民族关系的新思路》,《中共长春市委党校学报》2007 年第 6 期。

[英] 安东尼·D. 史密斯:《全球化时代的民族与民族主义》, 龚维斌、良警宇译, 中央编译出版社 1992 年版。

Bernd Simon, *Identity in Modern Society, A Social Psychological Perspective*, MA: Blackwell Publishing, 2004.

James E. Cote and Charles G. Levine, *Identity Formation, Agency, and Culture*, New Jersey: Lawrence Erlbaum Associates, Inc., Publishers, 2002.

Dominion Bureau of Statistics, 1961 Census of Canada, Bulletin 7: 1 – 6, Ottawa: The Queen' s Printer, 1966.

Roger Gibbins, *Regionalism: Territorial Politics in Canada and the United States*, Butterworth Group of Companies, Canada and U. S., 1982.

Guy Laforest, *Trudeau and the End of a Canadian Dreams*, McGill – Queen' s University Press, 1995.

Ell Mandel and David Taras (eds.), *A Passion for Identity: Introduction to Canadian Studies*, A Division of International Thomson Limited, 1988.

R. L. Watts and D. G Brown (eds.), *Options for a New Canada*, Toronto: University of Toronto Press, 1991.

农村精准扶贫：理论检视与路径探讨

罗　峰　祝梦月*

现有的扶贫研究伴随着实践进程，经历了从“输血”向“造血”的理路转变，从单纯注重经济贫困转向注重社会贫困。然而，实践中面临的“造血”困境，虽然有些研究从社会层面探析其中的原因，但是大多停留在宏观层面，较少研究从社区层面切入。本文主张从社区层面考察农村精准扶贫，不仅理论上有利于检视精准扶贫政策、从社区情理理解扶贫的地方意义，而且实践上可以从个体层面注重贫困人口的能力提升，从社会资本方面关注贫困人口社会支持网络的建构，以促使精准扶贫的持久性与有效性。

我国扶贫工作自20世纪80年代中期开始，取得了举世瞩目的成就，从中摸索出许多成功的经验，但是目前我国农村贫困居民仍然有8249万人①，不仅数目庞大，而且扶贫工作面临难度越来越大，贫困人口识别愈加困难，致贫根源愈加复杂，有效且持久的脱贫路径缺失，扶贫成效难以确定等困境。在“啃硬骨头、攻坚拔寨”的冲刺阶段，精准扶贫被提上议程。

迄今为止，贫困一直是与人类相伴的一大问题。我国贫困人口数量庞大，反贫困工作一直处于探索之中且卓有成效。与此相关的研究成果也颇为丰硕，我们主要从以下五个方面展开讨论。

* 罗峰博士是华中农业大学文法学院社会学副教授。祝梦月是华中农业大学文法学院社会工作硕士研究生。

① 数据来源于2013年国家统计局。

一　贫困何以形成

贫困是一个历史性、动态性的课题，关于贫困形成机理众说纷纭，可大致归为三大类：一是地理环境论，二是个体论，三是结构论。

（1）地理环境论是最为传统的解释，认为贫困是贫困者所处的恶劣环境引起的。这方面研究又可区分为两类：一是贫困处境论。Elissaios. Papyrakis、Reyer Gerlagh ①通过考察美国 49 个州的研究认为，丰裕的自然资源主要通过降低投资、对外开放度、科研教育水平和增加贪污腐败等机制影响美国地区经济增长。二是气候贫困论。由于气候环境变化、自然灾害的发生等原因，导致人们生产生活条件及权利被剥夺。② 地理环境论对我国偏远地区及自然灾害频发地区仍具有一定的解释力，但是现代科学技术，特别是天气预报等技术的提高，人们的预防及抗灾减灾能力大大增强，交通通信技术使这些地区的对外通达、联络能力大大增强，超越地理束缚的可能性提高，与此相对应，地理环境论只有对特定地区具有解释力，具有地理局限性。

（2）个体论从贫困人口个体因素出发，探讨其贫困的根源。经济学家西奥多·舒尔茨提出“贫困而有效率”的著名命题，认为农民贫困的原因是缺乏知识和高质量的投入。③ 国内一些学者将贫困归因于人口素质低、观念落后，难以除旧立新。④ 可见，个体论着眼的是个体对资源的获得性方面，如无法或难以获得致富的资源，或者主动放弃资源，则会导致贫困。个体论预设了个体作为其社会处境的起点，忽略了资源的配置体系对个体的深刻影响，而这恰恰是结构论所注重的。

---

① Papyrakis, Elissaios, Reyer Gerlagh, “The Resource Curse Hypothesis and Its Transmission Channels”, *Journal of Comparative Economics*, June 2003, 32 (1).

② 胡鞍钢：《亟须关注气候贫困人口》，《中国减灾》2009 年第 6 期；程静：《农业天气风险与中国农村贫困的实证研究》，《地域开发和研究》2010 年第 8 期。

③ 西奥多·舒尔茨：《贫穷经济学——一九七九年诺贝尔演说》，《科技导报》1985 年第 6 期。

④ 李守经：《农村社会学》，高等教育出版社 2000 年版，第 156 页；韩劲：《走出贫困循环——中国贫困山区可持续发展理论与对策》，中国经济出版社 2006 年版，第 86 页；岳希明、李实、王萍萍等：《透视中国农村贫困》，经济科学出版社 2007 年版。

（3）结构论强调贫困的社会结构、文化及制度根源。早期的贫困结构论可追溯到马克思的剥削理论。缪尔达尔认为发展中国家的贫困是政治、经济和文化等因素综合作用的结果。“布劳—邓肯模型”反映了父母的教育和职业对子女后来所取得的社会地位的影响程度。Rowntree[①]发现，在生命周期的不同阶段，发生贫穷的可能性并不相同，尤其在儿童、父母、老年三个阶段，特别容易落入贫穷。贝克尔和托姆斯认为，贫富差距可能会在代际间形成一种传递机制。路易斯·刘易斯认为，穷人长期生活在贫困中形成的一套特定生活方式、行为规范和价值观念体系等导致了贫困文化的代际传递。阿玛蒂亚·森[②]提出，贫困的真正含义是贫困人口创造收入能力和机会的贫困，而不仅仅是收入低下，贫困意味着贫困人口缺少获取和享有正常生活的能力。国内学者也大都从制度方面反思贫困的根源，认为社会发展视角下的农村贫困主要是指缺少资源与收入及由此带来的生计脆弱性、社会不公平、参与权利及个人尊严的缺失等。[③]社会结构视野下，贫困产生的根源在于超越个人之上的宏观因素，反贫困只有着眼于社会政策、社会体制、宏观环境、市场条件的调整才能取得持续性的成效。[④]有学者从中央—地方关系、社会控制、社会成本等理论视角理解和反思精准扶贫。[⑤]总之，结构论将贫困个体置于特定的社会制度背景中考察贫困成因，蕴含着“制度、文化导致贫困”的假设，强调贫困的社会结构因素。

地理环境论、个体论及结构论，从不同侧面强调了致贫的原因，对于我们理解我国农村贫困及精准扶贫具有重要参考价值。然而，由于地区差异性、致贫多因性及复杂性等特点，不同地方对贫困及致贫的理解与应对各有区别。由此，贫困不仅是一种经济指标下的收入水平描述，而且具有鲜明的社会文化意义。而后者则主要是由贫困人口所处的特定社区来界定的，因而从社区入手理解并找寻精准扶贫的具体策略，不仅

---

① Rowntree，*Poverty*：*A Study of Town Life*，London：Macmillan，1901.

② ［印］阿玛蒂亚·森：《以自由看待发展》，任赜、于真译，中国人民大学出版社2002年版。

③ 韩嘉玲、孙若梅、普红艳、邱爱军：《社会发展视角下的中国农村扶贫政策改革30年》，《贵州社会科学》2009年第2期。

④ 李棉管：《社会结构视野下的中国农村扶贫》，《社会主义研究》2007年第6期。

⑤ 左停、杨雨鑫：《重塑贫困认知：主观贫困研究框架及其对当前中国反贫困的启示》，《贵州社会科学》2013年第9期。

有利于从经济意义上而且可以从社会文化意义上、不仅从外来的给定标准方面而且从贫困者主观感受方面，促使其有效且持久脱贫。

二　何为农村精准扶贫

（一）概念

国家高度重视农村扶贫工作，自2013年习近平总书记在湖南湘西调研时首次提出“精准扶贫”思想，强调要精准扶贫，切忌喊口号之后，中央办公厅、国务院扶贫办等有关部门先后制定了一系列有关农村精准扶贫的意见、方案等政策，积极推进农村精准扶贫顺利进行。

精准扶贫的出现有其特定的时代背景和现实意义。在全面建成小康社会的攻坚期，我国城乡结构仍不合理，贫富差距仍有待进一步缩小，农村贫困人口数量仍有不少。2020年我国扶贫目标是实现农村贫困人口全部脱贫，所有贫困县全部摘帽。然而，过去粗放式的扶贫模式很难将扶贫政策和措施真正落到实处，7000多万①贫困人口的生活环境仍不容乐观。大力开展农村精准扶贫不仅是对计划经济时代平均主义的改进和创新，而且是新时代全国人民实现全面建成小康社会奋斗目标的重要之举和必然选择。

学界对于精准扶贫的概念有不同看法。首先从字面上看，张继燕等将精准扶贫理解为精确扶贫和准确扶贫，精确扶贫是指“到底扶谁”，准确扶贫是指“到底怎么扶”，“到底扶谁”是“到底怎么扶”的前提，“到底怎么扶”是“到底扶谁”的具体办法。② 其次从操作方法上看，中央财经大学财政学院马海涛、王晨提出，精准扶贫就是运用科学有效的标准与程序，因时因地对贫困区域、贫困村以及贫困户精准识别，根据当地实际开展联动帮扶与分类管理，且引入动态的准入与退出机制，开展精准考核的扶贫开发模式。李伟对我国精准扶贫实践进一步反思与总结后得出，精准扶贫就是将扶贫工作由过去的粗放式变为精细

---

① 莫元圆：《我国精准扶贫所面临挑战及对策研究》，《市场研究》2016年第1期。

② 张继燕、侯庆丰：《少数民族地区精准扶贫面临的挑战及对策研究》，《云南农业大学学报》（社会科学版）2017年第5期。

式，使低收入群体真正享受到国家的扶贫政策与资源。① 最后从研究视角上看，王冲②从经济视角出发，认为精准扶贫从本质上来看是经济问题，精准扶贫的“扶”连着供给端，“贫”连着需求端，在一定意义上来说，精准扶贫问题也是供给与需求的问题。陈成文等从社会学视角出发，认为精准扶贫是指政府、市场和社会组织等社会治理主体在相互协调的基础上，运用一定的物质和精神手段，有计划性地对特定的贫困区域及其贫困人口进行帮助与扶持，以期达到经济效益、社会效益和生态效益最大化的一种正向社会变迁过程。③

以上学者的相关讨论都对我们理解什么是农村精准扶贫提供了经验和思路。概括起来，农村精准扶贫主要是指有针对性地对农村贫困地区和贫困户在精准识别的基础上采取科学有效的扶贫措施对其进行精准帮扶、精准管理和精准考核，以达到“扶真贫、真扶贫”的要求。可见，精准扶贫强调的准确、精确扶贫与过去粗放式扶贫方式形成了鲜明对比。

（二）内容

习近平总书记提出的“六个精准”是实施精准扶贫的具体内容和本质要求，具体包括扶持对象精准、项目安排精准、资金使用精准、措施到户精准、因村派人精准、脱贫成效精准。④ 实施精准扶贫可以根据各区域、各村各户自身特点有针对性地制定扶贫政策，如在自然环境得天独厚的地区，可以发展以“旅游扶贫”为主题的扶贫，创造多种类型的扶贫方式；在土特产、农产品等比较丰富的地区，当地政府可以采取“合作社＋电商＋贫困户”的产业化经营模式，将合作社与精准扶贫对象结对，通过线上线下的销售模式帮助贫困户拓展致富路，实现产业化扶贫。⑤ 总的来说，精准扶贫机制主要包括四个方面的内容和

---

① 李伟：《关于实施精准扶贫的思考与探讨综述》，《经济研究参考》2017 年第 6 期。

② 王冲：《供给侧改革视角下的精准扶贫推进研究》，硕士学位论文，东北财经大学，2016 年。

③ 陈成文、廖欢：《精准扶贫：一个概念的社会学意义及其政策启示》，《开发研究》2016 年第 4 期。

④ 沙占华、刘月：《保定市精准扶贫面临的现实挑战及应对策略》，《保定学院学报》2016 年第 5 期。

⑤ 王芳：《新时期中国农村扶贫攻坚：现状、成因及路径研究》，《赤峰学院学报》（自然科学版）2016 年第 12 期。

特点。

一是将贫困户和贫困村精准识别出来，并建档立卡。它是精准扶贫的前提，只有将贫困人口精确地探索出来，才能有针对性地实施精准帮扶。

二是对识别出来的贫困户和贫困村深入分析致贫原因，采取针对性措施，实行精准帮扶。精准帮扶的关键在于引导扶贫资源最优化配置，确保扶贫项目资源到村到户，逐步构建扶贫工作长效机制，为科学化、高效化扶贫奠定坚实的基础。①

三是对扶贫对象以及扶贫绩效的精准管理。一方面通过贫困户信息网络系统实行动态管理，及时跟踪监测扶贫举措与实施效果，实现扶贫对象的有效进出；另一方面通过建立扶贫资金信息的披露制度和扶贫项目、对象的公示公告制度，确保财政扶贫资金能够正规使用。

四是对贫困户和贫困村识别、帮扶、管理成效的精准考核，以及对贫困县开展扶贫工作情况的量化考核。奖优惩劣，保证各项扶贫政策落到实处，并建立精准扶贫考核机制②以实现精准扶贫的最终目标，帮助贫困人口彻底脱贫。

农村扶贫内容的转变本质上体现了我国扶贫方向从主要依赖“涓滴效应”的粗放型扶贫到更加注重“靶向性”的精准扶贫。③

三 精准扶贫面临何种挑战

从识别贫困人口对象到脱贫，精准扶贫面临多方面挑战。杜志雄等④认为“精准扶贫”战略调整面临三类主要难题，即贫困人口精准识别、针对个性化精准帮扶、提高扶贫效率。概括起来，精准扶贫主要面

---

① 李鹍、叶兴建：《农村精准扶贫：理论基础与实践情势探析——兼论复合型扶贫治理体系的建构》，《福建行政学院学报》2015 年第 2 期。

② 孙璐：《扶贫项目绩效评估研究——基于精准扶贫的视角》，博士学位论文，中国农业大学，2015 年。

③ 左停、杨雨鑫、钟玲：《精准扶贫：技术靶向、理论解析和现实挑战》，《贵州社会科学》2015 年第 8 期。

④ 杜志雄、詹琳：《实施精准扶贫新战略的难题和破解之道》，《中国发展观察》2015 年第 8 期。

临贫困识别与资源到达困境、扶贫绩效难以保证等挑战。

（一）贫困识别与资源到达困境

从自上而下的扶贫政策来看，我国农村扶贫开发瞄准目标调整经历了以贫困县为主向贫困县与贫困村并举进而向连片特困地区与贫困县、村并举的转变，扶贫开发瞄准对象经历了以农村贫困人口为主向扶贫标准以下的全部农村人口的转变，扶贫开发瞄准路径经历了以自然开发为主向自然资源开发与人力资源开发并举的转变。[①] 这种扶贫开发对象还是区域性的，贫困人口底数不清，致贫原因不明，扶贫对象选取不合理，未能瞄准到人，同时也存在区域差异。由于东部和中部地区以及非贫困县更大的瞄准错误，村级瞄准并没有比县级瞄准覆盖更多的贫困人口。[②] 由于区域间发展的巨大差异、上下级政府信息不对称，加之对贫困地区、贫困人口出入动态管理的缺失，导致贫困瞄准的误差，甚至出现了以贫困县、贫困村为荣的怪现象。

从基层社区层面来看，贫困对象的识别存在民众参与不足，面临扶贫合法性困境。如汪三贵、郭子豪[③]发现，民主评议导致贫困识别错误、项目帮扶导致精准度下降，这又导致了精准考核的错位。与此同时，当扶贫资源进入社区时，存在“精英捕获”现象[④]，规模控制会引起规模排斥[⑤]、乡村内平均主义思想影响扶贫资源分配、农村劳动力转移和市场化背景下扶贫开发有效手段不足、不同村庄对贫困户识别存在差异。[⑥] 可见，对于贫困社区或特定农村社区的贫困人群而言，不仅存在扶贫资源的供给问题，还存在扶贫资源的分配问题。

总之，自上而下的扶贫政策与基层扶贫实践之间存在多重偏差，主要是理念偏差，即片面强调效率，忽视公平；片面强调贫困农民的素质

---

① 韩广福、王丽君：《当代中国农村扶贫开发的历史经验》，《东北师范大学学报》（哲学社会科学版）2006 年第 1 期。

② 汪三贵，Albert Park，Shubham Chaudhuri，Gaurav Datt：《中国新时期农村扶贫与村级贫困瞄准》，《管理世界》2007 年第 1 期。

③ 汪三贵、郭子豪：《论中国的精准扶贫》，《贵州社会科学》2015 年第 5 期。

④ 唐丽霞、罗江月、李小云：《精准扶贫机制实施的政策和实践困境》，《贵州社会科学》2015 年第 5 期；邢成举、葛志军：《集中连片扶贫开发：宏观状况、理论基础与现实选择——基于中国农村扶贫监测及相关成果的分析与思考》，《贵州社会科学》2013 年第 5 期。

⑤ 邓维杰：《精准扶贫的难点、对策与路径选择》，《农村经济》2014 年第 6 期。

⑥ 左停、杨雨鑫、钟玲：《精准扶贫：技术靶向、理论解析和现实挑战》，《贵州社会科学》2015 年第 8 期。

低下，忽视其参与权利；片面强调政府的“道德人”属性，忽视政府“经济人”属性；片面强调区域发展，忽视个人的发展。[①] 扶贫政策经过地方政府的“加工、过滤、选择”到达农村社区时，形成与社区情理的角力，由于忽略民众的参与及认可而面临合法性难题。

（二）扶贫的方式及效果

政策扶持与资源的输入并不意味着贫困问题迎刃而解，而是遭遇各方利益、贫困文化等因素的稀释。

一是增能型扶贫受到贫困文化和社会排斥的消解。方黎明等[②]从能力贫困视角，认为我国农村扶贫政策之所以失效，主要是贫困风险人群应对风险能力偏弱。当前实行的“增能型”农村扶贫模式，立足于向贫困者提供资金、技术与培训，提高贫困者的健康、知识、技能及生计基础。但由于贫困群体中贫困文化以及社会排斥的存在，“增能型”扶贫难以促使贫困群体打破恶性循环而走出困境。[③] 增能扶贫的本意在于通过外来资源的输入，激发贫困人口内在的发展动力与能力，实现“造血”目标。然而，贫困人口对外来资源输入的心理依赖与路径依赖，一定程度上阻断了外来资源的杠杆功效。换言之，能力型扶贫假设贫困人群由于能力缺失导致贫困，却忽略了其主观上凭借个人能力脱贫的动力不足，以及对资源输入的习惯性依赖。结果依然是农村扶贫“输血”强劲，“造血”不足[④]，还处于一个局外人扶贫的状态。[⑤]

二是扶贫项目的利益化错位。项目制背景下农村扶贫工作出现了资源主体、执行主体、参与主体与受益主体的角色倒置与目标错位问题。在扶贫实践中，由于各类扶贫项目被地方各种权力与利益关系绑架，使扶贫结果与扶贫初衷和目的出现严重背离。[⑥] 以项目形式扶贫，本身蕴含了特殊化而非普遍性扶贫的含义，在其下达过程中受到项目执行主体利益的影响，使扶贫对象出现偏差，扶贫资源大打折扣。

---

① 许源源、苏中英：《和谐理念的缺失：农村扶贫瞄准偏离的重要原因》，《贵州社会科学》2007 年第 5 期。

② 方黎明、张秀兰：《中国农村扶贫的政策效应分析》，《财经研究》2007 年第 12 期。

③ 李文祥、郑树伯：《社会工作介入与农村扶贫模式创新——基于中国村寨扶贫实践的研究》，《社会科学统战》2013 年第 4 期。

④ 陈俊：《新世纪以来中国农村扶贫开发面临的困境》，《学术界》2012 年第 9 期。

⑤ 秦清芝：《影响农村扶贫工作社会效益模式探究》，《东岳论丛》2013 年第 10 期。

⑥ 马良灿：《项目制背景下农村扶贫工作及其限度》，《社会科学战线》2013 年第 4 期。

四　如何应对推进农村精准扶贫

面对农村扶贫的诸多困境，现有研究分别从扶贫主体、扶贫对象的动态瞄准、模式选择等方面给出了各自的“药方”。

（一）扶贫主体

中国农村扶贫中“三位一体”的扶贫工作格局有政府内协同、政府间协同和政府与非政府组织合作三种模式。[①] 一是政府的主导作用。在农村扶贫过程中，政府是主导者和决定者，但其行为缺乏制度性约束，并不承担相应的责任，另外村民角色缺位。这在很大程度上影响到扶贫绩效。然而，在现有制度框架下，对地方政府的制度性约束很难从地方政府自身产生。上一级政府的制度提供、村民和非政府组织的参与是改变这一状况的主要途径。[②] 二是社会力量的作用。非政府组织以点对点扶贫为主、以提升农民能力本位而具有优势。[③] 农村扶贫开发项目中，就项目管理的效率和水平而言，非政府组织主导型项目优于政府主导型项目。[④] 同时可以提高农户和民间资本在政府开发式扶贫活动中的参与度，促进农户自我发展能力。[⑤] 三是贫困人口自身能力建设。李文祥等[⑥]主张通过社会工作介入所生成的“合作型”扶贫模式，既通过资源合作实现了增能，又在管理合作中引导村民养成与现代生产相匹配的观念与习惯，建立与社会相关部门的联系，打破了贫困文化与社会关系的排斥而实现了有效扶贫。然而，要使农村贫困群体成为扶贫项目的真正受益主体，就应打破由各级政权所建构的权力利益结构之网，重建贫

---

① 陈忠言：《中国农村扶贫中的跨部门协同机制分析》，《宁夏社会科学》2014 年第 4 期。

② 唐睿、肖唐镖：《农村扶贫中的政府行为分析》，《中国行政管理》2009 年第 3 期。

③ 许源源、苏中英：《和谐理念的缺失：农村扶贫瞄准偏离的重要原因》，《贵州社会科学》2007 年第 5 期。

④ 帅传敏、李周、何晓军、张先锋：《中国农村扶贫项目管理效率的定量分析》，《中国农村经济》2008 年第 3 期。

⑤ 曹洪民：《扶贫互助社：农村扶贫的重要制度创新》，《中国农村经济》2007 年第 9 期。

⑥ 李文祥、郑树伯：《社会工作介入与农村扶贫模式创新——基于中国村寨扶贫实践的研究》，《社会科学统战》2013 年第 4 期。

困者的主体性地位，加强农村社区内生性组织建设，并通过社区组织建设来提升社区能力，实现国家与社会、资源主体与贫困群体的直接对接。[①] 总体而言，改革后我国农村扶贫主体呈现多元化态势。[②]

（二）扶贫对象动态瞄准

扶贫对象的识别与瞄准是农村扶贫过程中的重要环节，而实现贫困人口的动态管理是难点所在。对此，主要有两种解决思路：一是贫困人口能进能出。针对当前我国扶贫工作中存在资源配置集中、扶贫监测滞后、贫困统计多口径等造成的扶贫对象甄别有偏，导致扶贫资源配置错位问题，陈潇阳[③]建议从贫困对象“进入”和“退出”角度，构建扶贫对象自愿申报、政府部门自动识别、脱贫对象主动退出、公众参与评议“四位一体”的动态甄别机制，实现贫困群体由“甄别有偏”向“高度匹配”转变，提高扶贫资源配置效率。二是竞争性扶贫。郑瑞强等[④]基于精准扶贫辩证理解与大数据分析支持的可行性研究，以提升扶贫资源配置效率为主线，运用大数据思维方式，提出“十三五”期间扶贫策略，即精准扶贫，供需对接，整合扶贫资源，实施普惠式扶贫向适度竞争式扶贫战略转变，关注“支出型贫困”家庭救助，优化扶贫资源运作与传递，注重扶贫治理机制创新，强调产业结构优化升级，强化发展扶持政策衔接，提高贫困人口资源承接水平等。

（三）模式选择

我国农村扶贫工作在不同时期采取了不同战略及相应的治理手段。在第一个阶段，扶贫治理的手段是解除和放松各种管制，创造农村人口获取财富的空间；到第二个阶段，行政治理开始发挥作用；进入第三个阶段以来，国家采取的扶贫治理手段更趋复杂，认为基于市场的发展型治理和基于权利的保护型治理是贫困治理的主要模式。[⑤] 我国扶贫工作

---

① 马良灿：《以农民为本是农村基层社会管理的核心》，《中国社会科学报》2013 年第 A08 版。

② 赵清艳、栾海峰：《论我国农村扶贫主体多元化的逻辑演变》，《北京理工大学学报》2010 年第 3 期。

③ 陈潇阳：《我国农村扶贫对象动态甄别机制的构建路径》，《河北大学学报》（哲学社会科学版）2014 年第 1 期。

④ 郑瑞强、曹国庆：《基于大数据思维的精准扶贫机制研究》，《贵州社会科学》2015 年第 8 期。

⑤ 李小云：《我国农村扶贫战略实施的治理问题》，《贵州社会科学》2013 年第 7 期。

经历了从“输血”向“造血”、从区域型向精准扶贫的转变。输血式扶贫模式下，扶贫主体直接向扶贫客体提供生产和生活所需要的粮食、衣物等物资或现金。输血式扶贫不能充分利用资源①，不能根除贫困之源，并且养成了一种惰性心理。② 于是，造血式扶贫模式（或称开发式扶贫）被提上议程，并强调扶贫主体通过投入一定的扶贫资源扶持贫困地区和农户，改善生产和生活条件、发展生产、提高教育和文化科学水平，以促使贫困地区和农户生产自救，逐步脱贫致富。③ 这种模式可以使其走上自我发展之路，但是在效率优先原则下，造血式减贫效果也是有限的。④ 一是作为一种区域扶贫，忽略了贫困户的个体差异，且存在短期行为，忽视了广大贫困户真正、合理、公平地受益。⑤ 二是该模式把农村贫困看作地区发展条件差异而导致的贫困，是在城乡二元结构下进行的，因此相对贫困很难得到解决。⑥ 三是贫困地区过度开发资源，最后只能通过市场机制和价格机制抽血不止，造成新的贫困。⑦ 四是最贫困村和最贫困户常常得不到极端紧缺的扶贫资金扶持，同时农户对“上级决定项目”和强制实施项目不满。⑧ 因此，有学者主张输血与造血扶贫模式的协同。⑨

---

① 朱坚真、匡小平：《西部地区扶贫开发的模式转换与重点选择》，《中央民族大学学报》2000 年第 6 期。

② 王蓉：《我国传统扶贫模式的缺陷与可持续扶贫的战略选择》，《农村经济》2001 年第 2 期。

③ 赵昌文等：《贫困地区扶贫模式的比较与选择》，《中国农村观察》2000 年第 6 期。

④ 张新伟：《市场化与反贫困路径选择》，中国社会科学出版社 2001 年版，第 88 页。

⑤ 赵昌文等：《贫困地区扶贫模式的比较与选择》，《中国农村观察》2000 年第 6 期。

⑥ 赵卫华：《农村贫困的新特点与扶贫战略的调整》，《吉林广播电视大学学报》2005 年第 1 期。

⑦ 余华银：《论我国扶贫战略的误区》，《农业经济问题》1998 年第 9 期。

⑧ 郑易生：《转变发展方式与社会正义》，《第六期中国现代化研究论坛论文集》，2008 年 9 月，第 312 页。

⑨ 谭贤楚：《“输血”与“造血”的协同——中国农村扶贫模式的演进趋势》，《甘肃社会科学》2011 年第 3 期；孙文中：《创新中国农村扶贫模式的路径选择》，《广东社会科学》2013 年第 6 期。

五　社区视角下的农村精准扶贫

现有的扶贫研究伴随着实践进程，经历了从“输血”向“造血”的理路转变，从单纯注重经济贫困转向注重社会贫困。然而，实践中面临的“造血”困境，虽然有些研究从社会层面探析其中的原因，但是大多停留在宏观层面，较少研究从社区层面切入。即使现有研究从社区层面考察，也主要是自上而下扶贫项目或扶贫政策研究的一部分，而不是系统地从社区内部审视精准扶贫。农村社区恰恰是扶贫政策、扶贫资源以及扶贫对象相衔接的具体场域。对于精准扶贫而言，从社区层面进行考察的必要性体现在以下三个方面：

一是农村社区是扶贫政策的实践场域。相对于宏观的扶贫政策而言，社区是其微观的实践空间，政策的社区化解读与实施不可避免。扶贫政策的初衷在多大程度上能够实现，必然需通过农村社区检验扶贫对象准确与否、扶贫资源是否合适或充足、扶贫效果如何等。

二是农村社区有特定的社区情理与实践逻辑。受历史传统及文化习俗的影响，农村社区有其特有的处事逻辑，扶贫政策的落实、扶贫资源的分配与利用等都受到社区本土实践逻辑的影响。因此，深入农村社区内部弄清精准扶贫对于社区成员的意义显得必不可少。

三是农村社区研究视角符合我国现有国情。目前我国农村贫困的性质与特点正在发生新的变化，其贫困分布已从改革开放初期的整体性贫困向区域性贫困（尤其是老区、少数民族、边境地区的贫困）过渡。①社区视角下的农村扶贫符合我国现阶段农村贫困分布的性质与特点，有利于进一步精确瞄准扶贫对象，是实现精准扶贫的必要前提。

综上所述，从社区层面考察农村精准扶贫，理论上有利于检视精准扶贫政策、从社区情理理解扶贫的地方意义；实践上不仅可以从个体层面注重贫困人口的能力提升，而且可以从社会资本方面关注贫困人口社会支持网络的建构，在精准扶贫的持久性、有效性方面有所突破，这正是现有研究的不足之处。

---

① 胡联、孙永生：《贫困的形成机理研究述评》，《生态经济》2011 年第 11 期。

参考文献

阿玛蒂亚·森：《以自由看待发展》，中国人民大学出版社 2002 年版。

曹洪民：《扶贫互助社：农村扶贫的重要制度创新》，《中国农村经济》2007 年第 9 期。

陈成文、廖欢：《精准扶贫：一个概念的社会学意义及其政策启示》，《开发研究》2016 年第 4 期。

陈俊：《新世纪以来中国农村扶贫开发面临的困境》，《学术界》2012 年第 9 期。

陈潇阳：《我国农村扶贫对象动态甄别机制的构建路径》，《河北大学学报》（哲学社会科学版）2014 年第 1 期。

陈忠言：《中国农村扶贫中的跨部门协同机制分析》，《宁夏社会科学》2014 年第 4 期。

程静：《农业天气风险与中国农村贫困的实证研究》，《地域开发和研究》2010 年第 8 期。

邓维杰：《精准扶贫的难点、对策与路径选择》，《农村经济》2014 年第 6 期。

杜志雄、詹琳：《实施精准扶贫新战略的难题和破解之道》，《中国发展观察》2015 年第 8 期。

方黎明、张秀兰：《中国农村扶贫的政策效应分析》，《财经研究》2007 年第 12 期。

韩广福、王丽君：《当代中国农村扶贫开发的历史经验》，《东北师范大学学报》（哲学社会科学版）2006 年第 1 期。

韩嘉玲、孙若梅、普红艳、邱爱军：《社会发展视角下的中国农村扶贫政策改革 30 年》，《贵州社会科学》2009 年第 2 期。

韩劲：《走出贫困循环——中国贫困山区可持续发展理论与对策》，中国经济出版社 2006 年版。

胡鞍钢：《亟须关注气候贫困人口》，《中国减灾》2009 年第 6 期。

胡联、孙永生：《贫困的形成机理研究述评》，《生态经济》2011 年第 11 期。

李鹍、叶兴建：《农村精准扶贫：理论基础与实践情势探析——兼论复合型扶贫治理体系的建构》，《福建行政学院学报》2015 年第 2 期。

李棉管：《社会结构视野下的中国农村扶贫》，《社会主义研究》2007

年第 6 期。
李守经：《农村社会学》，高等教育出版社 2000 年版。
李伟：《关于实施精准扶贫的思考与探讨综述》，《经济研究参考》2017 年第 6 期。
李文祥、郑树伯：《社会工作介入与农村扶贫模式创新——基于中国村寨扶贫实践的研究》，《社会科学统战》2013 年第 4 期。
李小云：《我国农村扶贫战略实施的治理问题》，《贵州社会科学》2013 年第 7 期。
马良灿：《项目制背景下农村扶贫工作及其限度》，《社会科学战线》2013 年第 4 期。
马良灿：《以农民为本是农村基层社会管理的核心》，《中国社会科学报》2013 年第 A08 版。
莫元圆：《我国精准扶贫所面临挑战及对策研究》，《市场研究》2016 年第 1 期。
秦清芝：《影响农村扶贫工作社会效益模式探究》，《东岳论丛》2013 年第 10 期。
沙占华、刘月：《保定市精准扶贫面临的现实挑战及应对策略》，《保定学院学报》2016 年第 5 期。
帅传敏、李周、何晓军、张先锋：《中国农村扶贫项目管理效率的定量分析》，《中国农村经济》2008 年第 3 期。
孙璐：《扶贫项目绩效评估研究——基于精准扶贫的视角》，博士学位论文，中国农业大学，2015 年。
孙文中：《创新中国农村扶贫模式的路径选择》，《广东社会科学》2013 年第 6 期。
谭贤楚：《"输血"与"造血"的协同——中国农村扶贫模式的演进趋势》，《甘肃社会科学》2011 年第 3 期。
唐丽霞、罗江月、李小云：《精准扶贫机制实施的政策和实践困境》，《贵州社会科学》2015 年第 5 期。
唐睿、肖唐镖：《农村扶贫中的政府行为分析》，《中国行政管理》2009 年第 3 期。
王冲：《供给侧改革视角下的精准扶贫推进研究》，硕士学位论文，东北财经大学，2016 年。

王芳：《新时期中国农村扶贫攻坚：现状、成因及路径研究》，《赤峰学院学报》（自然科学版）2016 年第 12 期。

王蓉：《我国传统扶贫模式的缺陷与可持续扶贫的战略选择》，《农村经济》2001 年第 2 期。

汪三贵，Albert Park，Shubham Chaudhuri and Gaurav Datt：《中国新时期农村扶贫与村级贫困瞄准》，《管理世界》2007 年第 1 期。

汪三贵、郭子豪：《论中国的精准扶贫》，《贵州社会科学》2015 年第 5 期。

西奥多·舒尔茨：《贫穷经济学——一九七九年诺贝尔演说》，《科技导报》1985 年第 6 期。

邢成举、葛志军：《集中连片扶贫开发：宏观状况、理论基础与现实选择——基于中国农村扶贫监测及相关成果的分析与思考》，《贵州社会科学》2013 年第 5 期。

许源源、苏中英：《和谐理念的缺失：农村扶贫瞄准偏离的重要原因》，《贵州社会科学》2007 年第 5 期。

许源源、邹丽：《非政府组织农村扶贫：制度优势与运行逻辑》，《经济与管理研究》2009 年第 1 期。

余华银：《论我国扶贫战略的误区》，《农业经济问题》1998 年第 9 期。

岳希明、李实、王萍萍等：《透视中国农村贫困》，经济科学出版社 2007 年版。

张继燕、侯庆丰：《少数民族地区精准扶贫面临的挑战及对策研究》，《云南农业大学学报》（社会科学版）2017 年第 5 期。

张新伟：《市场化与反贫困路径选择》，中国社会科学出版社 2001 年版，第 88 页。

赵昌文、郭晓鸣：《贫困地区扶贫模式的比较与选择》，《中国农村观察》2000 年第 6 期。

赵清艳、栾海峰：《论我国农村扶贫主体多元化的逻辑演变》，《北京理工大学学报》2010 年第 3 期。

赵卫华：《农村贫困的新特点与扶贫战略的调整》，《吉林广播电视大学学报》2005 年第 1 期。

郑瑞强、曹国庆：《基于大数据思维的精准扶贫机制研究》，《贵州社会科学》2015 年第 8 期。

郑易生:《转变发展方式与社会正义》,《第六期中国现代化研究论坛论文集》, 2008 年 9 月。

朱坚真、匡小平:《西部地区扶贫开发的模式转换与重点选择》,《中央民族大学学报》2000 年第 6 期。

左停、杨雨鑫:《重塑贫困认知:主观贫困研究框架及其对当前中国反贫困的启示》,《贵州社会科学》2013 年第 9 期。

左停、杨雨鑫、钟玲:《精准扶贫:技术靶向、理论解析和现实挑战》,《贵州社会科学》2015 年第 8 期。

Papyrakis, Elissaios, Reyer Gerlagh, "The Resource Curse Hypothesis and Its Transmission Channels", *Journal of Comparative Economics*, June 2003, 32 (1).

Rowntree, *Poverty*: *A Study of Town Life*, London, Macmillan, 1901.